정신화 기반 집단미술치료

초기 성인 대상 중재

Kula Moore · Kate Marder 공저 | **최선남 · 김은희** 공역

MENTALIZING IN GROUP ART THERAPY

Interventions for Emerging Adults

학지사

Mentalizing in Group Art Therapy:
Interventions for Emerging Adults
by Kula Moore and Kate Marder

First published in 2020 by Jessica Kingsley Publishers Ltd.
73 Collier Street, London N1 9BE, UK
and 400 Market Street, Suite 400,
Philadelphia, PA 19106, USA
www.jkp.com

역자 서문

오랫동안 미술치료가 지닌 고유한 치유적 힘과 잠재성에 매료되어, 지난 수십 년간 임상 현장과 교육 현장을 오가며 사람과 예술이 만나는 지점을 연구해 왔다. 개인의 '마음'과 '관계'를 동시에 다룰 수 있는 집단치료에 관심을 가져, 1988년부터 다양한 형태의 집단에 참여하고 직접 촉진하면서 그 효과와 의의를 체감해 왔다. 특히 집단미술치료에서 미술 매체를 활용해 한 사람이 자기 내면과 마주하고, 동시에 다른 구성원들과 공감과 소통을 이루는 현장은 매번 새로운 깨달음과 성장의 순간을 선사한다.

최근 들어 심리치료 분야에서 정신화 개념이 주목받으면서, 내담자가 자기 마음과 타인의 마음을 이해하고 조율해 나가는 과정이 치료적 변화에 결정적 영향을 미친다는 연구가 축적되고 있다. 미술치료는 이 정신화 과정에서 비언어적 · 상징적 자극을 제공하고, 집단 안에서 다층적 상호작용을 일으킬 수 있는 강력한 통로가 될 수 있다. 그 접점에서 탄생한 『정신화 기반 집단미술치료』는 집단 구성원이 자신과 타인의 정서를 더욱 세밀하게 느끼고 해석하도록 돕는 동시에, 미술 작업으로 그러한 과정을 구체적이고 가시적으로 드러낼 수 있게 해 준다.

이 책은 통합적 접근을 체계화하여, 임상 현장에서 활용 가능한 구체적인 지침과 다양한 사례를 제시하는 귀중한 자료이다. 번역자로서 독자들이 정신화와 미술치료 개념 간의 연관성을 명확히 이해할 수 있도록 힘썼으며, 특히 미술 작품을 매개로 한 내담자 상호작용이 어떻게 정신화 능력을 촉진하는지에 주목하여 임상적 생생함을 살리고자 노력하였다.

미술치료와 집단치료에 대한 오랜 애정, 그리고 모든 존재가 스스로의 성장과 변화를 선택할 수 있다는 믿음이 이번 번역 과정 내내 나를 이끌었다. 독자들도 정신화 기반 집단미술치료의 이론과 실제를 접하며, 미술치료라는 특별한 여정이 개인과 집단 모두에게 열어 줄 수 있는 무궁한 가능성을 새롭게 발견하기를 바란다.

2025년 8월

최선남, 김은희 드림

추천사

이 획기적인 책을 열렬히 추천한다. 이 책은 정신화(mentalization) 이론의 핵심 원칙을 탄탄히 다진 뒤, 정신화 기반 치료(MBT) 모델 내에서 미술치료를 체계적으로 확장한 혁신적 실천 방법들을 자세히 제시하고 있으며, 명확한 설명과 더불어 미술치료를 경험한 청년들의 생생한 증언이 이를 뒷받침한다. 다양한 내담자 집단에서 일하는 미술치료사에게 귀중한 자료가 될 것이다.

Dr. Neil Springham

[영국국민보건서비스 산하 공공의료기관(Oxleas NHS Trust) 실천-연구 미술치료 자문가, Bromley 심리치료 및 MBT 서비스 총괄, 전 영국 미술치료사 협회 회장]

마침내 정신화 이론은 언어만으로는 접근하기 어려웠던 내담자 집단에게 효과적으로 적용될 수 있는 치료적 응용을 찾았다. 이 책은 임상 실무자들에게 실질적인 도움을 줄 최고의 실용적 지침서로, 전통적 한계를 넘어설 수 있는 용기를 북돋아 주며, 이는 미술치료사뿐 아니라 모든 실무자에게 풍부한 배움을 제공하리라 믿는다.

Peter Fonagy 교수, OBE, FMedSci, FBA, FAcSS, PhD, DipPsy

(UCL 심리학 · 언어과학부장, 안나 프로이트 아동 · 가족 국립센터 최고경영자)

이 책은 진정한 보석이다. 재능 있는 임상가가 내담자의 표현적 미술 작품을 심리치료적으로 해석하는 방법을 명확히 설명하며, 이 분야에 크게 기여하고 있다. 임상 사례와 구체적인 집단 구조 지침을 체계적으로 제시하고, 정신화 기반 치료의 원리를 분명하게 보여 주고 있다.

Jon G. Allen, PhD

(텍사스주 휴스턴 베일러 의과대학 및 메닝거 클리닉 소속)

정신화 기반 미술치료(MBAT)의 이론을 이렇게 쉽게 읽을 수 있다니 놀랍다. 『정신화 기반 집단미술치료(Mentalizing in Group Art Therapy)』는 미술치료에서 정신화하기 이론과 실천을 명료하게 제시하는, 그야말로 필수적인 텍스트이며, 각 장이 이론적 정의를 토대로 전개되어 독자에게 실천할 준비가 되었다는 느낌을 준다. 또 내담자, 치료사, 작품 간의 구체적 대화 사례를 통해 정신화하기가 실제로 어떻게 이루어지는지 생생히 보여 준다. 이 책은 미술치료사가 스스로의 실천을 돌아보고 기술을 연마하는 데 반드시 필요한 책이다.

Megan Robb, ATR-BC, LPC, NCC

(서던 일리노이 대학교 에드워즈빌 캠퍼스 미술치료 상담 대학원 프로그램 책임자 · 미술치료 상담 부교수)

Kula와 Kate는 정신화 기반 미술치료의 탄탄한 가치를 탐구하며, 이를 명료하게 설명한다. 미술치료사와 동료들에게 정신화 기반 미술치료(MBAT)의 '나침반'을 제공하고, 작품 제작 과정이 정신화하기에 어떻게 기여하는지를 다양한 중재와 집단 토론 예시를 통해 보여 준다. '격동적이고 중요한 삶의 시기'를 겪는 젊은 이들에게 희망을 주는 아름다운 책이다.

Marianne Verfaille

[미술치료사, 공인 정신화 기반 치료(MBT) 전문 치료사, 『예술치료에서의 정신화하기(Mentalizing in Arts Therapies)』 저자]

Moore와 Marder는 정신화하기 개념을 더해 미술치료를 완전히 새로운 수준으로 끌어올렸다. 이 책에서 저자들은 정신화하는 과정을 설명하는 동시에, 예술적 은유를 활용해 자기 이해를 심화시키는 실제 사례를 제시한다. 집단 정신건강 치료에서 특히 빛을 발할, 매우 가치 있는 새로운 책이다.

Flynn O'Malley, PhD, ABPP

(메닝거 클리닉 선임 심리학자,

텍사스주 휴스턴 베일러 의과대학 정신의학 및 행동과학과 부교수)

Moore와 Marder는 미술치료에서 정신화하기를 다룬 뛰어난 입문서를 저술하였다. 문체가 간결하면서도 이해하기 쉽고, 이는 이론상 단순해 보이지만 실제로는 매우 복잡한 정신화 개념을 설명하는 데 있어 작은 성과가 아니다. Kula와 Kate가 이 접근을 우리 전문 분야에 훌륭히 접목해 주어 감사할 따름이다.

Judith A. Rubin, PhD, ATR-BC, HLM

[『이구동성 미술치료(Approaches to Art Therapy)』 편저자]

Moore와 Marder는 정신화 기반 접근과 미술치료를 결합해, 초기 성인 집단이 자기 통찰력을 얻고 타인에 대한 공감을 키울 수 있도록 돕고 있다. 이 책은 초기 성인을 다루는 모든 이에게 반드시 필요한 자료로서, 소개되는 중재 방법들은 혁신적이고, 개인 실천에 쉽게 적용 가능하다. 나 또한 이 내용을 학생들에게 공유하여, 이 특별한 세대에게 최적의 지원을 제공하고자 한다.

Deborah Elkis-Abuhoff, PhD, LCAT, ATR-BC, ATCS

(호프스트라 대학교 창의예술치료 상담 프로그램 책임자 · 부교수)

윤리적 고려(면책 조항)

이 출판물에 수록된 모든 미술 이미지와 설명, 그리고 관련 논의는 환자의 명시적 서면 동의를 받은 뒤 제공되었으며, 소개되는 대화는 원본 녹취록 그대로가 아닌 세심한 메모와 치료진의 기억을 바탕으로 재구성한 것이다. 비록 서술과 집단 논의가 실제 진술과 완벽히 일치하지 않을 수 있으나, 그 본질은 최대한 진실에 가깝도록 유지하였다. 환자의 사생활 비밀을 보호하면서도 논의의 무결성을 지키기 위해 우리는 최선을 다하였다. 이 책에 나오는 모든 환자의 이름은 가명을 사용하였으며, 식별이 가능한 정보는 모두 수정하거나 변경하였다.

차례

제1장

정신화하기

우리는 미술치료사로서 텍사스주 휴스턴에 위치한 메닝거 클리닉(Menninger Clinic)의 동료들이 제안한 정신화하기(mentalizing) 접근법과 미술치료 사이에 수많은 연결점을 발견했다. 비록 이 접근법이 우리에게는 비교적 새로운 것이었지만, 개념 자체는 의심스러울 만큼 자명하게 느껴졌다. 토론, 회의, 훈련, 발표 등을 통해 정신화하기에 대해 더 많이 배우면서 이 개념이 가진 매력을 깨닫게 되었다. 특히 정신화(mentalization) 이론을 창안하고 Anthony Bateman과 함께 정신화 기반 치료(Mentalizing-Based Treatment: MBT)를 공동 개발했으며, 현재 메닝거 클리닉의 컨설턴트로 활동 중인 Peter Fonagy[1]가 우리의 슈퍼비전 그룹에 참석하여, 자연스럽고 겸손한 태도로 정신화하기 접근법을 설명하고 역할극을 통해 시연하는 모습을 볼 수 있는 행운이 있었다. Fonagy는 정신화하기를 "상상할 수 있는 가장 새롭지 않은 치료적 접근법"(Allen & Fonagy, 2006, p. 24)으로 묘사했는데, 이는 우리의 의심을 해소하고 컴퍼스 프로그램[2]에서 초기 성인(emerging adult) 환자와

1) http://psychoanalysis.org.uk/our-authors-and-theorists/peter-fonagy 참조.

2) https://www.menningerclinic.org/treatment/treatment-for-young-adults/inpatient-programs/compass-program 참조.

진행하는 미술치료 회기에 정신화하기를 적용해 볼 자신감을 갖게 해 주었다. 그러나 더 많은 실습을 통해, 우리는 실제로 정신화하기를 실천하는 일이 Fonagy가 보여 준 것처럼 그렇게 쉽지만은 않다는 점도 깨닫게 되었다. 그럼에도 불구하고 정신화하기 틀을 미술치료에 적용하면 환자에게 유익할 뿐 아니라, 우리의 치료 작업 역시 향상시킨다는 사실이 분명했다.

정신화 기반 치료(MBT)는 혁신적이면서도 동시에 가장 새롭지 않은 접근법으로 묘사되기도 한다(Allen & Fonagy, 2006). 우리는 이러한 이중성을 인정하며, 두 측면 모두에서 장점을 발견한다. Allen, Fonagy와 Bateman(2008)은 "정신화하기, 즉 자신과 타인의 정신 상태에 주의를 기울이는 것이 모든 심리치료에서 **가장 근본적인 공통 요인**"(p. 1)이라고 제안하며, 정신화하기를 철저히 이해하는 것이 모든 정신건강 제공자에게 유익하다고 강조한다. 우리는 정신화하기가 미술치료를 포함한 모든 치료를 관통하는 공통된 실타래라고 믿으며, 다른 미술치료사도 이 접근법을 유용하고 새롭게 느낄 것이라고 확신한다.

쿨라의 기록

2015년 겨울, 나는 매사추세츠에서 열린 정신화 기반 치료(MBT) 훈련에 참석했다. 이 훈련은 주말 동안 진행되었으며, 각 회기마다 특정 정신화하기 주제에 대한 정보 강의, 창시자들의 정신화하기 태도(stance) 시연, 그리고 임상가 참여자들이 그룹 역할극 형식으로 정신화하기 기법을 연습할 기회를 제공하는 방식으로 구성되었다. 이 책을 쓰겠다고 결심은 했지만, 사실 나는 대규모든 소규모든 어떤 그룹도 스포트라이트를 받는 일을 선호하지 않는 성향이 있다. 그런데 이번 훈련에서는 그 점이 달라졌다. 아마도 눈으로 덮인 북동부 지역 풍경(도착 직전 폭설이 휩쓸었다고 들었다)에 어지러움을 느꼈거나, 낯선 기후에 매료되었거나, 혹은 휴스턴의 습한 날씨와는 전혀 다른 기후에 충격을 받았을 수도 있다. 아마 이 모든 요인이 뒤섞여, 그리고 정신화하기에 대한 매혹감이 점점 커져서 나는 그룹 역할극에 참여해 보고 싶어졌다.

훈련의 창시자들과 지정된 진행자들은 약 열두 명으로 이루어진 참가자 그룹을 돌며, 자원한 학생들을 '환자' 역할로 설정해 정신화 개념을 적용해 보는 실습을 지도했다. 나는 이 자원자들이 지금까지 접하거나, 들어 보거나, 읽었거나, 혹은 상상했던 경계성 성격장애(BPD)의 가장 까다로운 특성을 그대로 재현하라는 강력한 지시를 받았을 것이라고 짐작했다. 역할극은 '태그 팀(tag team)' 방식이어서, 한 임상가가 막히거나 자연스럽게 멈추면 다른 사람이 교대하여 이어받는 식으로 진행되었다. 내가 속한 방에는 수십 년 경력을 지닌 노련한 임상가들이 함께 있었는데, 한 사람씩 차례로 막히기 시작했다. 평소 같았다면 나는 저들이 모두 한 번씩 시도하고 나서, 시간이 다 되기를 기도하며 내 차례가 오지 않길 바랐을 것이다. 그러나 앞서 말한 이유들 때문에, 나는 이번만큼은 시도와 그에 따르는 필연적인 시행착오를 조금 더 기꺼이 받아들일 마음이 있었다. 그래서 자원했다.

예상대로, 그리고 두려워했던 대로 나는 곧 막혔다. 얼굴이 달아오르는 게 느껴졌지만, 라이베리아 혈통으로 햇빛에 대한 친화력 덕분에 티가 나지는 않았다. 입술 가장자리에 단어들이 숨어 버려 소리가 되어 나오길 거부하기 직전, 한 생각이 스쳤다. "나는 미술치료사다." 내가 알기로, 그 훈련에 참석한 사람 중에는 적어도 그 방에서는 내가 유일한 미술치료사였다. 나는 혼란을 야기하고 있던 자원자-학생-'환자'의 불안한 눈빛을 바라보며, "그림을 그려 보는 게 어때요?"라고 제안했다. 방 안은 잠시 고요에 휩싸였다. 그러다 곧 영국식 억양의 목소리가 들렸다. "아, 그건 불공평하네요." 이 말 뒤에는 웃음이 터졌고, 내가 정말로 미술치료사라는 짤막한 설명이 이어졌다. 그리고 결국 다음 사람이 의자에 앉아 역할극을 계속 이어 갔다.

농담 삼아 던진 이 '불공평하다'는 선언은 내 마음에 꽤 오래 남았다. 이는 전문 영역에서의 '다름(otherness)'에 대한 호기심을 불러일으켰다(나는 다양한 맥락에서 '다름'을 익히 알고 있다). 나는 많은 미술치료사도 이런 경험을 할 것이라고 생각한다. 더 직접적으로는 미술치료가 정신화하기에, 즉 이 작업이 가진 풍부한 잠재력에 어떤 기여를 할 수 있는지를 새로운 시각으로 바라보게 만들었다. 더 나아가, 내가 가진 이 도구, 즉 우리 미술치료사들이 함께 공유하는 이 도구에 대해 한층 더 감사한 마음이 들었다. 사실, 이 도구는 환자에게도, 우리에게도 하나의 선물이라고 할 수 있다.

케이트의 기록

메닝거 클리닉에서 정신재활전문가로 일하게 된 뒤, 안나 프로이트 아동 · 가족 국립센터(Anna Freud National Centre for Children and Families)에서 Peter Fonagy 박사와 함께 공부했던 사회복지사 친구에게 새 직장에 대해 이야기했다. 정확한 표현은 기억나지 않지만, 그 친구는 메닝거에서 정신화하기가 치료 접근 중 하나라고 말해 주었다. 내가 정신화하기라는 용어를 모른다고 고백하자, 그녀는 아마 "아, 그건 사실 모든 치료사가 이미 하는 걸 조금 그럴듯하게 포장한 거야." 정도로 대답했던 것 같다. 메닝거에서 토론, 발표, 훈련 등을 통해 정신화하기를 더 배우게 됐지만, 그 친구가 건넸던 유머러스한 첫인상은 여전히 내 머릿속을 떠나지 않는다.

물론 그 말이 완전히 틀린 건 아니라고 여겨지지만, 한편으론 정신화하기를 더 일찍 알았더라면 좋았겠다는 생각이 든다. 예전에 뉴욕시 성인 정신과 입원 병동이나 워싱턴 DC 교외의 청소년 거주 치료 프로그램에서 일할 당시엔, 정신화하기를 활용한다는 개념 자체가 없었다. 나는 미술치료사로서 다양한 역할을 맡았고, 미술치료 외에 레크리에이션 · 여가 · 웰빙 · 심리교육 집단도 진행했다. 그 과정에서, 의사 · 심리학자 · 사회복지사와는 환자를 이해하는 관점이 때때로 달랐다. 가끔은 집단에서 이뤄지는 작업과 전체 치료 과정 사이에 연결성이 부족하다고 느꼈고, 팀 논의에서도 내 관찰이 제대로 반영되지 않는 듯했다. 사례 공식화(case formulation)에서 환자 입장이 간과되는 경우도 잦았다. 아마 우리에게 필요했던 것은 공통 언어, 그리고 정신화하기가 제공하는 호기심, 관점 전환, 그리고 열린 마음챙김에 대한 태도였을 것이다.

시간이 흐르며 내가 근무하는 환경은, Kula와 함께 정신화 기반 미술치료(Mentalizing Based Art Therapy: MBAT)를 개발했던 현장과는 많이 달라졌지만, 정신화하기는 치료 환경이나 환자 연령 · 배경 · 문제와 상관없이 여전히 의미 있는 접근이라는 생각이 든다. 정신화 기반 치료(MBT)는 나의 미술치료 접근의 기반이 되었고, 지금 내가 환자에게 제공하는 모든 치료가 정신화하기에 뿌리를 두고 있다고 느낀다. 물론 이를 매번 명시적으로 설명하진 않는다. 현재 나는 대형 병원의 혼합 연령의 성인 외래 프로그램에서 주 2회 집단미술치료를 진행 중인데, 최근 가족 역동 집단(Family Dynamics group) 이후에 집단미술치료를 열었을 때, 거기서도 정신화하기가 논의 주제로 떠올랐다.

집단미술치료가 시작되자 환자가 내게 정신화하기를 어떻게 생각하냐고 물었고, 그 기회를 빌려 내가 이 책을 공동 집필 중이라는 사실을 언급했다. 그리고 특정 주제를 삼지 않아도 정신화하기는 내가 운영하는 모든 집단에서 핵심적인 부분이며, 특히 미술 작품을 함께 논의하는 방식에서 두드러진다고 설명했다. 그러자 한 환자가 "그게 확실히 보여요."라고 하면서 짧은 대화가 이어졌는데, 그날은 새로 합류한 환자 두 명이 있어 보통이라면 개방성이 줄어들 수도 있는 상황이었지만, 오히려 서로의 정신 상태를 질문하고 스스로를 명확히 표현하면서 정신화하기를 시도하는 모습을 볼 수 있었다. 이날 회기는 이 책에서 제시하는 정신화 기반 미술치료 지침 중 하나를 직접 적용하지는 않았지만, 내가 정신화하는 미술치료사라는 점을 다시금 자각하게 된 자리였다. 정신화하기를 공식적으로 배우기 전에도 어느 정도 실천하고 있었을 텐데, 정신화를 의도적으로 중심에 두기 시작하면서 내 치료 방식이 훨씬 발전했다고 느낀다. 무엇보다 정신화 기반 미술치료가 내가 만난 환자의 치료 경험에 긍정적인 변화를 가져왔다고 확신한다.

정신화하기 개요

컴퍼스 프로그램의 초기 성인 환자에게 정신화하기(mentalizing)를 설명할 때, 우리는 정신화하기를 '무엇인가(what)' '왜 정신화하기인가(why)' 그리고 '어떻게 정신화하기를 촉진하는가(how)'라는 세 가지 질문으로 단순화한다. 환자에게 정신화하기가 단순히 컴퍼스 집단 교육과정의 일부일 뿐 아니라 메닝거 클리닉의 전반적인 치료 철학이자 핵심이라는 점을 설명한다. 메닝거의 치료 철학은 본질적으로 관계 중심적 프로그램이며, 환자는 집단치료, 개인치료, 가족치료, 밀리유치료 등 치료 과정의 여러 측면에서 정신화하기라는 개념을 접하게 될 것이라고 설명한다. 우리는 우리의 목표를 숨기지 않는다. 프로그램의 목표는 환자의 정신화하기 능력을 향상하고, 타인과 상호작용하거나 자기 자신에 대해 생각할 때 정신화하는 태도를 적용할 수 있는 기회를 제공하는 것이다. 이를 위해서는 환자가 적극적으로 치료에 참여하고 협력하는 과정이 필수적이다. 환자에게 정신화하기는 단순한 태도가 아니라 학습하고, 연습하고, 발전시킬 수 있는 기술이라는 점을 알려 준다. 우리는 정신화하기의 신경생물학적 기초에 대해 깊이 들어가지는 않는다. 뇌의 복잡한 과정보다는 생각, 감정, 행동에 더 초점을 맞추기 때문이다. 동시에 신경과학 연구가 증가하고 있다는 사실을 언급하면, 정신화하기의 중요성에 대한 신뢰가 한층 높아지기도 한다. 또한 환자는 정신화하기가 안정된 애착의 기반이 된다는 점을 배우는데, 많은 초기 성인 환자는 이 시기에 겪는 관계 변화들로 인해 어려움을 호소하기도 한다.

이 책에서 우리가 지향하는 바는 정신화하기와 미술치료가 맞닿는 지점을 찾아내고, 컴퍼스 프로그램의 초기 성인 환자를 대상으로 한 정신화 기반 미술치료(MBAT)의 적용 사례를 제시하는 것이다. 정신화하기라는 이론적 틀 안에서, 우리는 치료적 태도와 치료사의 역할, 그리고 치료의 주요 목표에 집중한다. 아울러 미술치료 과정과 작품(결과물)이 치료에서 어떤 기능을 하는지 논의하면서 인식론적 신뢰(epistemic trust), 건강 생성(salutogenesis), 회복탄력성(resilience), 행위주체성(agency), 연결(connection)을 어떻게 촉진할 수 있는지 다룬다. 마지막으로, 메닝거 클리닉의 미술치료 역사를 간략히 소개하고 현재의 청년 치료 프로그램을 설명함으로써, 우리가 어떤 대상군과 환경에서 일하고 있는지에 대한 맥락을 제시하고자 한다.

무엇인가

간단히 말해 정신화하기는 자기 자신과 타인의 마음 상태에 주의를 기울이는 것, 즉 '마음을 마음에 담는' 연습이라고 정의할 수 있다(Allen et al., 2008). 이는 모든 사람에게 보편적으로 나타나는 능력으로, 우리가 자기 자신이나 타인에게 무슨 일이 일어나는지 이해하려고 시도할 때 기본적으로 정신화하기를 하고 있는 것이다. 예를 들어, 누군가가 왜 특정 방식으로 행동했는지 이해해 보거나, 표정과 신체 언어를 해석하면서 행동에 의미를 부여할 때, 우리는 정신화하기를 하고 있다(Allen et al., 2008). 이러한 암묵적 정신화하기는 자연스럽고 별다른 의식 없이 이루어진다. 암묵적 정신화하기는 직관적이고, 무의식적이며, 비언어적이고, 자동적이다. 반면에 명시적 정신화하기는 해석적이고, 의식적이며, 언어적이고, 반영적이다(Allen et al., 2008; Fonagy, Bateman, & Luyten, 2012). 우리는 본래 암묵적으로 정신화할 수 있지만, 항상 능숙하게 하는 것은 아니다. 예를 들어, 자신의 믿음을 면밀히 살펴보지 않거나 명확히 하지 않는 등 암묵적 정신화하기에만 의존할 경우, 대인관계 문제를 유발하고 자기 자신이나 타인에 대한 왜곡된 혹은 지나치게 단순화된 가정을 강화할 수 있다(Fonagy et al., 2012).

Anthony Bateman과 Peter Fonagy는 경계성 성격장애(BPD)에서 보이는 정신화하기 결핍을 치료하기 위해, 근거 기반 치료인 정신화 기반 치료(MBT)를 개발했다. 이후 MBT는 기분장애, 섭식장애, 중독, 기타 성격장애 등 다양한 임상적 문제에 적용되어 왔는데, 이는 정신화 손상이 여러 정신과적 문제에서 흔히 발견되는 공통 요소이기 때문이다. MBT는 특정 심리치료 학파에 속하지 않으며, 모든 치료에 걸쳐 공통적으로 발견되는 변화 기제(mechanism of change)로 여겨진다(Allen et al., 2008; Bateman & Fonagy, 2016). 실제로 여러 치료 프로그램은 공존 질환을 다루며, 정신화하기를 증진시키는 중재는 환자를 유치하고 치료하기 위해 특정 유형의 치료 방식을 채택했더라도 유용하게 적용될 수 있다(Allen et al., 2008). MBT는 인지적 · 정서적, 내부 · 외부, 자기 · 타인이라는 다양한 차원에서 암묵적 정신화하기와 명시적 정신화하기 간의 균형을 회복하는 것을 목표로 한다(Bateman & Fonagy, 2016; Fonagy et al., 2012). 치료 과정에서 명시적 정신화하기를 의식적으로 연습해 보는 것은 새로운 교정적 대인관계 경험을 할 기회를 제공해 준다.

MBT는 Bowlby(1982)와 Ainsworth(1989)에 의해 발전된 애착 이론에 뿌리를 두고 있다. 정신화하는 능력은 애착 유형과 밀접하게 연결되어 있다. 불안정한 애착이 형성된 경우 양육자는 아이의 마음 상태를 적절히 반영하지 못하므로, 아이는 정신화하는 능력을 발달시키는 데 필요한 모델링이나 피드백을 충분히 받지 못한다. 아이에게 전혀 피드백이 주어지지 않거나 부정확하게 주어질 경우 아이는 정신화하는 능력을 충분히 발전시킬 수 없다. 그 결과, 자기 자신이나 타인의 생각, 감정, 동기를 이해하는 방법을 배우지 못한다. 이런 아이는 양육자를 지식의 신뢰할 만한 원천으로 여기지 않게 되거나 다른 사람들도 믿을 만한 사회적 정보의 자원으로 보지 않는다(Bateman & Fonagy, 2016). 반대로, 안정 애착은 정신화하기가 존재하는 관계로 개념화할 수 있다. 정신화하기 능력은 부모-아동 상호작용을 통해 발달하며, 아동의 의도를 정확히 반영해 줄 수 있는 보호자는 아동이 정서를 조절하고 자신의 마음을 인식하는 법을 배우도록 돕는다(Fonagy et al., 2002). 보호자가 아동의 경험을 이해하고 이에 대한 피드백을 제공할 때, 아동은 유용한 정신화 모델을 얻게 되며, 자신의 경험에 주의를 기울이고 이를 이해하는 법을 배운다. 이는 아동이 스스로 마음 상태를 반영하고 이해할 수 있는 능력을 키워, 타인의 도움을 받는 단계에서 점차 독립적인 자기 관찰 단계로 나아가게 한다. 이런 과정은 정서 조절과 대인관계에서의 건강한 적응을 위한 기초가 된다. 또한 안정 애착은 타인을 신뢰할 만한 지식의 원천으로 인식하게 함으로써, 아동과 보호자 간의 안정적이고 일관된 정서적 상호작용을 전제로 성립된다(Bateman & Fonagy, 2016).

정신화하기와 애착 간의 강한 연관성을 고려할 때, 정신화하는 치료사의 역할은 주요 양육자의 애착 기능과 유사하다고 볼 수 있다(Allen, 2013; Holmes, 2006). 일반적으로 치료적 동맹이 치료 효과를 결정하는 가장 중요한 요소라는 점은 널리 받아들여지지만(Ardito & Rabellino, 2011; Horvath & Symonds, 1991; Lambert & Barley, 2001), 치료에서 변화가 일어나는 구체적 기제에 대한 연구는 상대적으로 제한적이다. Bateman 등(2018)은 효과적인 치료는 환자의 행위주체성을 인정함으로써 정신화하기를 활성화하고, 환자가 치료에서 제공되는 기법을 활용하며 혜택을 얻을 수 있도록 작용한다고 제안한다. 치료는 환자의 사회적 학습에 대한 태도를 바꾸며, 치료사가 정신화하기를 실천함으로써 환자가 자신의 감정이 이해받고 있다고 느끼게 된다. 이는 단순히 치료적 동맹을 강화할 뿐 아니라, 치료 외부에서 새로운 정보를 수용하는 태도에도 변화를 일으킨다(Bateman & Fonagy, 2012a; Bateman et al., 2018). 이때 미술치료는 이러한 과정을 촉진할 수 있는 잠재력을 지니며, 의사소통과 사회적 학습으로 나아가는 새로운 경로를 열어 준다.

다음 예시는 애착 관계가 얼마나 중요한 역할을 하는지 잘 보여 준다. 많은 초기 성인에게 애착이 미치는 영향은 매우 커서, 이들의 현재 기능은 물론 이후 삶에도 영향을 주는 경우가 많다. 미술치료에서 크리스티는 어머니와의 애착 관계를 탐색했다. 대화 중에, 그녀는 어머니를 안타까워하면서도 가족 안에서 목소리를 내지 않았다는 점에 대해 분노를 느낀다고 밝혔다. 크리스티의 아버지는 주로 집 밖에서 일해 물리적으로 부재하는 시간이 많았고, 항상 곁에 있었던 어머니는 정신건강 문제로 어려움을 겪고 있었다. 크리스티의 시각에서, 어머니는 스스로를 유아화(infantilized)하며 사실상 자신의 목소리를 포기해 아버지에게 모든 결정을 맡겼다는 것이다. 크리스티는 현재 병원에 입원해 있으면서, 아버지와 형제들이 자신을 어머니처럼 바라볼까 봐 두려워했다. 즉, 이들이 자신을 신뢰하지 못하고 능력 없는 사람으로 볼지 모른다고 걱정했다.

크리스티는 어린 시절을 떠올리며, 어머니가 바로 옆 방에 있음에도 강렬한 그리움을 느꼈던 기억을 회상했다. 그녀는 그 순간에 어머니에게 다가가지 않았다는 점을 언급하며, 그때 이미 어머니가 정서적으로 접근 불가능하고 자신의 필요를 채워 줄 수 없다는 사실을 어렴풋이 감지했을지도 모르겠다고 말했다. 이후 크리스티는 "관계를 표현해 보세요."라는 제안을 받고 어머니와의 관계를 그려 보기로 했다([그림 1-1] 참조). 크리스티가 어린 시절의 자신을 그린 장면에서, 그녀의 가슴 중심에서 나온 손이 어머니를 향해 뻗어 있지만 끝내 닿지 못하고 힘없이 축 늘어져 있다. 처음 그린 그림 속 어머니 캐릭터는 입이 없었으나, 나중에 작은 닫힌 입을 추가하면서 "어머니도 목소리가 있긴 했지만, 오랫동안 아버지에게 억눌려 왔기 때문에 그 목소리를 사용할 때 늘 불안해 보였어요."라고 설명했다. 그림 속 어머니는 팔짱을 낀 채 크리스티를 바라보지 않으며, 크리스티 역시 직접 어머니를 바라보고 있진 않지만 몸이 살짝 어머니 쪽으로 기울어져 있다. 크리스티는 어머니를 그리워했지만, 동시에 스스로는 '어머니가 필요하지 않은 것처럼' 행동했던 적이 많았다고 부연했다. 또한 그림 곳곳에는 다른 가족 구성원을 상징하는 눈(eye)이 등장하는데, 크리스티는 이들을 자신과 어머니 모두를 비판적이고 판단적으로 대하는 존재로 묘사했다.

크리스티의 경우, 불안정한 애착 유형은 어느 정도 그녀의 초기 가족 환경에서 기인한 것으로 보인다. 그녀는 주된 양육자를 정서적으로 신뢰할 수 없고 물리적으로 접근하기 어려운 대상으로 경험했다. 이러한 애착 패턴은 관계에서 안전함을 느끼고 타인을 신뢰하기 어렵게 만들었고, 실제로 그녀는 친밀한 관계를 위협적인 것으로 인식했다. 버림받거나 거절당하고, 비판당하거나 통제당할 위험이 있다고 느낀 것이다. 결국 크리스티는 가족이나 친구 등 주변 사람들에게 자신을 숨기고, 물질(약물 등)에 의존해 감정을 조절했다. 그녀는 자기 약점이 드러나기 전에 타인을 먼저 거부하는 방식을 택했으며, 그 약점을 감추기 위해 많은 에너지를 쏟았다. 이러한 타인 및 자신의 감정으로부터의 단절은 가족 내에서 '병약한 사람'으로 인식되었던 어머니처럼 되고 싶지 않다는 깊은 두려움에 의해 더욱 강화되었다. 크리스티는 수치심과 열등감을 느꼈고, 이러한 정서는 자신의 생각과 감정을 타인과 나누는 것을 더욱 어렵게 만들어, 결국 의미 있는 관계로부터 고립되는 악순환으로 이어졌다.

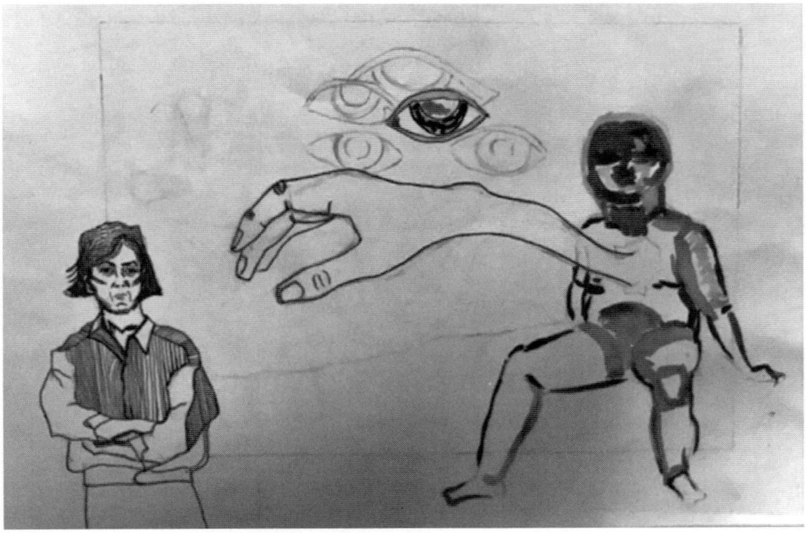

그림 1-1 크리스티와 그녀의 어머니

왜 정신화하기인가

만약 정신화하기 능력을 높이는 것이 치료 목표로 설정된다면, 이는 치료 대상자들의 정신화하기 능력이 어떤 식으로든 저하되어 있다고 전제하는 것에 근거한다. 컴퍼스 프로그램에 참여하는 많은 환자에게 실제로 이 전제는 사실로 드러난다. 더 넓게 보자면, 모든 인간은 정신화하기 능력이 유동적이어서 때로는 손상되기도 한다. 스트레스 상황에서는 멈추고 생각하기가 어려워지기 때문이다. 컴퍼스 프로그램에 참여하는 많은 젊은이는 정서적 각성이 과도하게 높거나 매우 낮은 상태로 도착한다. 이들은 심한 불안과 정서적 불안정성을 보이거나, 깊은 우울감과 회피적 태도를 보이기도 한다. 정신화하기 결핍은 특히 성격장애 등 다양한 정신 질환에서 특징적으로 나타나며, 왜곡된 사고와 경직된 사고방식, 그리고 타인의 마음과 경험에 대한 주의 부족을 악화시킨다(Allen, 2003; Bateman & Fonagy, 2012b, 2016; Bateman et al., 2018). 게다가 이러한 결핍은 관계 문제를 더욱 심화시키고, 많은 청년이 관계 역동의 변화를 어떻게 관리해야 할지 몰라 단절감과 두려움을 느끼게 만든다. 이는 특히 발달적으로 불안정한 이 시기에 더 두드러진다.

초기 성인 환자에게 정신화하기의 필요성을 설명할 때, 우리는 정신화하기가 곧 자기 자신과 타인을 이해하는 것임을 강조한다. 이는 건강한 관계를 촉진하고, 성급한 가정이나 고정된 · 경직된 사고방식, 그리고 충동적 · 즉각적 태도에서 벗어나도록 돕는다. 정신화하기는 컴퍼스 프로그램의 핵심 접근법이기도 한데, 이는 초기 성인들이 자신의 선택과 행동에 책임을 지고, 궁극적으로 통합적이고 주체적인 자기 인식을 발달시키도록 돕기 때문이다. 정신화적 관점에서는 특정 행동의 의도나 의미를, 추가적인 탐색 없이 미리 안다고 가정하는 태도가 도움이 되지 않는다. 우리의 목표는 타인의 행동을 유발하는 동기와 원인에 대한 스스로의 인식을 검토하고, 자신의 행동을 어떻게 해석하는지를 성찰하는 연습을 장려하는 데 있다. 또한 정신화하기를 배우고, 논의하고, 치료 과정에서 명시적으로 연습하는 것은 필수적이다. 왜냐하면 정신화하기는 가장 필요로 할 때, 즉 고통스러운 상황일수록 가장 어렵기 때문이다(Allen et al., 2008). 컴퍼스 프로그램에서 우리가 추구하는 목표 중 하나는 정신화하기, 즉 타인이 보여 주는 정신화하기 노력을 체감하면서 타인을 이해하고, 이해받는 긍정적인 경험을 환자에게 제공하는 것이다. 우리는 환자가 이러한 경험을 치료 상황뿐 아니라, 앞으로 일상생활에서 어려움을 겪을 때마다 활용할 수 있기를 바란다.

어떻게 정신화하기를 촉진하는가

치료자는 환자가 자신과 타인을 어떻게 생각하고 느끼는지, 그것이 대인관계에서 어떤 반응을 일으키는지, 그리고 자기와 타인을 이해하는 과정에서 발생하는 오류가 어떻게 부적절한 행동으로 이어질 수 있는지를 배우도록 돕는다. 정신화하는 치료사는 행동 교정, 통찰 제공, 인지 재구조화와 같은 직접적 개입보다는 정신적 과정 자체를 핵심 초점으로 삼는다. 그리고 이러한 접근에서 일어나는 구체적인 변화는 정신화하기가 이끌어 내는 긍정적인 부수 효과로서 나타난다. 이처럼 정신화 개입을 통해 유발된 긍정적 변화는 추가적으로 생각, 감정, 행동 영역에서 더 깊은 변화를 가능하게 한다. 환자의 정신화하기 능력이 향상되는 것 역시 성공적인 치료 결과를 예측하는 핵심 지표로 여겨진다(Allen et al., 2008; Bateman & Fonagy, 2012a).

정신화하기는 기법 중심이나 두문자어에 의존하는 치료법은 아니지만, 정신화하기를 유도하는 데 유용한 학습 가능한 기술들이 있으며, 환자는 이를 치료의 다양한 영역에서 사용하도록 권장받는다.

- **투명성**(transparency): 자신의 생각과 감정을 명확히 타인에게 전달하여 열린 이해를 가능하게 한다. 투명성의 근거는 '마음이 불투명하다'는 사실에 있다. 타인이 우리의 정확한 생각과 감정을 자연스럽게 알거나 필요를 예측해 줄 것이라고 가정하는 것은 유용하지 않으며, 마찬가지로 타인의 생각 · 감정 · 의도를 아무런 투명성 없이 추측하기도 어렵기 때문이다.
- **모름의 태도**(attitude of not knowing): 마음의 불투명함을 인정하고 유연하며 열린 사고방식을 유지한다. 이는 '당신은 타인의 마음에 대한 전문가가 아니다'라는 전제를 기반으로 한다.
- **호기심 어린 자세**(curious stance): 처음 떠오르는 생각과 감정을 그대로 확신하기보다, 그 이면에 무엇이 있을지 의문을 품고 탐색한다. 예컨대, 탐정이나

과학자가 결론을 내리기 전, 대상을 주변 · 위 · 아래 · 안팎에서 철저히 살펴보는 과정을 상상해 볼 수 있다. '이게 궁금하네요.' '여기가 궁금합니다.' '이해를 돕기 위해 설명해 주세요.' 같은 표현을 적극 권장한다.

- **일시정지 버튼**(pause button): 감정이 강렬해질 때 행동을 멈추고, 잠시 멈춰서서 생각할 시간을 갖는다.
- **감정과 함께 머무르기**(sit with feelings): 어려운 감정을 인지하고 인정하되, 즉시 행동으로 옮기지 않고 그대로 받아들인다.
- **가정 명확화**(clarify assumptions): 명확한 질문을 통해 스스로의 인식을 점검하고 검증한다.
- **90/10 상황 식별**(identify 90/10 situations): 과거가 현재 상황에 미치는 영향을 성찰하도록 권장한다. 90/10 규칙은 우리의 반응 중 90%가 과거 경험에 기반하고, 10%만이 현재 이곳에서 일어나는 일과 관련되어 있다는 가정이다. 이 비율은 임의로 정해진 것이지만, 스트레스 상황에서 발생하기 쉬운 왜곡을 부각하기 위해 의도적으로 설정하였다.
- **비정신화하기 언어 식별**(identify nonmentalizing language): **항상**(always), **오직**(only), **절대**(never), **단지**(just), **모두**(everyone), **아무도**(nobody) 등 '적색 신호' 단어들을 주의 깊게 살핀다. 이러한 단어들은 절대적 확신을 내포하므로, 이미 확신한 상태라면 호기심이 개입할 여지가 없다. 호기심이 사라지면 정신화하기도 멈춘다.

이와 같은 기술들은 정신화하기를 촉진하는 매개체로 설명되며, 대부분 임상가들을 위한 다양한 정신화하기 매뉴얼과 핸드북에서 자세히 다루어진다(Allen et al., 2008; Bateman & Fonagy, 2012a, 2016). 우리가 컴퍼스 프로그램에서 이 간략한 기술 목록을 제시할 때, 환자에게는 동료 · 치료진 · 가족과의 상호작용에서 이 기술을 연습하도록 독려한다. 자주 제기되는 의문 중 하나는, 우리가 환자에게 '명시적 정신화하기'를 실제로 가르치는 것인지, 아니면 정신화하기와 관련된 정의나 용어만 단순히 암기시키고 있는 것인지에 관한 것이다. 그러나 환자가 치료자가 정신화하기를 놓친 순간들을 지적하며 일종의 '거울'을 비춰 줄 때, 이러한 의심은 사그라든다. 때로는 환자가 손바닥을 펼쳐 "일시정지 버튼 누르세요!"라고 흉내 내거나, "방금 '절대'라고 말했는데, 그건 비정신화하기 표현이에요."라고 지적하기도 한다. 이런 순간들은 대개 웃음과 '내가 깜빡했다'는 자각을 동반하며, 인간적 연대감이 생겨나는 계기가 되곤 한다.

제2장

정신화 기반 미술치료의 배경, 목표, 그리고 적용

우리는 이 작업의 초기 단계에서 아낌없는 지식과 지원을 제공해 준 영국의 미술치료 동료들에게 깊은 감사를 전한다. Peter Fonagy가 메닝거 클리닉을 방문했을 때, 우리는 국제 예술심리치료 훈련센터(International Centre for Arts Psychotherapies Training: ICAPT)의 표현예술치료사들이 수행한 작업을 접할 기회를 얻었다. 이 만남을 통해 정신화에 대한 우리의 호기심이 더욱 커졌고, 프로그램을 모델링하고 발전시키는 견고한 기반을 마련할 수 있었다. 해외 예술심리치료사의 프로그램과 우리의 프로그램 사이에는 전반적인 의료 체계와 치료 구조에서 여러 가지 체계적 차이가 존재하지만, 우리는 이러한 차이 속에서도 정신화하기가 통합적 역할을 수행한다는 사실을 발견했다. 정신화 이론 접근은 성격장애가 있는 유사 환자 집단에게 적용할 수 있는 명확하고 실용적인 틀을 제공해 주었다. 영국 동료들에게는 이미 익숙한 이 접근법이, 우리에게는 더욱 새롭고 흥미롭게 느껴졌지만, 그들이 보여 준 흔들림 없는 열정은 우리에게 큰 영감을 안겨 주었다. 이는 곧 이 작업에 내재된 여러 도전을 극복하며 앞으로 나아가는 강력한 동력이 되었다.

선행 연구자들

국제 예술심리치료 훈련센터(ICAPT)의 표현예술치료사와 여러 다른 전문가는, 미술치료가 정신화하기의 깊이와 풍부함을 높이는 데 독자적 강점을 지닌다고 강조해 왔다. 언어적 처리 외에 시각적 이미지를 사용하는 것은 내면 상태를 구체적인 산물로 표현해 내기 때문에 정신화하기를 향상시키는 효과가 있다(Springham et al., 2012; Taylor-Buck & Havsteen-Franklin, 2013; Verfaille, 2016). 실제로 우리 또한 성인 초기 환자를 대상으로 진행한 미술치료 집단에서 이 같은 효과를 확인하였다. Havsteen-Franklin(2016, p. 145)은 정신화 기반 미술치료(MBAT)에서 환자가 '상황에 상응하여 반응하고, 적절하게 조율되며, 호기심을 지닌 다른 사람과 함께 미술 작업에 참여함으로써, 그 이미지를 치료 과정 및 현재의 대인관계 맥락에서 이해하도록 돕는다'고 설명한다. 한편, Shore(2013)의 아동 대상 연구에서는 미술 활동을 통해 아동이 압도적인 트라우마 경험을 상징화하고 일관된 이야기로 재구성함으로써, 혼란스러운 감정을 이해하고 정리하는 과정을 강조한다.

여러 미술치료사는 성인 외래 환자 집단과의 작업에 정신화하기를 적용해 왔다. 예를 들어, Taylor-Buck과 Havsteen-Franklin(2013)은 미술 창작 과정이 인식론적 신뢰 발달에 어떻게 기여하는지를 논의하며, 미술 작품을 창작자의 내면세계를 반영하는 '상징적 · 반응적' 소통 도구로 간주한다. 또한 공동 참여 과정을 통해, 치료사와 환자가 나란히 작업하거나 공동 과제에 참여할 때 정신화하기가 향상된다고 언급한다. 이 공동 참여는 물리적 예술 작품에 대한 공동 집중뿐 아니라, 외재화된 자기 대상(self object)을 집단 환경에서 함께 바라보는 과정을 포함한다. 유사하게, Springham 등(2012)은 미술 작품이 정신적 내용을 외부에 드러낸 형태이자, 환자가 속도를 늦추어 성찰하고 명시적 정신화하기(explicit mentalizing)에 참여할 수 있도록 주의를 집중시키는 초점 역할을 한다고 강조한다.

Greenwood(2012)는 외래 미술치료 집단에서 조현병의 음성 증상을 다루는 방식을 제시하고, 미술이 정신화하기 과정을 회복하는 데 기여한다는 점을 강조하였다. 실제로 자신의 작업을 정신화 이론적 틀로 재해석함으로써, 임상적 이해가 크게 확장되었다고 평가한다. 이와 유사하게, Michaelides(2014)는 조현병 진단을 받은 환자의 '부정적 반추 기능'을 분석하면서, Karterud와 Pederson(2004)의 "미술치료는 마음을 안전하게 탐색하는 방법"이라는 가설을 검증했다. Michaelides에 따르면, 환자의 작품을 집단에서 함께 논의하고, 창작 과정에 어떤 정신 상태가 작용했는지를 상상해 보는 절차가 환자 스스로의 정신화하기를 발전시키는 데 유의미한 도움이 되었다고 한다. 집단원들이 작품에 보이는 관심을 통해, 환자는 자신이 타인의 마음속에 존재한다는 사실을 인식하게 되었다. Franks와 Whittaker(2007)는 성격장애 성인을 대상으로 한 집단미술치료 예비 연구에서, 집단미술치료와 개인 언어치료를 병행했을 때 환자에게 긍정적인 효과가 나타난다고 보고하였다. 미술치료는 환자가 언어적으로 받아들이거나 내면화하기 이전에, 시각적 지각을 안전하게 탐색할 수 있는 기회를 제공한다. 또한 Franks와 Whittaker(2007)는 미술이 환자 자신을 드러내는 수단으로 작용함으로써, 성격장애를 지닌 많은 이가 겪는 예측 불가능한 대인관계 상호작용을 명확히 이해하는 데 도움이 된다고 강조했다.

결국 정신화 기반 미술치료(MBAT)의 목표는 자기 자신, 타인, 그리고 관계 전반에 대한 정신화하기를 촉진하는 것이다. 정신화하기란 정신 상태를 성찰하고 해석하며, 그 상태가 행동에 어떤 영향을 미치는지를 인식하는 과정을 포함한다(Allen et al., 2008). 선행 연구에서 확인되었듯, 미술치료는 개인이 지닌 감정, 지각, 상상 등 내면 경험을 작품으로 표현하도록 초대하여, 정신화하기를 활성화하는 촉매제로 작용한다.

이미지의 역할: 함께 정신화하기

미술치료가 정신화하기를 촉진하는 한 가지 방식은, 회기에서 직접 작품을 창작하는 과정을 통해 이루어진다. 미술치료는 환자가 이미지를 통해 자신을 드러내고, 타인의 이미지를 접하며, 상상력을 사용해 정신 상태를 성찰하도록 자연스럽게 유도하기 때문에 정신화를 장려한다. 집단미술치료에서는 환자의 내면세계가 치료적 관계 및 다른 집단 구성원과의 관계에 더하여, 미술 제작 과정에서도 외재화된다(Malchiodi, 2007; Wadeson, 2010). 미술치료는 일반적으로 집단 형태로 제공되어 풍부한 자료를 마련하지만, 미술치료사(들), 환자, 그리고 미술 작품 사이에서 벌어지는 다층적 상호작용으로 인해 집단미술치료를 기술하기는 쉽지 않다. 이 복잡한 상호작용 안에서 '정신화하기'라는 이론적 틀은 환자와 치료사 모두가 공유할 수 있는 공통의 초점을 제시하여 상호작용을 더욱 유기적으로 조직해 주는 역할을 한다.

미술 작품은 정신 상태를 명확하게 이해하는 데 사용되는데, 이는 작품이 생각과 감정을 탐색할 기회를 제공하고, 다양한 관점을 고려할 수 있게 해 주기 때문이다(Greenwood, 2012; Havsteen-Franklin, 2016; Taylor-Buck & Havsteen-Franklin, 2013; Verfaille, 2016). 환자가 자신과 타인의 생각과 감정에 대해 호기심과 유연성을 기르고 유지하도록 돕는 것은 정신화 기반 미술치료(MBAT)의 중요한 요소이다. 이 과정에서 환자는 "자신과 타인에 대한 근거 있는 관점 내에 머무르는 것"(Havsteen-Franklin, 2016, p. 145)의 중요성을 배운다. 미술 작품은 집단 구성원에게 집중 대상을 제공하고, 각 이미지에 주목하며 호기심을 갖고 반응하도록 장려한다. 이런 방식으로 집단 구성원은 이미지를 함께 탐색하며, 각 환자가 자신의 사고 · 신념 · 감정 · 욕구를 정신화할 수 있도록 돕는다(Havsteen-Franklin, 2016).

이미지는 정신화를 이끄는 매개체이자 집단 구성원을 연결하는 고리가 된다. 이미지는 공유된 주의의 대상이 되어, 집단의 속도를 늦추고 구조화된 성찰을 유도한다(Springham & Camic, 2017). 또한 작품은 그것을 만든 환자로부터 분리된 '외재화된 대상'이므로, 환자에게 적절한 거리감과 안전감을 제공한다. 미술 작품은 현실 자체가 아닌 **2차적 표상 즉 마치 ~인 것처럼**(as if)의 특성을 띠는 현실의 해석물로 발전한다. 이러한 미술 창작은 상상력과 실험을 동원해 실제 현실에 영향을 주리라는 두려움 없이, 정신적 표상을 안전하게 다루고 놀 수 있는 능력을 허용한다. 작품을 통해 환자는 행동하기 전에 대안을 상상하고, 여러 가능성을 탐색할 기회를 갖게 된다(Springham & Huet, 2018; Springham et al., 2012; Verfaille, 2016). 사람들이 자신과 타인의 정신 상태를 그려 볼 수 있게 되면, 안전한 관계에 점점 더 참여하게 되고, 동시에 분리된 자율적 마음을 유지하면서도 타인과 연결될 수 있게 된다(Fonagy et al., 2012).

은유는 정신화 개입과 미술치료 개입 모두에서 중요한 측면이며, 컴퍼스 프로그램(Compass Program)의 정신화 기반 집단미술치료에서도 자연스럽게 주요 초점이 된다. 은유를 만드는 행위 자체가 환자가 자신의 마음을 들여다보도록 요청하기 때문에 정신화 과정을 포함한다(Allen et al., 2012). 은유는 직접적인 진술보다 덜 위협적이고 여러 해석을 허용하는 간접적 표현으로서, 안전한 환경을 조성한다. 실제로 정신화 기반 집단미술치료의 일부 환자는 자신의 이미지를 논의할 때 예술적 은유 수준에 머무르기도 한다. 환자의 경험에 대해 직접적인 질문을 던지면, 환자는 타인이 작품에서 받은 인식을 확인하거나 부인하거나 명확히 할 자유를 가진다. 예를 들어, 한 집단 구성원이 "내가 저 그림 속에 있다면 슬플 것 같아요."라고 말했을 때, 그 환자는 "그렇게 보일 수도 있지만, 내게는 슬픔이라기보다는 혼란과 좌절이 더 강하게 느껴져요."라고 명확히 할 수 있다. 미술 작품은 집단이 도울 수 있는 여러 의미의 층위를 환자가 탐색하도록 해 준다. 환자는 미술 창작을 통해 자신의 이야기를 공유하고, 이를 통해 점차 그 의미를 이해하기 시작한다.

정신화하는 미술치료사

정신화하는 미술치료사(mentalizing art therapist)는 지지적 안내자로서, 환자가 자신의 사고, 욕구, 신념, 정서, 경험을 정신화할 수 있도록 주의를 기울이고, 반영하며, 명확화하는 역할을 수행한다. 정신화하는 미술치료사는 정신 상태에 대해 비판단적이고 개방적이며 호기심 어린 태도를 보여 준다. Bateman과 Fonagy(2010, p. 13)는 이러한 '정신화하기 자세'를 구성하는 치료적 요소로 다음을 제시한다.

- '모름(not knowing)'의 태도에서 비롯되는 겸손
- 관점의 차이를 식별하는 데 시간을 들이는 인내심
- 다양한 관점을 정당화하고 수용하는 태도
- 환자의 경험을 적극적으로 질문하기—'왜'라는 설명을 요구하기보다는, '무엇'이라는 구체적인 경험 기술을 요청하는 방식
- 이해되지 않는 것을 억지로 이해하려는 욕구를 경계하고, '이 부분은 명확하지 않다'라고 명시적으로 표현하는 것

정신화하는 미술치료사는 마음의 불투명성을 존중하고, 정신 상태에 주의를 기울이는 유연하고 개방적인 사고방식을 보여 준다. 이들은 집단 구성원 위에 군림하는 존재가 아니라, 다른 환자와 함께 작품을 바라보는 '또 다른 시선'으로서 관점을 제시한다(Springham et al., 2012). 또한 정신화하는 미술치료사는 자신이 환자의 마음이나 작품에 대한 전문가가 아님을 인정해야 하며, 이를 위해 '모름'의 태도를 모델링해야 한다(Bateman & Fonagy, 2010; Havsteen-Franklin, 2016). 아울러 정신화하는 미술치료사는 환자의 내면세계에 진정한 관심을 보이고, 호기심 어린 질문을 던진다. 예컨대, 미술 창작 경험, 이미지와 예술적 선택, 현재의 생각 · 감

정, 그리고 작품을 공유하고 집단에 참여하는 경험 등에 대한 질문들이다. 이 과정을 통해, 정신화하는 미술치료사는 가정을 탐색하고 명확히 하도록 돕고, 표면 아래 잠재된 부분까지 고려하도록 권장한다.

정신화하는 미술치료사는 적극적인 태도를 취해 집단 안에서 정신화를 생성하고 유지하기 위해 노력한다. 또한 자기 인상을 공유함으로써 다양한 관점을 제시하고, 집단 구성원이 타인의 동기에 대해 대안적 시각을 고려하도록 장려한다(Karterud & Bateman, 2012).

Karterud와 Bateman(2012)은 정신화 기반 집단미술치료를 평가할 때 고려해야 할 핵심 질문들을 제시했다. 이는 집단 차원과 치료사의 개입 측면에서 평가된다.

- 대다수의 집단 구성원이 '지금-여기(here and now)'에서 정신화하기에 참여하고 있는가?
- 비정신화하기(nonmentalizing)는 도전받고 있는가?
- 현재의 대인관계 상호작용과 연관된 정서에 초점을 맞추고 있는가?
- 호기심과 발견의 과정이 통찰을 얻거나 조언을 제공하는 것보다 우선시되는가?

정신화하는 미술치료사가 작품에 보이는 비언어적 반응과 명시적인 관심 표현은 특히 성격장애 환자에게 유용하다. 이들은 타인의 마음 혹은 자신의 정신 상태에 주의를 기울이는 데 어려움을 겪거나, '심리적 맹목성(mindblindness)'을 경험할 수 있기 때문이다(Allen et al., 2008; Baron-Cohen, 1995; Bateman & Fonagy, 2016; Springham & Camic, 2017). 이러한 환자 앞에서 치료사가 수동적인 태도를 보이면, 정신화 집단 과정이 저해될 수 있다. 영국의 정신화 기반 치료(MBT) 프로그램에서 진행된 집단미술치료 연구에서, Springham과 Camic(2017, p. 13)은 "미술치료사가 실제 작품이라는 구체적 대상에 대해 진정한 관심을 적극적으로 표현하고, 작품을 바라보며 자신의 시각 과정을 명시적으로 드러낼수록, 집단이 그 관심의 초점에 더욱 안정적으로 참여하게 된다."라고 보고했다. 정신화하는 미술치료사는 집단 초기에 작품에 집중하고 성찰적 질문을 던지지만, 집단이 성숙해지고 응집력이 높아짐에 따라 환자 역시 이러한 과업을 점차 공유하게 된다. 비록 환자가 집단미술치료 과정에서 자율성을 키우게 되더라도, 정신화하는 미술치료사는 여전히 적극적인 역할을 유지하며 작품을 공동의 관심 대상으로 삼는 데 주력한다(Springham & Camic, 2017; Springham et al., 2012).

정신화하는 미술치료사는 투명성을 통해 정신화를 촉진한다. 자신의 생각 · 감정 · 호기심을 환자와 공유하면서, 이는 '자신의 것'임을 분명히 표시함으로써 정신화를 모델링하는 것이다. 이 과정은 미술치료사가 직접 작품을 만들고 이를 공유함으로써 더욱 강화될 수 있다(Springham et al., 2012; Taylor-Buck & Havsteen-Franklin, 2013). 치료사가 회기 중에 직접 작품을 만드는 행위는 병원이나 치료팀과의 위계질서를 완전히 없앨 수는 없더라도, 그 시간만큼은 '함께함'을 형성하며 힘의 균형을 맞추는 효과를 낸다. 실제로 컴퍼스 프로그램의 환자는 치료사가 본인들과 함께 작품을 만드는 것에 자주 감사함을 표하는데, 이는 집단 시간의 제한으로 치료사의 작품을 충분히 탐색하지 못하는 경우에도 마찬가지이다. 물론 투명성을 보여 주면서도 전문적 경계를 지키는 일은 매우 중요하고 반드시 요구된다. 그러나 치료사가 자신의 작품에 대해 적절히 공유하고, 환자를 함께 정신화 과정으로 초대할 때, 집단 내에서는 더 깊은 응집력이 형성되며 환자 역시 투명성을 높일 수 있게 된다.

결국 정신화하는 미술치료사의 핵심 임무는 환자의 정신화를 활성화하는 것이다. 즉, 환자가 자기와 타인을 구분하도록 돕고, 암묵적 · 자동적 정신화에서 명시적 · 통제된 정신화로 이동하도록 지원하며, 자동화된 가정을 재고하고 정신 상태에 대한 내적 표상을 확장하도록 돕는 것이다. 치료사는 지속적으로 호기심을 드러내 환자가 자신의 행동을 지지하는 사고와 감정을 탐색하도록 이끈다(Bateman & Fonagy, 2016). 또한 치료사는 환자의 관점에서 세상을 바라보고, 그들의 경험을 진정성 있게 타당화하려고 노력해야 한다. 치료사의 역할은 '이해'하는 것이지만, 이는 정신화가 활성화되지 않으면 이루어질 수 없다. 아울러 치료사는 자신의 정신화 능력을 계속 모니터링해야 하며, 비정신화 상태에 있는 환자와 함께 있을 때 본인의 정신화 능력도 지속적으로 위협받는다는 사실을 인식해야 한다. 정신화가 실패하거나 중단되는 순간을 인지하고 책임지는 일은 매우 중요하며(Bateman & Fonagy, 2012a), 이에 대해서는 이 장의 후반부에서 더욱 자세히 다룰 것이다.

인식론적 신뢰 구축

우리는 어린 시절, 주 양육자로부터 사회적 소통을 통해 전달되는 정보를 받아들이는 법을 배운다. 이 능력은 인식론적 신뢰(epistemic trust)에 의해 촉진되는데, 인식론적 신뢰란 사회적 접촉을 통해 전달되는 문화적 지식을 수용하는 능력을 의미한다(Bateman & Fonagy, 2016; Fonagy, Luyten, & Allison, 2015; Fonagy et al., 2017). 애착은 이 능력과 밀접하게 맞물려 있으며, 우리의 인식 상태는 애착 경험에 크게 영향을 받는다. 애착 관계는 정보를 신뢰하고 관련 있다고 여길 수 있도록 마음을 열어 준다. 예를 들어, 눈 맞춤, 목소리 톤, 반응성과 같은 명시적 단서(ostensive cues)는 우리가 정보를 받아들일 준비를 갖추게 하고, 인식론적 경계를 낮춰 해당 정보를 자기 자신과 관련 있고, 다른 상황에도 일반화될 수 있으며, 기억할 가치가 있는 것으로 믿게 만든다. 인간은 영아기부터 이러한 명시적 단서에 반응하도록 설계되어 있으며(Csibra & Gergely, 2011), 이는 인식론적 신뢰를 발달시키고, 정보를 받는 사람을 개별적 동기와 의도를 지닌 주체적 존재로 인식하도록 돕는다(Bateman & Fonagy, 2016; Fonagy et al., 2015). 안정적인 애착 관계를 통해 우리는 정보를 전달하는 사람의 권위와 진정성을 신뢰하게 되며, 그 정보를 내면화·유지하고 다른 맥락에도 적용할 수 있다. 이러한 과정은 우리가 세상과 자기 자신에 대해 배우는 데 도움을 주고, 정신화하기를 가능하게 하며, 타인을 인식하고 배움으로써 사회적 세계를 적절히 탐색할 수 있도록 해 준다.

하지만 컴퍼스 프로그램에 참여하는 많은 환자는 인식론적 신뢰를 확립 · 유지하는 데 어려움을 겪는다. 초기 애착 관계의 실패는 사회적 소통에 대한 개방성을 저해한다. '이 사람이 신뢰할 만한가?'라는 질문이 혼란과 불안을 동반하는 경우도 많다. 원래 인식론적 경계(epistemic vigilance)는 적응적 기제로서, 해로운 상황으로부터 스스로를 보호해 줄 수 있지만, 이것이 지나치면 인식론적 불신으로 이어져 새로운 정보를 거부하게 만든다(Bateman et al., 2018). 인식론적 불신은 사회적 세계에 대한 지식을 갱신하는 과정을 방해하며, 결과적으로 지식에 대한 갈망은 있으나 받은 정보를 신뢰하지 못하는 상황을 초래한다. 만성적인 불신을 지닌 사람들은 정신화하기가 어려운데, 이는 정신 상태를 회피하거나, 타인이 자신을 어떻게 인식하는지 오해하거나, 자기 자신에 대해 부정확한 견해를 갖는 등 다양한 방식으로 나타난다. 반면에 부적절한 신뢰도 또 다른 문제를 일으킨다. 자기와 타인 사이의 경계가 지나치게 희미해질 정도로 과도하게 신뢰하는 환자는 주어진 인식을 비판 없이 모두 수용하고, 건강하지 못한 관계 패턴을 형성하기 쉽다(Bateman et al., 2018; Bateman & Fonagy, 2016; Fonagy et al., 2017). 이처럼 사회적 세계의 이점을 제대로 활용하지 못하면, 성인기로 접어드는 개인에게 극단적인 고립감을 유발할 수 있다.

티모시의 사례는 이러한 인식론적 불신을 잘 보여 준다. 그는 대학 2학년을 중퇴한 뒤 컴퍼스 병동에 입원했는데, 멘토에게 성폭력을 당하고 이어서 연인 관계에서 폭력 피해를 입은 탓에, 입원 당시 외상 후 스트레스 장애(PTSD)로 예비 진단을 받았다. 또한 티모시는 초기 애착 트라우마의 경험을 갖고 있었다. 그의 부모는 모두 티모시의 감정과 경험에 제대로 조율되지 못한 모습을 보였는데, 어머니는 불안정하고 단절된 태도로 일관하며, 치료가 티모시의 문제를 '해결'해 주기를 바랐다. 티모시가 조금이라도 불편함을 호소하면 어머니는 간호사나 치료팀에 즉각 전화를 걸어 조치를 요구하곤 했는데, 때로는 어머니의 불안이 티모시의 불안보다 더 심해 보이기도 했다. 그러나 치료팀은 티모시 또한 이러한 역동에 기여하고 있음을 알아챘다. 티모시는 어머니에게 전화를 자주 걸어 불만을 호소하면서도, 치료팀이 같은 문제를 물으면 이를 부인하곤 했다. 티모시의 아버지는 또 다른 방식으로 조율되지 않았다. 전화로 가족 상담을 하던 사회복지사는 아버지가 '모든 걸 업무적으로만 대한다'고 느꼈는데, 이는 티모시를 무시하거나 때로는 사회복지사를 깎아내리는 태도로 드러났다. 가족치료에서는 어머니의 불안을 완화하고 아버지의 조급함을 다루며, 부모 모두 티모시가 자신의 생각과 감정, 정신 상태를 가질 수 있도록 인정해 주는 방법을 배우는 데 초점을 맞췄다.

티모시의 부모는 모두 그의 애착 욕구를 충족시키는 데 어려움을 보였고, 티모시 역시 자신의 욕구를 치료진에게 제대로 전달하지 못하는 듯했다. 그는 감정을 통제하지 못하고 지나치게 분출하며 종종 정서적으로 불안정한 모습을 보였고, 한편으로는 무감각과 단절감을 호소하며 감정을 차단하기도 했다. 그는 빈번한 신체적 불편감, 공황 발작, 원인 불명의 자극에 대한 '멍해짐' 상태를 자주 나타냈고, 치료진은 이를 완전히 이해하지는 못했지만, 그의 보살핌과 조율에 대한 욕구만큼은 인정하게 되었다.

티모시는 집단미술치료에 의뢰되어, 입원 기간 내내 미술치료에 참여했다. 자신과의 관계를 그린 그림을 설명하면서, 티모시는 인식론적 신뢰를 둘러싼 어려움을 인상적으로 표현했다([그림 2-1] 참조).

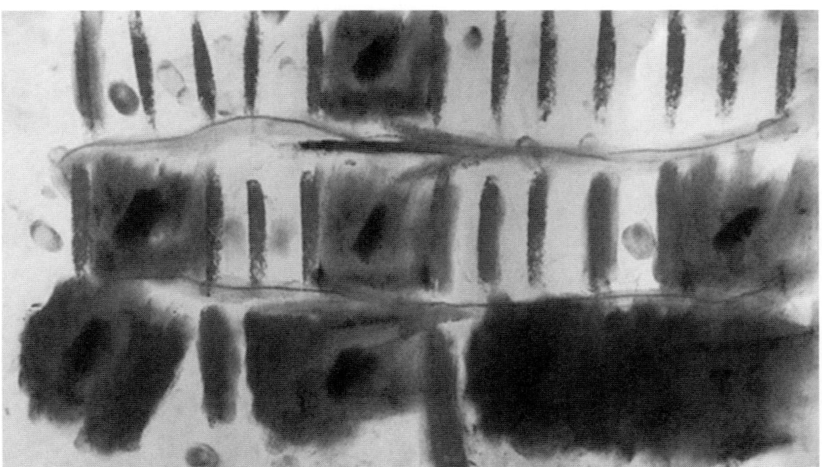

그림 2-1 티모시의 애착 그림

다음은 티모시의 작품에 대한 집단 대화를 재구성한 내용이다.

치료사: 티모시, 거기에 무엇을 그렸나요?

티모시: 이건 시간의 흐름을 표현한 거예요. 여기 작은 동그라미 하나하나가 제 트라우마를 상징해요. 각각의 동그라미 안에는 원초적 붉은색이 있고, 그 주위를 부드러운 청록색 계열이 감싸고 있어요. 저는 이 연한 파란색과 초록색에서 어느 정도 위안을 얻어요. 왜냐하면 제가 입은 모든 상처가 믿었던 사람들에게서 왔거든요. 마치 그들이 "우릴 믿어도 돼, 괜찮아."라고 말해 주는 껍질이 있었다는 느낌이 들어요. 그런데 그 중심부를 들여다보면 빨갛죠.

집단원 1: 여러 개의 선이 보이는데, 이 선들은 어떤 의미인가요?

티모시: 생각의 흐름이자 시간이 흘러가는 궤적이에요.

치료사: 이 작은 붉은 원들을 '원초적(visceral)'이라고 표현했는데, 이 붉은색은 어떤 느낌인가요?

티모시: 고통스러워요. '아, 사람들이 정말 나를 아프게 할 수 있구나' 하고 깨닫는 느낌이랄까요. 시간이 흐르면서 이런 원들이 더 많아지긴 하지만, 그렇다고 똑같은 트라우마가 계속 반복된다는 뜻은 아니에요. 여러 상처가 기하급수적으로 늘어나는 게 아니라, 한 번의 트라우마 경험이 지금 제 사고방식을 왜곡시키고 있다는 거죠.

치료사: 그게 무슨 의미인지 좀 더 이야기해 줄 수 있을까요?

티모시: 오늘 개인치료에서도 얘기했는데요. 제가 스스로에게 너무 가혹하고, 다른 사람들이 저를 진심으로 좋아하거나 친구가 되어 줄 거라고 믿지 못하는 이유 중 하나는, 또다시 상처받을지 모른다는 두려움에서 저를 지키려 하기 때문이에요. 여기 있는 부드러운 원형들이 제가 믿었던 사람들이었거든요. [티모시가 그림을 가리키며]

집단원 2: 뭔가 귀신에게 사로잡힌 느낌이 들어요. 섬뜩하기도 하고, 이 붉은색 핵심을 '원초적'이라고 한 게 굉장히 와닿네요. [얼굴을 찌푸리며] 상처처럼 아파 보이기도 해요.

티모시: 네, 엄청 고통스러워요! 이건 또 '눈알(eyeball)' 같기도 해요. 과거에 저를 학대했던 사람들이 여전히 저를 지켜보는 것 같거든요. 그리고 아직도 이 부드러운 외피를 갖

고 있어서, 제가 가끔 '그래, 그 사람들이랑 다시 얘기해 봐도 괜찮을지도 몰라'라고 생각하게끔 만들기도 해요. 하지만 안쪽이 이렇게 빨갛게 남아 있는 건, 그들이 또 어떤 상처를 줄 수 있는지 제가 잘 알기 때문이죠.

치료사: 그들을 믿어도 되지 않을까 하는 생각이 들 때, 기분이 어때요?

티모시: 무서워요. '내가 어떻게 그런 생각을 할 수 있지?' 싶어요. 그 사람들이 저를 얼마나 아프게 했는지, 저는 알고 있잖아요. 제가 직접 겪었으니까요! 그러니 그 부분이 저를 엄청 혼란스럽게 해요.

집단원 1: 저도 헷갈려요. 불이 뜨겁다는 걸 알면서도, 따뜻함을 찾아 자꾸 불 쪽으로 가다가 결국 데이는 느낌이랄까. 저도 맨날 그래요.

티모시: 맞아요. 그러다 보니 제가 스스로를 믿거나 다른 사람들과 연결되는 데 정말 방해가 되는 것 같아요.

치료사: 어떻게 방해가 된다고 느끼나요?

티모시: 모든 게 다 힘들어져요. 제 자신에 대한 생각, 다른 사람들에 대한 생각, 그들과의 관계…… 전부 이런 경험 탓에 흐릿하고 안개 낀 느낌이에요. 사람을 신뢰하는 데 엄청 오래 걸리죠. 심지어 여자친구와 일 년 넘게 사귀었어도, 그녀가 뭔가 다른 의도로 저를 이용하려는 게 아닐까 계속 의심해요. 언젠가 저를 학대하고 끔찍하게 대할지도 모른다는 불안감이 있어서 가장 친한 친구들조차 온전히 믿지 못해요. 이런 걱정을 달고 사니 정말 지치죠.

집단원 2: 저도 누가 날 다치게 할까 봐 늘 신경 쓰는 편이라 마음을 놓기가 힘들어요.

티모시: 집단치료 때 저를 보면 아시겠지만, 제가 방 안을 두리번거리면서 제 뒤쪽도 확인하느라 엄청 경계하고 있거든요.

치료사: 정말요? 여기 치료 환경에서도 그런 모습이 나타나는지 궁금했어요.

티모시: 네, 그래도 여기 계신 분들은 전문가고 저를 도우려 하는 분들이니까, 억지로라도 믿고 제 이야기를 해 보려고 노력했어요. 그런데도 제 감정과 생각이 어떤 건지, 왜 그렇게 느끼고 부정적인 자기 인식을 갖게 됐는지 깨닫기까진 시간이 꽤 걸렸어요. 제 담당 치료사를 신뢰하게 되는 데도 상당히 오래 걸렸고요.

치료사: 심각한 상처를 여러 번 겪었다면, 신뢰하기까지 시간이 걸리는 게 당연하다고 생각해요. [그림을 가리킨다]

집단원 3: 이 선들이, 결국 모든 걸 지나가려는 의지를 보여 주는 것 같아요. 상처가 있어도 계속 이어지는 선처럼요.

티모시: 이거 그릴 때, 끈적끈적한 당밀(molasses)을 헤치고 나가는 기분이었어요. 그런데 마지막 부분은 안개 낀 듯 뒤엉켜 있는데, 그게 지금 제 머릿속 상태예요.

집단원 1: [그림을 가리키며] 이게 당신이 말한 '자기 자신에 대한 부정적 시각'하고 어떻게 연결되는지 좀 더 설명해 주실래요?

티모시: 제가 저 자신을 계속 비난하고, '난 가치가 없다'고 생각하는 건, 다른 사람들이랑 친해지지 않아도 될 명분이 되잖아요. '내가 별로인 인간이니, 가까워져 봤자 얻을 게 없다'는 식으로 저를 미리 보호하는 거예요. 스스로 기분을 나쁘게 만들어서라도 사람들이랑 친해지지 않도록 거리를 두는 거죠.

집단원 3: 그러면 애초에 친해질 일이 없으니, 상처받을 일도 없겠네요?

티모시: 그렇죠.

집단원 1: 결국 '내가 가치 없는 존재라면, 굳이 사람들과 친해질 필요 없고, 가까워지지 않으면 상처받을 일도 없다'는 거네요.

티모시: 맞아요. 그리고 저 아직 과거 상처들을 받아들이는 중이거든요. 완전히 이해해 보려 애쓰고 있지만, 아마 그 경험들이 제가 이렇게 생각하도록 만든 것 같아요. 지금은 하나하나 파헤쳐 가면서 저 자신을 찾아가는 과정이라, 여기처럼 [오른쪽 아래를 가리키며] '안개 속 폭발' 같은 상태죠. 하지만 저는 영원히 그 상태에 머물러 있지는 않을 거예요……. 아마도요. 그랬으면 좋겠어요.

치료사: 이렇게 집단에서 나누고, 피드백을 받을 때 기분이 어때요?

티모시: 쉽진 않아요. 이런 얘길 하는 게 익숙하지 않아서요. 그래도 제가 직접 그린 걸 가지고 말하니까 조금은 편해요.

티모시의 경험은 트라우마가 신뢰 능력을 얼마나 약화시킬 수 있는지를 보여 준다. 그의 이미지는 치료팀, 여자친구, 그리고 자기 자신을 신뢰하지 못하는 어려움에 관한 논의를 이끌어 냈다. 티모시는 감정을 인식했고, 미술 작품이 안전한 공간을 제공하여 트라우마의 영향을 자유롭게 이야기할 수 있었다고 인정했다. 집단 구성원은 티모시의 경험에 호기심과 공감을 표현하며 그의 이야기를 존중했다.

정신화하기는 인식론적 신뢰를 생성하고, 인식론적 신뢰는 다시 정신화하기가 일어날 수 있는 조건을 마련한다. 누군가 우리의 감정에 민감하게 귀 기울이고, 우리의 개인적 서사를 진정으로 이해하며, 우리가 그 이해를 느낄 때, 그 순간을 '인식론적 일치'라고 부른다(Bateman & Fonagy, 2016). 컴퍼스 프로그램에서 우리의 역할은 성인 초기 단계의 환자가 점진적으로 인식론적 신뢰를 회복하고 확립하여 고립에서 벗어나도록 돕는 것이다. 우리가 한 개인의 서사를 받아들이고 인식하면, 그들이 사회적 세계에 대한 신뢰를 재구축할 수 있도록 지원할 수 있다. 또한 환자는 스스로가 정신화되는 경험을 통해 자기 자신과 타인을 더욱 잘 정신화하는 법을 익히게 된다.

미술치료는 인식론적 신뢰와 명시적 의사소통을 촉진하여 건강을 향상시키는 데 기여한다(Springham & Huet, 2018; Taylor-Buck & Havsteen-Franklin, 2013). 미술 작품을 만드는 과정은 환자에게 자신을 안전하게 드러낼 기회를 제공한다. 미술치료 과정은 문제에 대한 발달적 서사를 수립하도록 돕고, 외부의 시각에서 자신을 성찰할 수 있는 수단을 제시한다. 작품을 통해 각 구성원의 경험이 시각적으로 드러나고, 이를 토대로 집단원들은 서로의 감정에 조율하게 된다. 집단 안에서 장려되는 호기심 어린 태도는 환자에게 타인의 정신 상태에 대한 관심을 되찾도록 유도하고, 궁극적으로 다른 사람으로부터 배우는 능력을 회복시키면서 인식론적 경로를 다시 열어 준다. 이는 자신과 타인에 대한 이해를 심화하고, 사회적 세계에 대한 신뢰를 재형성하는 데 도움을 준다. 시각적으로 경험을 공유함으로써 환자는 인정과 이해를 받는다는 느낌을 얻고, 자신의 인생 경로에서 변화를 일으킬 수 있는 선택을 할 힘을 얻게 된다.

미술은 사람들 간에 문화적으로 중요한 정보를 전달하는 귀중한 매개체이며, 따라서 명시적 의사소통의 한 형태로 작용한다. 미술은 애착을 동반하는 만남이고, 이 만남은 정신화하기를 강화할 수 있는 계기가 된다. 외부에 존재하는 미술 작품은 '마치 거울처럼 서로의 마음이 만나도록 하는 조화로운 매체'가 된다(Springham & Huet, 2018, p. 7). 미술치료 과정을 통해 환자는 이러한 명시적 단서에 반응할 능력을 습득하고, 사회적 환경과 다시 연결될 수 있다. 인식론적 신뢰는 건강 생성(salutogenesis), 회복탄력성(resilience), 행위주체성(agency), 사회적 연결(social connection)을 발전시키고 공감을 증진하는 토대를 마련한다.

건강 생성 촉진

뉴욕에서 열린 첫 번째 '정신화하기의 예술(Art of Mentalizing)' 콘퍼런스에서, 표현치료는 건강과 웰빙을 자연스럽게 지원하는 건강 생성 방식으로 설명되었다. 미술치료와 유사하게, **건강 생성**(salutogenesis)은 사람들이 건강해지는 요인에 집중하고, 사회적 환경과 재연결을 촉진하는 자원 중심 접근법이다. 건강 생성은 개인의 적응 능력을 이해하고 강화하는 데 유용한 방법을 제공한다(Antonovsky, 1979).

건강 생성 이론에 따르면, 사람들이 삶을 어떻게 바라보느냐가 **통합감**(sense of coherence), 또는 세상에 대한 자신의 방향성과 긴밀히 연관된다. 통합감은 내적 신뢰를 바탕으로 사고하고 행동하는 방식으로, 사람들이 환경적 자원을 식별하고 활용할 수 있도록 돕는다(Antonovsky, 1996; Eriksson & Lindstrom, 2005). Antonovsky는 스트레스 요인에 직면했을 때 통합감이 강한 사람은 문제를 이해하고, 이를 극복하기 위한 자원이 있다고 믿으며, 그 자원을 활용하고자 하는 동기와 욕구를 지닌다고 주장했다. 따라서 통합감은 이해 가능성, 관리 가능성, 의미 부여의 측면에서 이해된다. 이는 특정 문화에 국한되지 않으며, 의미를 찾는 방식이나 정보 이해 수준, 스트레스 요인에 적용하는 자원은 문화마다 다를 수 있다(Antonovsky, 1996; Langeland & Vinje, 2017).

건강 생성 관점에서의 정신건강은 사람들의 적응 능력을 이해하고 강화함으로써 통합감을 높이는 데 초점을 맞춘다. 사회적 지지는 통합감을 향상시키는 데 핵심적인 역할을 하며(Antonovsky, 1979), 이러한 상호작용 속에서 통합감이 높아지면 개인은 사회적 지지를 더욱 잘 활용할 수 있게 된다. 그러나 사회적 지지를 충분히 활용하지 못한다면, 이는 인식론적 신뢰의 실패를 시사하며, 건강 생성 과정을 방해하고 정신병리에 대한 취약성을 높일 수 있다(Fonagy et al., 2015). 만약 인식론적 일치가 이루어진다면, 환자는 자신을 더 깊이 이해함으로써 변화의 가능성을 열 수 있고, 타인의 정신 상태에 다시 관심을 갖게 되어 타인에게서 배우는 능력을 회복한다. 미술치료는 자신과 타인에 대해 호기심을 갖는 법을 경험적으로 학습하게 함으로써, 사회적 세계에 대한 신뢰를 재구축하도록 돕는다. 또한 미술치료는 인식론적 일치가 일어날 기회를 제공함으로써 건강 생성을 촉진한다.

회복탄력성 개발

정신건강에 대한 이중요인(bi-factor) 모델을 지지하는 연구가 점차 늘어나고 있다. 이 모델은 전통적인 범주적 개념화보다 질병과 일반적인 정신병리를 스펙트럼으로 바라보는 것이 더 유용하다고 보고, 정신화하기와 같은 범진단적 접근이 필요함을 강조한다. 최근 연구들은 정신건강 장애가 'P 요인(p. factor)'이라는 일반적 정신병리 차원으로 설명된다고 제안한다(Bateman et al., 2018; Caspi et al., 2014; Patalay et al., 2015; Polek et al., 2018). 높은 P 요인을 가진 환자는 어려움에 직면했을 때 기대되는 회복탄력성이 결여되어 있으며, 인식론적 신뢰가 부족하고, 사회적 학습과 건강 생성에도 심각한 제약이 있다. 이들은 새로운 정보를 받아들이지 못해 변화에 어려움을 겪는다. 이러한 환자에게 접근하기 위해서는 정신화하기가 필수적이다. 정신화하기는 인식론적 신뢰를 다시 열 수 있는 환경을 제공하기 때문이다(Bateman et al., 2018). Bateman과 Fonagy(2016)는 정신화하기가 "스트레스가 많은 상황에서도 회복탄력성을 촉진하고, 역경을 통해 다른 관점을 취할 수 있는 능력을 길러 준다"(p. 125)고 설명한다. 이와 마찬가지로, 미술치료 역시 범진단적 접근을 통해 인식론적 경로를 다시 열어 회복탄력성을 구축한다. 사람들이 정신화 경험을 통해 타인을 정신화하는 법을 배우면, 이러한 경험은 일상생활로 전이될 수 있다(Bateman et al., 2018). 우리는 환자가 미술 작품과 그에 대한 논의를 통해 전달되는 사회적 소통에 더욱 잘 반응할 수 있으리라 제안한다. 미술치료는 명시적 신호(ostensive signaling)와 거울 반응(mirroring)의 기회를 제공하고, 각 개인을 주체적이고 능동적인 자기로 인식함으로써 지식 전달의 통로를 연다(Springham & Huet, 2018). 또한 미술 창작은 회피적이고 무력감에 빠진 행동을 보다 적응적인 반응으로 대체함으로써 통제감을 회복하도록 도와줄 수 있다(Hass-Cohen & Findlay, 2016). 이러한 과정은 결국 회복탄력성을 구축하는 데 기여한다.

행위주체성과 연결 촉진

미술 창작은 환자가 자신의 작품을 온전히 주도하기 때문에 행위주체성과 통제감을 촉진한다. 환자는 창작 과정에서 선택을 하며, 이러한 선택을 통해 자기 주체성이 인정되고 강화되어 힘을 얻게 된다. 무(無)에서 무언가를 만들어 내는 행위는 자기 확신을 불러일으키고, 숙달감과 자존감을 형성할 수도 있다(Wadeson, 2010). 미술치료에서 환자는 목적 있는 행동에 참여하게 된다. 구체적인 미술 작품을 통해 자신의 내면 상태를 표현하고, 작품에 담긴 개인적 의미를 공유함으로써 창작자의 역할을 수행한다(Greenwood, 2012; Taylor-Buck & Havsteen-Franklin, 2013). 한 컴퍼스 프로그램의 환자는 '뼈와 피 속에서 삶을 느끼고 싶다'는 바람을 표현한 적이 있다. 이렇게 목적 있고 의도적인 존재감이 결여되어 있다는 인식은 자살 충동을 촉발했고, 종종 절망과 무기력감을 불러일으켰다. 하지만 이 환자는 미술치료에 참여하면서, 창작할 때 삶을 가장 진지하게 살고 있다는 느낌을 받는다고 말했다. 그는 그림을 통제할 수 있다는 점을 강조하며, "내가 원하는 무엇이든 만들 수 있어요. 이 미술 작품은 나만의 것이에요. 그리고 그건 제가 보통 느끼는 것과 아주 달라요."라고 이야기했다.

미술 작품은 또한 집단 구성원 간의 연결고리 역할을 하기도 한다(Springham & Camic, 2017). 일부 환자는 "자신을 의식하거나, 다른 사람이 자신을 의식하고 있다는 사실을 파악하는 능력이 부족하다."라고 지적되는데, 이는 그들이 집단에서 느끼는 불안과 타인에게 과잉 개입했다가 다시 급격히 회피하는 행동을 어느 정도 설명해 준다(Bateman & Fonagy, 2016, p. 156). 집단치료 환경에서 환자는 동료의 문제에 지나치게 관여해 자신을 잃거나, 그 결과 "스스로를 지키기 위해 상대방으로부터 급격히 거리를 두는 상황"(Bateman & Fonagy, 2016, p. 156)이 발생하기도 한다. 이처럼 타인에게 강하게 반응했다가 멀어지는 양상은 정신과적 문제를 지닌 젊은이들이 겪는 대인관계의 어려움과 단절감, 그리고 외로움을 지속시키는 요인이 된다. 정신화하기 기술은 사람들이 역동적이고 복잡한 사회적 상황에서 원활히 기능하기 위해 필수적이다. 집단미술치료는 자율성과 연결, 자신과 타인 사이에 놓인 미묘한 균형을 다룬다. 그리고 미술 작품 자체가 이러한 과정에 크게 기여한다. 예컨대, 미술 작품은 감정을 '담아내는' 과정을 돕고, 내적 세계들의 경계를 물리적으로 드러내는 장치가 될 수 있다. 이는 궁극적으로 작품은 창작자에게 속하기 때문이다. 감정적 경계 설정에 어려움을 겪던 한 환자는, 미술 작품이 자신이 타인의 문제를 자기 문제로 받아들이지 않도록 상기시켜 주는 역할을 한다고 설명했다. 그는 다음과 같이 말했다. "이건 제가 만든 작품이고, 제 개인 기록의 일부가 돼요. 저건 당신이 만든 작품이고, 당신의 개인 기록에 속하죠. 저는 당신의 이미지에 대해 이야기하고, 거기에 담긴 감정에 공감할 수 있어요. 하지만 그건 제 것이 아니에요. 당신도 제 이미지에 대해 같은 방식으로 해 줄 수 있지만, 그건 당신의 것이 아니에요. 이 경계를 기억하는 게 저에겐 어려워요."

우리는 종종 환자에게 미술치료 집단에서 무엇이 도움이 되었는지 묻는다. 대다수의 환자는 미술 활동이 자신들을 고립의 벽에서 해방시키는 강력한 힘을 지녔다고 증언한다.

한 환자는 이렇게 말했다.

> "평소에 다른 사람들의 마음을 읽기가 어려워요. 그들이 무슨 감정을 느끼고 어떤 생각을 하는지 잘 모르겠거든요. 마치 제 머릿속에만 갇혀 있는 것 같았어요. 그런데 이 미술 활동을 하면서 신기한 걸 경험했어요. 모두가 하는 이야기를 정말 이해할 수 있었고, 그들과 깊이 연결된 느낌이 들었어요."

또 다른 환자는 이렇게 말했다.

> "이 집단에서 다른 사람들의 작품을 보면서 놀라운 경험을 하고 있어요. 그들의 작품 속에서 제 모습과 제가 겪었던 일들을 발견하거든요. 처음에는 동료들과 공감하기 어렵다고만 생각했어요. 제가 너무 다르고 동떨어진 존재 같았거든요. 그런데 작품을 보면서 생각이 완전히 바뀌었어요. 작품 속 이야기를 통해 그들의 마음을 이해하게 됐고, 그들이 느끼던 감정이 제가 느끼는 감정과 비슷하다는 걸 깨달았어요. 우리가 공유하는 경험과 감정이 제가 상상했던 것보다 훨씬 많더라고요."

이처럼 미술치료 공간에서 자율성과 연결 사이를 오가는 변증법적 과정은 성인 초기 단계에서 마주하는 핵심 과제와 유사하다. 이에 대해서는 4장에서 더욱 자세히 살펴볼 것이다.

공감 촉진

사이먼은 컴퍼스 프로그램에 참여 중인 환자로, 치료 집단에 잘 참석하지 않거나 아예 참석을 거부하는 경우가 많았다. 그는 집단에서 마음을 열고 자신의 연약함을 드러내는 것이 쉽지 않았고, 중요한 문제를 피하며 겉으로만 참여하는 경향이 있다고 인정했다. 실제로 집단에 참석했을 때도 동료의 주의를 산만하게 하는 데 집중했다. 이러한 행동이 몇 주간 지속된 후, 미술치료 집단에서 변화의 징후가 나타났다. 사이먼은 자신이 '갇혀 있다'고 느끼는 장소를 그린 작품을 만들었다. 그는 점점 좁아지는 두 벽 사이에 끼어 있는 막대기 인물로 자신을 표현했다. 사이먼은 과거가 자신을 뒤쫓는 것 같아 절망스럽고, 벽이 완전히 닫히기 전에 빠져나갈 여유와 시간이 부족하다고 말했다. 또한 학교에서 과제를 미루다 스스로를 궁지에 몰아넣었다고 털어놓았다. 성적이 나빠 원하는 대학으로 편입할 수 없게 되었고, 결국 싫어하는 학교로 돌아가 성적을 만회해야만 하는 상황이었다.

한 동료는 사이먼의 그림 속 인물이 지평선 아래에 배치되어 있어, 마치 무덤처럼 지하 공간을 연상시킨다고 비유했다. 이를 들은 사이먼은 무표정해졌지만, 그 비유에 공감한다고 답했다. 또 다른 동료는 그림 속 인물에 얼굴이 없고, 벽 사이를 이리저리 달아나는 모습을 제대로 알아차리지 못하는 것 같다고 지적했다. 동료들은 작품에서 긴박감과 임박한 파국의 정서를 느꼈고, 이때 사이먼은 눈물을 흘리며 처음으로 자살 충동에 대해 털어놓았다. 치료사가 집단에서의 경험을 묻자, 사이먼은 동료에게서 감정을 이해받고 경험을 인정받는 느낌을 받았다고 했다. 그는 다른 집단, 심지어 이전 미술치료 집단에서도 자신과 작품을 피상적으로만 다뤄 왔다고 인정했다. 하지만 이번에는 그림을 통해 자기 '감정을 직접 볼 수 있게' 되었고, 그 감정을 한 번 보고 나니 더 이상 외면할 수 없었다고 했다. 작품이 만들어지면서 감정이 외재화되어, 새로운 방식으로 그것들과 상호작용할 수 있게 된 것이다. 사이먼은 사람들 앞에서 감정을 드러내는 일이 여전히 힘들지만,

이번 집단 경험은 긍정적이었다고 덧붙였다.

그렇다면 사이먼이 작품을 통해 감정을 '본다'는 경험은 어떻게 이해할 수 있을까? Havsteen-Franklin(2016)은 미술치료와 관련된 정신화하기의 네 가지 개념, 즉 정서 의식(affect consciousness), 공감(empathy), 심리적 성찰(psychological mindedness), 마음챙김(mindfulness)을 제시한다. 여기서 사이먼의 집단 경험과 밀접한 것은 정서 의식과 공감 두 가지이다. 첫째, 미술치료에서 창작된 이미지는 사이먼이 자신의 정서 상태를 전달하는 통로였다. 이 이미지는 단순한 거울을 넘어, 내면 상태를 체화한다(Schaverien, 1999). 사이먼의 작품은 그가 오랫동안 교묘하게 회피해 온 감정을 드러내고, 정신 상태를 표현하도록 이끌었다. 그러나 이러한 감정이 외재화되면서 사이먼은 자신이 그 감정들과 직접 맞닥뜨리고 있음을 실감하게 되었다. 결과적으로, 미술치료 과정은 사이먼이 경험을 회피하는 태도를 줄이고, 정서적 자각을 높이는 데 기여했다. 둘째, 사이먼의 그림은 집단 내 공감을 촉발했다. 동료들은 그의 경험을 이해하고 그 관점을 공유하려 애썼다. 미술 작품은 집단 구성원이 서로 조율하고, 탐색하고, 인정해 줄 수 있는 공동 자료가 되었다. 평소 사이먼은 동료에게 자신의 진짜 모습을 보여 주지 못해 늘 오해받는다고 느꼈고, 여유롭고 장난스러운 사람 역할을 자처했다. 집단 안에서 취약성을 드러내는 것은 그에게 낯선 일이었다. 그는 자신의 감정 상태를 언어로 표현하는 데 소극적이었다는 점을 깨달았다. 그러나 물리적인 미술 작품이 사이먼으로 하여금 스스로에게 공감하고, 자기 경험을 정신화할 기회를 마련해 준 것이다.

비정신화하기

비정신화 모드

정신화하기를 이해하려면, 먼저 정신화하기가 아닌 것이 무엇인지 살펴보는 것이 도움이 된다. Bateman과 Fonagy(2012a)는 세 가지 비정신화 모드(nonmentalizing modes)를 제시한다. 즉, 정신적 동등 모드, 가장 모드, 목적론적 모드이다. 이들은 전(前)정신화하기 방식이라고도 불리는데, 이는 아동이 정신화하기 능력을 발달시키는 과정에서 자연스럽게 나타나는 일부이기 때문이다. 그러나 성인이 정신화하는 능력이 저하된 상태에서 이러한 방식으로 회귀하면 문제가 발생한다.

컴퍼스 프로그램에서는 환자에게 비정신화하기를 설명할 때, 전(前)정신화하기 같은 전문 용어는 사용하지 않는다. 하지만 치료사 입장에서는 비정신화하기 태도를 파악하는 것이 매우 유익하다. 환자에게 어떤 일이 벌어지고 있는지 알아차려, 그에 맞게 적절히 대응할 수 있기 때문이다. 환자에게는 이 비정신화하기 모드가 어떻게 발달했는지 자세히 설명할 필요는 없다. 다만, 집단 환경에서 비정신화하기가 구체적으로 어떻게 드러나는지(예: 조언 일변도, 불분명한 가정, 주지화, 호기심 결여, 외부 요인만 강조 등)를 알려 주면 도움이 된다. 다음에서는 각 비정신화 모드의 정의와 미술치료에서 이들이 어떻게 나타날 수 있는지 예시를 들어 설명한다.

정신적 동등 모드: 감정이 곧 현실이 되는 상태

정신적 동등 모드(psychic equivalence mode)에서는 개인의 내적 세계(감정, 생각, 상상 등)가 실제 현실과 동일하게 경험된다. 이로 인해 대인관계가 극적으로 변하고 위험도 높아진다. 환자는 자기와 타인의 감정을 갑자기 매우 심각하게 받아들여 과장된 정서적 반응을 보이게 된다(Allen et al., 2008, p. 278). 예컨대, 9장에서 다룰 스테이시라는 환자는, 스트레스를 받을 때 자주 정신적 동등 모드로 작동했다. 그녀는 용에게서 자신을 지키고자 칼을 들고 있는 자화상을 그렸는데, 자신이 공격받고 있다고 믿은 나머지 주변 사람들이 자신을 해치려 든다고 여겼으며, 이에 맞서 반격했다. 그녀의 사고방식은 '내가 이렇게 느끼니까, 실제로 그렇다'는 정신적 동등 모드를 강화했다. Verfaille(2016)는 미술치료에서 환자가 내적 경험을 곧 현실로 간주하는 과정을 예로 들며, 누군가 자신의 작품을 보고 불만스러운 표정을 짓는 것을 '작품이 하찮다는 증거'로 받아들여 즉시 작품을 버려야 한다고 생각하는 경우를 들었다.

가장 모드: 감정이 현실과 분리된 상태

가장 모드(pretend mode)에서는 개인의 내적 세계와 외적 세계가 분리된다. 이 상태에 있는 사람들은 감정과 유리된 언어나 매우 주지화된 언어를 장황하게 사용하기도 하며, 이 말들이 실제 감정과는 전혀 연결되지 않는다(Allen et al., 2008; Bateman & Fonagy, 2016). 자신의 작품이 감정과 분리되어 있다면, 환자는 가장 모드에서 기능하고 있을 가능성이 크다. 예를 들어, 작품을 설명할 때 미술 수업 비평처럼 미학적 특성에만 집중하며, 설명이 감정적으로 공허하다는 인상을 줄 수 있다. 반면, 감정적으로 자극적인 이미지를 그려 놓고도 그 이미지와의 감정적 연관을 부정하는 경우도 있다(이와 관련해서는 5장에서 다룰 애벌레와 나비 그림 사례를 참고하라).

목적론적 모드: 물리적으로 관찰되는 것만이 현실

목적론적 모드(teleological mode)에서 작동하는 환자는 외부 요인과 행동에만 초점을 맞추며, 모든 것을 문자 그대로 받아들이려는 경향이 있다. 목적론적 추론은 구체적이고 목표 지향적인 행동 자체에 집중하며, 행동을 유발하는 생각, 감정, 동기 등 내부 과정을 간과하기 쉽다(Bateman & Fonagy, 2016). Havsteen-Franklin(2016)은 환자가 미술치료 회기를 구성하는 방식에서 목적론적 모드를 관찰했는데, 예를 들어 미술치료사를 '즉각적인 결과를 만들어 주는 구체적 지침을 제공하는 교사'로 보는 경우이다. 8장에서는 '정체된 상태'에서 벗어날 대안을 전부 외부적 행동에만 의존하려는 환자의 작품을 살펴본다. 이 사례는 목적론적 사고 구조가 어떻게 문제 해결을 외부적이고 행동 중심적인 방식에만 한정하는지 보여 준다(또한 [그림 8-1] 참조).

비정신화하기를 다루는 방법

비정신화하기(nonmentalizing)는 또 다른 비정신화하기를 낳는다. 우리는 성격 장애를 가진 환자 집단에서 비정신화하기가 불길처럼 빠르게 퍼져 나가는 모습을 직접 목격했다. 그렇기 때문에 치료자의 개입이 매우 중요하다. 정신화하는 치료사는 환자의 정신화 작업을 대신해 주기보다는 환자가 스스로 정신화할 수 있는 역량을 회복하도록 돕는 데 집중한다. 비정신화하기가 발생하면 인지하고 중단시키고, 환자가 정신화하기를 잘할 때는 적절한 칭찬과 지지를 제공해야 한다. 치료자는 먼저 환자가 어떤 비정신화 모드에 있는지 식별한 뒤, 잠시 멈추고, 되돌려서 탐색해야 한다. 그리고 상황에 따라 타당화, 투명성, 공감적 도전을 통해 개입한다(Bateman & Fonagy, 2016).

집단미술치료가 지닌 복잡성을 고려하면, 비정신화하기를 다루는 작업은 상당히 어려울 수 있다. 제한된 시간 안에서 환자, 치료사, 미술 작품 사이의 모든 행동과 상호작용을 다루기란 쉽지 않기 때문에 무엇에 우선순위를 둘지 결정하는 것이 까다롭다. 초기에는 우리 역시 환자를 대신해 정신화하기를 해 주는 함정에 빠지곤 했다. 예컨대, 여러 가지 제안을 하거나 감정에 이름을 붙여 주고, 아무런 단서를 제공하지 않는 환자의 작품에서 벌어지는 일을 이해하려 지나치게 애썼다. 그러다 보니 매 회기 후에는 탈진 상태에 이르렀다. 국제 예술심리치료 훈련센터(ICAPT)의 동료들과 화상 회의를 하던 중, "왜 치료자인 여러분이 환자보다 더 열심히 일하고 있나요?"라는 질문을 받았다. 그 순간 우리는, 환자의 비정신화하기에 대해 우리 스스로 정신화된 반응만으로 일관하는 패턴에 빠져 있었음을 깨달았다. 이는 지속 가능하지 않을 뿐 아니라, 궁극적으로 환자의 정신화하는 문제를 그대로 남겨 둔다(Bateman & Fonagy, 2016). 대신, 비정신화된 지점에 주의를 환시시키고, 환자가 스스로 정신화 과정에 참여할 수 있도록 기회를 제공하는 데 초점을 맞춰야 한다. 잘 기능하는 정신화하기 집단에서는 환자가 정신화하기가 중단되는 순간을 함께 찾아내기 시작하고, 그렇게 하도록 초대된다. 환자는 정신화하는 과정이 전개될 때 책임을 공유하며, 집단의 정신화하는 상태를 모니터링하는 역할을 맡게 된다.

다음은 환자와 미술치료사 모두에게서 비정신화하기가 일어났던, 상당히 어려운 집단에서 진행된 대화를 재구성한 것이다. 이 집단은 이전에도 여러 차례 미술치료 회기를 진행했으나 결속력이 상당히 약했다. 에이미는 경계성 성격장애(BPD), 심각한 트라우마, 자살 충동을 가진 환자로, 안전 문제와 충동성 때문에 병동에서 제한 조치를 받으며 간헐적으로만 집단에 참석할 수 있었다. 이 대화 부분에서 에이미는 다양한 파란색과 검은색 수채화 물감을 여러 겹으로 칠해 만든 추상화를 공유했다.

에이미: [작품을 보여 주며] 처음에는 수채화 물감 층을 하나씩 덧칠하는 것으로 시작했어요. 보통은 물에 빠져도 겨우 머리를 물 위로 내놓을 수 있는데, 요즘은 마치 물속에서 익사할 것 같은 기분이에요. 검은색은 원래 거품으로 표현하려고 했는데, 물을 계속 더하다 보니 이렇게 크고 어두운 덩어리가 됐어요. 요즘 너무 압도당하고, 절망적이에요.

보니: 정말 아름다워요!

치료사: 잠깐만요, 잠깐만요. 단순 칭찬만 하기보다는 좀 더 구체적으로 이야기해 볼까요? 보니, 이 그림에서 어떤 점이 마음에 드나요?

보니: 층층이 겹쳐진 색감이 정말 생동감 있어요.

치료사: 그렇군요. 밝은 색감의 층에 반응하고 있네요. 구체적으로 말해 줘서 고마워요. [에이미를 보며] 그렇다면 이 그림 속에서 당신은 어디쯤 있을까요?

에이미: 저는 저 아래쪽에 있을 것 같아요. 그림엔 나오지 않지만, 물속에 빠져 거품을 뿜어내고 있는 상태랄까요.

보니: 그래도 정말 예뻐요. 전 파란색이 좋거든요.

킴: 적어도 지금은 여기 와서 도움을 받고 있잖아요.

조: [치료사에게] 제 팔찌 좀 고쳐 주실 수 있나요?

[공예 시간에 만든 구슬 팔찌를 벗어 건넴.]

치료사: 잠깐만, 예의를 지켜 줘요. 지금 에이미가 이야기 중이었잖아요.

조: 근데 이거 망가졌단 말이에요.

치료사: 그만, 잠깐 멈춰 볼게요! [손을 들어 보이며] 자, 여러분, 지금 무슨 일이 벌어지고 있죠? 에이미는 물속에 가라앉아 익사할 것 같은, 정말 심각한 경험을 얘기하고 있는데, 우리는 칭찬만 늘어놓거나 주의를 다른 것으로 돌리고 있어요. 왜 이러는 걸까요?

[침묵]

이 대목에서 미술치료사는 의도적으로 대화를 멈추고, 집단 안에서 일어나는 일을 직면하도록 주의를 환기시켰다. 한 사람은 그림을 칭찬하는 데만 집중하고, 다른 사람은 전혀 상관없는 일에 관심이 쏠려 있었다. 치료사가 손을 들어 멈추는 순간, 비정신화하기를 중단시킨 셈이다. 이때 치료사 자신도 집단이 보이는 회피적 태도에 답답함과 혼란감을 느꼈다.

치료사: 에이미, 이 상황이 당신에게는 어떤 느낌인가요?

에이미: [미소를 지으며 어깨를 으쓱함]

킴: 음…… 우리가 꼭 항상 슬퍼할 필요는 없잖아요.

치료사: 맞아요, 킴. 늘 슬퍼해야 한다는 법은 없죠. 항상 슬프다면 얼마나 힘들지 상상돼요. 하지만 지금 이 순간, 에이미에게는 이게 꽤 슬픈 경험일 수도 있잖아요. 우리가 그림의 예쁜 부분만 얘기하거나, 아예 이 이야기를 피하고 팔찌를 고쳐 달라고 하면 에이미는 어떤 기분일까요?

킴: 음…… 알겠어요.

에이미: 힘들어요, 사실, 저도 피하고 싶거든요. 근데 말하면서도 제가 계속 웃고 있네요.

보니: 저도 웃긴 해요. 근데 그건 저도 그 감정이 뭔지 알아서 그래요. 압도당하는 느낌……. 저도 진지한 얘기를 하면서 가끔 웃어요.

킴: 전 그냥 원래 진지한 얘기에도 늘 웃고 말아요.

치료사: 그렇군요. 웃는 이유가 각자 다르네요. 누군가는 슬픔을 피하려고 그렇게 행동할 수도 있고, 또 누군가는 진지한 상황에서 본능적으로 웃음이 터져 나올 수도 있죠. 그건 어디서 비롯된 걸까요?

조: 일종의 방어기제죠. 스스로를 보호하려고 하는 거예요.

보니: [끄덕임]

킴: [끄덕임]

치료사: 그렇죠. 그럼 지금 우리가 하는 칭찬이나 산만한 행동은 어떤 의미가 있을까요? 저도 확신할 순 없지만, 에이미를 보호하려는 것일 수도 있고, 각각 자신을 보호하려는 것일 수도 있겠죠.
[침묵]

킴: 그럼 우리 돌아가면서 서로에게 긍정적인 말 한마디씩 해 볼까요?

치료사: 잠깐, 잠깐! [손을 들어 보이며] 오늘 아주 중요한 어려움들이 나왔는데, 지금 당장 긍정적인 말만 주고받는 게 얼마나 도움이 될지 모르겠어요. 나중에 해 볼 수도 있겠지만, 전 아직 에이미 그림에 대해 궁금한 게 많아요. 우리 다시 돌아가서 이 이미지를 조금 더 정신화해 볼 수 있을까요?

킴: [눈을 굴리며 한숨] 네, 알았어요.

치료사: 킴, 만약 지금 스스로를 격려하고 싶다면, 그렇게 해도 괜찮아요.

킴: [한숨]

이 시점에서 치료사의 좌절감이 엿보인다. 사실, 치료사는 킴이 '긍정적인 격려'를 제안한 의도나 동기에 호기심을 가질 기회가 있었다. 예컨대, "왜 지금 격려가 필요하다고 느끼세요?" 또는 "방금 한숨 쉬고 표정 지었는데, 무슨 생각이 들었나요?" 같이 물어볼 수 있었다. 하지만 킴은 결국 마음을 닫은 듯 보였고, 치료사는 투명성과 자기 개방을 통해 그녀가 다시 대화에 참여하도록 유도하려 시도한다.

치료사: 여러분이 지금 하고 있는 작업이 정말 중요하다고 생각해요. 그래서 이 작업에 충분한 시간을 들이고, 그 가치를 서로 인정해 주기를 바랍니다. 우리가 경험을 이렇게 표현하고 돌아보는 건 매우 강력한 힘을 가질 수 있거든요. 만약 우리가 이를 가볍게 여기거나 그냥 피해 간다면, 오히려 해가 될 것 같아요. 저는 지금 살짝 낙담을 느끼는데, 그게 정확히 왜 그런지 모르겠어요. 하지만 지금 이 순간, 여기서 뭔가 그런 일이 벌어지고 있는 듯해요. 무슨 이유에서일까요?

[침묵]

치료사: 혹시 무거운 감정을 다루는 게 불편한 걸까요? 조금 더 그 감정을 받아들여 볼 수 있을지, 같이 확인해 볼까요?

보니: [끄덕이며] 음, 에이미, 이렇게 집단에 마음을 열어 준 것 고마워요.

조: [끄덕이며] 네, 맞아요.

에이미: [미소 지으며] 사실, 마지막으로 제 감정을 솔직히 드러냈을 때, 병동 제한 조치(UR)에 들어가게 됐어요.

에이미는 여기서 시선을 돌리고, 다시 집단에 참여하려는 듯 보이지만, 자신의 그림 이야기를 이어 가기보다는 직원들에 대한 이야기를 하려는 것으로 보인다.

치료사: 그게 무슨 뜻인가요?

에이미: 얼마 전에 뭔가를 그렸는데, 그걸 보고 직원들이 걱정하더니 절 병동 제한 조치에 넣었어요.

보니: 맞아요! 우리가 그린 걸 고자질하려는 건가요?

조: 진짜 느끼는 대로 그렸다가는 후폭풍이 일어나니까요.

치료사: 음, 알겠어요. 저도 치료팀의 일원이고, 각 집단에서 어떤 일이 벌어졌는지 서로 공유하곤 해요.

에이미: 그렇다면 우린 자유롭게 표현하기 어렵잖아요!

킴: 그러다 곤란해지는 거 아니에요?

치료사: 잠깐, 여기서 멈춰 볼까요! 누군가를 병동 제한 조치에 배정할 때는 여러 측면을 고려해요. 한번 직원들의 시각을 생각해 봅시다. 그들은 왜 어떤 이미지를 보고(또 다른 요소들도 봤겠지만) 누군가를 병동 제한 조치에 넣기로 결정했을까요?

에이미: 글쎄요, 우리를 안전하게 지키려고 그랬던 거겠죠. 저도 그건 이해해요.

보니: 맞아요! 저도 예전에 피가 흐르는 폭포 옆에 스마일리(smiley)[1]를 그렸는데, 사람들이 보고 깜짝 놀랐거든요. 그래서 제가 설명했어요. 피가 스마일리를 행복하고 살아 있게 만들어 주는 거라고요. 피가 없으면 살 수 없잖아요.

치료사: 그렇군요. 가끔 이미지의 의도와 해석이 달라질 수 있죠. 에이미, 당신 그림에 오해가 있었나요? 아니면 직원들이 당신 의도와 달리 생각한 걸까요?

에이미: 아니요. [미소 지으며] 그들은 맞게 이해했어요! 근데 애초에 그렇게 어두운 이미지를 만들려고 한 건 아니었어요. 무의식에서 튀어나온 것 같달까요. 사실, 저도 잘 모르겠어요.

치료사: 그러네요. 예기치 않게 뭔가 낯선 걸 만들면 혼란스럽거나 놀랄 수 있죠. 그 이미지 그릴 땐 어떤 기분이었나요?

에이미: 좀 무서웠던 것 같아요. 그리고 내 간호사도 정말 놀랐고요!

치료사: 사실, 표현과 안전 사이에서 균형 잡기가 어렵죠. 우리는 여러분이 자유롭게 표현하길 바라지만, 팀이 그림을 보고(다른 안전 문제들도 참고해) 병동 제한 조치를 결정하면, 누군가는 그걸 처벌처럼 느낄 수 있어요. 그렇지만 병원 환경에서는 안전이 최우선이니까요.

에이미: 그래도 이제 내가 더 이상 병동 제한 조치에 해당되지 않아서 다행이에요.

치료사: 저도 다행이라고 생각해요. 당신이 좀 더 안전하다고 느낀다니 좋네요. 그런데 지금 당신이 그림 이야기를 할 때도 비슷한 두려움이 올라오나요?

---

1) 역자 주: 메시지, SNS, 채팅 등에서 사용하는 웃는 얼굴 이미지를 나타낸 이모티콘이나 기호를 말한다.

에이미: 조금요. 다른 사람들에게 폐가 되지 않을까 걱정돼요.

치료사: 아, 그럼 집단에 한번 물어볼까요? 에이미의 그림이 여러분에게 부담이 된다고 느끼시나요? 어떠세요?

보니: 저는 전혀 문제 되지 않아요.

킴: 뭐, 기분 좋은 건 아니지만 그래도 이렇게 공유해 주는 게 좋다고 생각해요.

치료사: 이렇게 작품 이야기를 해 줘서 정말 고맙고, 다른 분들이 에이미의 경험을 이해하려고 노력해 주는 것도 감사해요. [집단에게] 만약 여러분이 에이미 그림 속에서, 그림 밖으로 밀려나 물속에서 거품을 뿜고 있는 인물이라고 상상해 본다면 어떤 기분이 들까요?

킴: 무섭고, 절망적일 것 같아요.

조: 이미 끝장난 느낌 아닐까요? 바닥까지 가라앉았고, 더 해볼 의욕도 없을 듯해요.

보니: 그래도 거품이 희망일 수도 있지 않을까요? 거품을 뿜는다는 건 아직 살아 있다는 의미잖아요.

치료사: 저도 그걸 들으니 여러 가지 질문이 떠오르네요. 예를 들어, 그 인물은 어쩌다 바닥까지 내려갔을까, 왜 물 위로 뜨기가 힘들까, 또 수면 위에는 무슨 일이 벌어질까 하는 것들이요. 에이미, 동료들이 한 말 중에 당신 마음이나 상황과 맞닿는 부분이 있었나요?

에이미: 절망감이요. 요즘 제가 거기에 갇힌 기분인데, 거기서 어떻게 벗어날 수 있을지 모르겠어요.

이 짧은 대화는 미술치료에서 빠르게 전개되는 집단 상호작용의 복잡성을 단적으로 보여 준다. 처음에는 집단이 그림에 집중하기 어려워했지만, 여러 번 그림으로 되돌아가려는 시도를 거치면서, 점점 작품을 의미 있게 탐색하고 감정을 중심에 두며, 에이미의 경험에 조율하기 시작했다.

다른 집단에서는 캐럴이라는 환자가 자신을 '최악의 환자'라 칭하며, 가장 힘들고 독특한 문제를 겪는다고 주장했다. 처음에 집단 구성원은 캐럴의 예측하기 어려운 반응이 두려워 침묵으로 일관했고, 그로 인해 그녀는 더욱 고립되었다. 그러나 시간이 지나 캐럴이 어느 정도 투명성을 보이자, 집단은 그녀가 품고 있던 운명론적인 확신에 도전하기 시작했다. 다음은 미술치료 집단과 치료사와의 개별 치료에서 있었던 대화를 바탕으로 재구성한 것이다. 이 과정을 통해 캐럴이 자신의 마음을 타인과 나누는 능력이 조금씩 어떻게 변해 가는지 엿볼 수 있다.

집단원 1: 이제 캐럴의 그림 이야기를 해 봅시다.

캐럴: 저 주체성에 문제가 있어요. 스스로를 강하게 느끼지 못하고, 제 목표와 욕망을 몽땅 제한해 버리죠. 그러다 보니 모든 게 감옥 같아요. 제 환경, 관계, 이런 것들이 저를 가두는 거예요. 그래서 이 환경을 그림으로 그렸어요. 실제 감옥에 들어온 것 같은 기분이에요. 왜냐하면 여긴 정말 나갈 수 없잖아요. 문도 잠겨 있고, 게다가 자주 병동 제한 조치도 받는데, 그러면 여기 메닝거(Menninger)에 완전히 갇힌 기분이 들어요. 그래서 철조망, 사슬, 날짜 표식을 그려 넣었어요. 실제로 하루하루 표시를 하거든요. 그래야 제가 뭔가 실제로 해내고 있다고 느껴요. 그런데 지금은 이 현재 순간에 갇힌 채 아무것도 못 이루고 있어요. 학교도 안 다니고, 직업도 없고, 친구도 없어요. 부모도 없어요. 그들은 저를 여기 보냈고, 진심으로 절 원하지 않는 것 같아요. 전 아무것도 할 동기가 없어요. 차라리 죽는 게 낫다고 생각해요. 벌써 9주나 됐는데, 사실 퇴원 후 어떤 치료를 받을지 고민하고 인생 계획을 세워야 하거든요. 근데 전 그냥 원하지 않아요. 그래서 여기에 완전히 묶여 있는 거예요.

[침묵]

치료사: 저도 생각나는 부분이 있지만, 먼저 캐럴 이야기를 들으면서 여러분이 어떤 느낌이 드는지 궁금해요. 이 그림에 대해 어떻게 반응하고 있나요?

[침묵]

집단원 2: 저도 공감해 주고 싶은데 참 어렵네요. 당신이 그 상황에서 느끼는 걸 어떻게든 느껴 보려 애쓰고 있어요. 동기가 부족한 상태가 어떤 건지는 조금 알지만, 세상 전체가 희망 없고 완전히 무기력하게 느껴진 적은 없었던 것 같아요. 저는 늘 무언가를 붙잡고 있었거든요. 그렇게 아무것도 붙잡지 못하는 기분은 상상이 잘 안 돼요. 그래도 분명 고통스러울 거라는 건 느껴져요.

[길게 이어지는 침묵] 캐럴은 무표정한 얼굴로 집단원 2를 바라본다. 한 사람은 창밖을 보았고, 또 다른 사람은 문 쪽을, 나머지는 자기 작품만 내려다보고 있다. 모두 캐럴의 시선을 피하는 듯 보인다.

치료사: 방금 [집단원 2의 말]과 캐럴이 한 말을 들어 보면, 절대적이고 확신이 가득한 느낌이 들어요. '완전히'라는 표현도 썼고, 동기나 의지가 전혀 없고 심지어 살아갈 의지조차 없다고 말했죠. 그런 확신을 듣는 것만으로도 쉽지 않은데, 실제로 겪는 건 얼마나 힘들까요. 그림을 보니 철조망이 건물 안쪽에 있다는 게 눈에 띄어요. 그 부분이 특히 궁금하네요.

캐럴: 그건 그냥 비유일 뿐이에요!

치료사: 네, 저도 그렇게 생각해요. 그렇지만 전 벽돌이 건물 바깥에 있는 걸로 보여서…….

캐럴: [갑자기 끼어들며, 눈을 굴리고 목소리를 높임] 그건 문자 그대로 벽돌이잖아요! 테라스 밖을 보면 벽돌이 있죠.

이때 한 집단원은 의자에 몸을 기대며 탁자에서 물러서고, 다른 사람들은 캐럴의 짜증에 움츠러든 듯 치료사를 크게 뜬 눈으로 바라본다.

치료사: 네, 테라스 밖에 벽돌이 있다는 건 저도 알아요. 지금 당신에게서 약간 공격적인 느낌이 전해지는데, 혹시 어디서 비롯된 건지 모르겠네요. 아니면 제가 당신 반응을 오해하고 있는 걸까요?

캐럴: 별거 아니에요.

치료사: 사실, 저는 내부/외부 공간에 대해 말하려고 했어요. 건물 안에 철조망 같은 비유가 있으면, 우리가 스스로를 어떻게 가두는지 떠올리게 되거든요. 내부의 제한에다 공

간의 물리적 장벽까지 더해지면, 안팎으로 이중으로 갇힌 기분이 들 테니까요.

[침묵]

치료사: 만약 이 작품에 제목을 붙인다면, 어떤 걸 붙이고 싶나요?

캐럴: 'Mennin–gitis'요. (메닝거와 수막염을 합쳐 만든 말)

[집단원들 사이에서 웃음]

이처럼 길어진 침묵은 비정신화하기를 보여 주며, 문제를 야기할 수 있다. 정신화 접근에서는 적극적인 집단 촉진을 강조하기 때문이다(Allen & Fonagy, 2006). 특히 성격장애 환자에게 반응 없는 치료자는 해로울 수 있는데, 환자가 그 침묵을 권위자의 판단 또는 비판으로 해석할 수 있기 때문이다(Springham et al., 2012). 이는 치료적 개입으로 인한 부작용으로, 환자가 고통스러운 애착 상처를 다시 경험하게 할 수 있다. 여기서는 침묵이 흘렀을 때, 치료사가 침묵 자체를 직접 언급해 주거나 그 의미를 탐색하기보다는, 자신의 인식만 공유했다. "지금 침묵이 길어지는 것 같은데, 어떤 이유일까요?" 혹은 "이 침묵 속에서 무슨 일이 일어나고 있을까요?" 같은 질문을 했다면, 집단이 현재의 순간에 더 집중할 수 있었을 것이다.

또한 투명성 부족, 감정에 대한 무관심, 비언어적 신호의 무시는 비정신화하기를 반영한다. 캐럴의 목소리가 달라진 것은 내면에서 무언가가 일어나고 있음을 시사하고, 집단원들이 캐럴의 그림에서 물리적으로 멀어지는 행동은 여전히 언어화되지 않은 정서 반응을 암시한다. 만약 이러한 신호들을 말로 인정하고 확인해 주었다면, 캐럴과 다른 사람들 모두 그 순간의 감정을 더 투명하게 공유할 수 있었을 것이다. 감정 상태를 파고드는 열린 질문은 자동적으로 나타나는 반응을 명료히 하거나 성찰로 이끌 수 있다. Bateman과 Fonagy(2016, p. 255)는 정서 초점을 "방 안의 코끼리"라고 부르며, 이는 "상호작용에 큰 영향을 주지만 숨겨져 있고 드러나지 않는 '암묵적 정신화' 영역"이라 한다. 환자의 대립 태도만 지적하기보다, 치료사가 방 안에 흐르는 뚜렷한 고통에 대해 자신이 느끼는 불편함을 솔직히 드러내는 것이 훨씬 더 정신화적인 반응이 될 수 있다. 이는 투명성과 정서 초점에 기반한 접근을 보여 주는 예시이다.

캐럴이 "그건 그냥 비유일 뿐이에요!"라며 갑작스럽게 반응하자, 치료사는 즉시 자신을 방어하기 위해 개입했다. '이해한다. 하지만~'과 같은 태도는 보통 정신화하기에 큰 도움이 되지 않는다. 캐럴의 감정을 명확히 타당화하기보다는 치료사의 의도를 설명하는 데 더 치중했기 때문이다. 정신화하기 작업의 핵심은 비정신화하기가 환자와 치료사 모두에게 일어날 수 있음을 인정하고, 이런 균열을 복구할 기회를 자주 갖는 것이다. 이런 갈등이 다시 부각되는 일이 문제로 보일 수도 있지만, 애착 외상이 있는 환자에게는 오히려 치료적이며, 불완전하지만 건강한 애착의 새로운 모델을 제시해 줄 수 있다.

집단 회기가 끝난 뒤, 미술치료사는 캐럴과 개별로 후속 상담을 진행했고, 집단에서 일어난 문제에 치료사 자신의 책임도 일부 있음을 인정하며 회복을 시도했다.

치료사: 제가 그 집단에서 당신에게 했던 말을 기억하시나요?

캐럴: 당신이 여러 가지 질문을 했죠.

치료사: 맞아요. 제가 '공격적'이라는 단어를 사용했을 때를 말하는 거예요.

캐럴: 네, 기억해요.

치료사: 그건 제게도 최선의 표현은 아니었어요. 저는 당신의 반응에 조금 놀랐고, 지금 와서 생각해 보니, 당신이 뭔가 공격받는 느낌이었거나 그와 비슷한 감정을 느꼈을 수도 있다는 생각이 들어요. 만약 제 말 때문에 그런 기분이 드셨다면 사과하고 싶고, 그때 무슨 일이 있었는지 함께 이해해 보고 싶습니다.

캐럴: 그 말이 그냥 바보같이 느껴졌어요. 전 제 그림이 너무 의식돼서 싫었고, 그래서 그 이야기가 나올 때 듣기만 하고 싶었는데, 결국 그렇게 되지 않았어요. 어떻게 된 건지 모르겠지만, 제가 공유를 하게 됐더라고요.

치료사: 당신이 자기 그림에 대해 그렇게 비판적인 감정을 느끼고 있다는 걸 전혀 몰랐어요. 이런 기분은 미술치료에서 자주 드는 건가요, 아니면 오늘만 특별히 그런 걸까요?

캐럴: 잘 모르겠어요.

치료사: 아, 그러셨군요. 제가 한 말이 혹시라도 비판적으로 들렸다면 죄송해요. 사실, 전 당신의 그림에 담긴 막힘을 제가 실제로 느꼈다고 전하려고 했거든요.

캐럴: 공유했던 걸 후회해요. 정말 무가치한 느낌이었거든요.

치료사: 어떻게 그렇게 느끼셨나요?

캐럴: 아무도 내가 느끼는 정도로 슬퍼하거나, 내 감정을 정말 이해할 수 없다는 걸 알았어야 했어요. 제가 느끼는 슬픔은 말로 표현하기 힘들 정도로 커서, 아무도 공감 못한다고 생각해요. [울음] 전 불가능한 존재예요. 누구도 저를 이해할 수 없어요.

치료사: 당신이 이런 식으로 느끼고 있었다니 전혀 몰랐네요. 말하는 중에 극단적이고 감정적으로 강렬한 표현이 들리는데요.

캐럴: 그 집단에 10명이 있었는데, 그중에 딱 두 명만 이야기했어요. 당신(치료사)을 포함해서요. 그러니까 실제로는 동료 한 명만이 반응해 준 거죠.

치료사: 그렇다면 당신에게 그건 어떤 의미였을까요?

캐럴: 그들이랑 연결될 수 없었어요. 아무도 나와 진짜로 연결되지 못해요. 그래서 전 혼자죠.

치료사: 그렇군요. 집단에서 더 많은 사람의 반응이 없었을 때, 당신은 더 외롭다고 느낀 거네요?

캐럴: 네, 맞아요!

치료사: 그럴 수 있겠네요. 저는 또 우리가 다뤘던 주제, 즉 어디서, 어떻게 막힘을 느끼는가에 대해서도 생각 중이에요. 당신 그림이 동료들 것과는 달리 물리적인 치료 공간을 묘사한 반면, 동료들은 좀 더 추상적인 표현을 했죠. 하지만 모든 사람이 그 주제에 어떤 식으로든 반응했다는 사실 자체는, 우리 모두 제각각의 '막힘'을 갖고 있음을 보여 준다고 생각해요. 사실, 저도 지금 조금이나마 당신을 위로하고 싶은 마음이 있긴 하지만, 그래도 공통점이 있다고 느껴요.

캐럴: 그 사람들은 제가 겪지 않는 문제에서 막혀 있잖아요. 제가 받은 피드백이라고는, 당신이 제가 한 말을 조금 다른 식으로 바꿔 말해 준 것, 그리고 다른 동료가 '희망이 거의 없거나 아예 없는 상태'를 공감하기 어렵다고 한 게 전부였어요. 다른 사람은 전혀 반응이 없었고, 질문도 없었고요. 공유하지 말 걸 그랬어요.

치료사: 정말 미안해요, 캐럴. 제가 그 순간 당신이 단절감을 느끼고 있었다는 걸 알아채지 못했네요. 그게 이미 힘들었던 하루를 더 무겁게 만들었을 거라고 생각하니 안타깝습니다. 만약 당신이 자기 비판적이거나, 공격받는 느낌이 들거나, 단절을 느낄 때 그걸 이야기해 주면 어떨까요?

캐럴: 잘 모르겠어요.

치료사: 저도 잘 모르겠어요. 그렇지만 다음번에는 한번 시도해 보실 수 있을까요? 그러면 적어도 제가 무슨 일이 일어나는지 더 잘 이해하게 될 거예요.

[침묵]

치료사: 다음에 집단에서 또 뵐 수 있을까요? 전 이번 일이 당신이 집단에 다시 오지 않으려는 이유가 되지 않았으면 해요.

캐럴: 음…… 아마 안 갈 것 같아요.

치료사: 전 당신이 돌아오길 바랄게요. 하지만 안 오기로 결정한다면, 제가~

캐럴: [말을 끊으며] 내 자리를 다른 사람에게 주겠다는 거죠? 그러세요! [다른 환자 이름을 언급하며] 그 친구가 더 낫겠네요. 집단도 저 대신 그 애를 환영할 거예요!

치료사: 아니요, 전혀 그런 뜻이 아니었어요. 단지 다음 주 집단 전에 제가 연락해서, 집단에 돌아올 의향이 있는지 확인해 봐도 될지를 묻고 싶었죠. 또 그 사이에 개인 미술치료를 해 보고 싶은 의향이 있는지도요. 이런 주제들을 시각적으로 더 탐색해 보는 게 의미가 있을 것 같아서요. 물론 당신이 집단으로 돌아오기로 결정할 때까지요. 그런데 캐럴, 제가 왜 당신 자리를 뺏어서 다른 사람에게 주고 싶어 한다고 생각하나요?

캐럴: 모르겠어요. 어차피 의미 없어요.

치료사: 저는 당신이 원치 않는 걸 강요하고 싶진 않아요. 다만 한번 생각은 해 보았으면 좋겠어요. 그 자리는 당신 것이고, 준비가 되면 언제든 돌아올 수 있어요. 어쨌든 다음 주에 연락하고, 집단 복귀에 대해 어떻게 생각하는지 다시 물어볼게요, 괜찮겠죠?

캐럴: 네.

그다음 주에 캐럴은 다시 집단에 왔고, 비슷하게 갑작스러운 갈등이 있었지만, 이번에는 자신의 내면 상태를 좀 더 솔직하고 투명하게 이야기할 수 있었다.

캐럴: 제 그림은 다른 사람들에겐 효과가 있었지만, 저에겐 전혀 도움이 되지 않는 것들을 표현한 거예요. 전 완전히 희망이 없어요. 아무것도 저한테는 통하지 않아요.

집단원 2: 뭐라고 말해야 할지 어렵네요. 당신은 모든 게 나쁘다고 아주 확신하는 것 같아요. 작품 설명을 들으니까 저까지도 당신이 말하는 막힘 속에 갇힌 기분이 들어요.

집단원 3: 저도 동의해요. 절망 말고는 다른 감정이 들어설 자리가 전혀 없는 느낌이랄까요.

에버릿: 전 조금 다르게 느껴집니다. 이 그림에 쓰인 밝은 색감이 눈에 띄거든요. 아무것도 효과가 없다고 말하지만, 이렇게 집단에 참여해서 무언가를 해 보려는 모습은 여전히 조금의 희망이 남아 있지 않을까 생각하게 해요. 아주 미세한 희망이라도요.

캐럴: 저는 여기 있는 누구보다 형편없는 사람이에요. 희망 같은 건 없어요. 이 감옥 같은 곳에 갇혀 있는데, 그런 희망조차 원하지 않아요. 차라리 죽고 싶어요. 이렇게 갇힌 곳에서 어떻게 희망을 찾을 수 있겠어요?

에버릿: 저는 그저, 그래도 조금이나마 희망을 품을 수 있는 공간이 남아 있지 않을까 하고 말하는 거예요.

캐럴: 아니요! [갑자기 에버릿에게 날카롭게 반응]

[침묵]

치료사: 방금 어떤 일이 있었을까요? 에버릿이 자신의 관점을 제시했고, 바로 이어서 짧고 날카로운 반응이 나왔네요. 캐럴, 에버릿의 말을 어떻게 받아들였나요?

캐럴: 평가받는 기분이었어요! 마치 제가 희망이 없는 게 전부 제 탓인 것처럼요.

에버릿: 저는 그런 의도가 아니었어요. 그림에 밝은 색과 여백이 보이길래, 거기서 약간의 희망을 봤다고 말한 것뿐이에요.

치료사: 캐럴, 지금 이야기 들어 보니, 당신 반응이 더 이해되네요. 처음엔 갑작스럽게 느껴졌는데, 판단받거나 공격당한다고 느끼면 날카롭게 반응하는 거군요. 맞나요?

캐럴: 네.

캐럴: 그렇군요. 에버릿 말로는 그런 의도가 전혀 아니었다고 하네요.

에버릿: 네, 저는 캐럴이 상처받길 원치 않았어요. 판단하려는 마음도 없었고요. 오늘 제가 긍정적인 태도로 왔는데, 캐럴 상황하고는 좀 달랐던 것 같아요. 사실, 이렇게 행복이나 희망을 느끼는 게 저도 신기할 정도로 새로운 경험이거든요. 캐럴, 제 말이 부담이었다면 미안해요.

캐럴: 아니요, 저도 미안해요. 제 인식이 때때로 왜곡돼요. 없는 걸 보기도 하고, 그게 문제죠.

치료사: 두 분 다 지금 정신화하기를 시작하는 것 같아요. 참 잘하고 있어요! 이렇게 집단에 서로 어떤 감정과 생각을 가져오는지 솔직히 말하고, 그게 상호작용에 어떻게 영향을 주는지 함께 생각해 보면서, 각자 생각과 감정을 명료화하고 있잖아요. 지금 기분은 어때요?

캐럴: 괜찮아요.

에버릿: 저는 캐럴이 기분 상했을까 봐 계속 걱정했는데, 이제 서로가 어떤 입장에서 왔는지 알게 되니까 한결 마음이 편해졌어요.

이렇게 오해가 풀리자, 캐럴도 감정을 조절하기가 좀 더 쉬워졌고, 집단은 다시 그녀의 그림에 대한 다른 이야기로 돌아갈 수 있었다. 캐럴은 동료들이 자신의 절대적 확신을 인지하고 있음을 수용했고, 그들은 여전히 그녀가 격렬하게 반응할까 봐 조심스러워하면서도 조금씩 캐럴의 확신에 도전하기 시작했다. 미술치료집단은 캐럴이 대립을 어느 정도 견뎌 낼 수 있는 드문 장(場)이었으며, 동료들도 그녀에게 맞설 수 있는 공간이었다. 이는 환자 자신이 아니라 작품을 매개로 이야기했기 때문에 가능한 일이었고, 그러한 거리감이 비정신화하기에 도전할 소중한 기회를 마련한 것으로 보인다.

제3장

메닝거, 미술치료, 그리고 컴퍼스 프로그램

이 장에서는 이후의 장들에서 다룰 정신화 기반 집단미술치료와 중재에 대한 맥락을 제시하기 위해, 메닝거 클리닉과 컴퍼스 프로그램을 소개한다. 먼저 메닝거 클리닉에서의 미술치료 역사와 발전 과정을 살펴보고, 이어 컴퍼스 프로그램 환자의 배경 정보와 진단적 특성을 간략히 설명한다. 마지막으로는 정신화 기반 집단을 포함한 컴퍼스 프로그램의 구조를 상세히 다룬다.

메닝거 클리닉에서의 미술치료 발전사

메닝거 클리닉(Menninger Clinic)은 미술치료 분야에서 오랜 역사를 지니고 있다. 캔자스주 토피카(Topeka)에 있던 초기 시절, 아직 미술치료가 독립된 영역으로 확립되기 전부터 이미 환자에게 미술 활동이 제공되고 있었다. 메닝거 일가는 미술이 환자의 회복에 도움이 된다고 믿었고, 활동치료(activity therapies)의 발전을 촉진했다(Junge, 1994; Malchiodi, 2007). 메닝거의 미술치료 역사를 이야기할 때, Mary Huntoon은 빼놓을 수 없는 핵심 인물이다. Wix(2000)는 Huntoon을, Edith Kramer, Margaret Naumburg, Florence Cane 등으로 대표되는 동부 지역

선구자들에 비해 잊혀진 중서부의 인물이라고 소개했다. Huntoon은 미술가 · 미술 교육자 · 미술치료사로 활동하며, 미술치료 분야에 초기부터 크게 공헌한 인물로 알려져 있다(Junge, 1994; Wix, 2000, 2017).

1930년대에 Huntoon은 정신과 환자와 작업하며 '스튜디오 미술(studio art)'을 제공했는데, 이를 통해 치유와 자기 표현의 기회를 열어 주었다. 이후 1950~1960년대에는 Don Jones와 Robert Ault가 미술치료를 이어받아, 미국 미술치료 발전에 중요한 발자취를 남겼다(Junge, 1994; Malchiodi, 2007). 시간이 흐르면서 메닝거에서의 미술치료는 여러 차례 확대와 축소를 반복했지만, 활동이 전면 폐지되지 않고 계속 이어졌다는 점은 고무적이다. 우리 또한 이전 개척자들에게 경의를 표하며, 그 유산을 이어 갈 수 있음에 자부심을 느낀다.

현재 메닝거 클리닉에서 미술치료는 과거 '활동치료(activities therapy)'라 불리던 정신재활(psychiatric rehabilitation) 서비스의 일부로 편입되어 있다. 이 정신재활 모델은 여러 전문 직종이 협력하여, 환자가 원하는 생활 · 직업 · 학업 · 사회 환경에서 기능을 평가하고 개선하도록 돕는 방식이다(Pratt et al., 2014). 메닝거 클리닉에서는 정신재활전문가들이 다양한 집단을 진행하고, 각각 표현치료 · 사회적 기능 · 직업 상담 등 자신의 전문 분야에 따라 개별 상담도 맡는다. 특히 컴퍼스 프로그램의 정신재활전문가는 미술치료사이기도 하므로, 컴퍼스 프로그램 환자는 정신화하기(mentalizing)를 위한 창의적 접근법을 접할 수 있다. 또한 환자는 정신화하기를 촉진하도록 설계된 여러 표현적 중재에도 쉽게 접근할 수 있다.

미술치료는 다양한 인적 서비스 기관에서 활용되면서, 미술치료사는 기관 요구와 구조에 부합하기 위해 여러 역할을 수행해 왔다(Rubin, 2011). 이 과정에서 미술치료사는 다른 전문직보다 유연성을 발달시켰는데, 이는 고용 기관의 기대와 요구에 적응해 온 결과이기도 하다. 비록 메닝거 클리닉에서의 미술치료가 오랜 역사를 지녔음에도, 임상적으로 환자를 더욱 깊이 이해하는 잠재력이 때로는 제한적으로만 활용되거나 표면적 수준에 머무른 경우도 있었다.

우리가 병원 근무를 시작했을 당시에도, 미술치료가 병원의 치료 목표와 구조

안에서 분명한 자리를 확보하기가 쉽지 않아 보였다. 이는 새로운 문제도 아니며, 많은 미술치료사가 자신의 분야가 공예나 여가 활동과 동일시되지 않도록 다른 전문가나 관리자를 설득해야 하는 현실에 부딪힌다. 그러나 이 같은 답답함은 정신화하기를 접하면서 상당 부분 해소되었다. 정신화 접근의 이론적 틀이 미술치료사에게 치료 목표를 더 창의적으로 달성할 수 있는 기회를 열어 주고, 자율성 또한 확대해 주기 때문이다. 실제로 정신화 기반 치료(Mentalizing-Based Treatment: MBT)는 미술치료와 유기적으로 연결된다. 컴퍼스 프로그램에서 정신화하기는 미술치료가 지닌 잠재력을 더욱 강조해 주었고, 미술치료는 환자의 정신화 능력을 심화시키는 역할을 해 왔다. 특히 환자가 만든 시각적 산물(visual artifacts)을 통해 환자와 임상가가 함께 환자의 경험을 살피고 탐색함으로써, 정신화 기반 미술치료(Mentalizing-Based Art Therapy: MBAT)는 환자와 임상가 모두에게 이해의 폭을 넓혀 주었다.

청년 대상 컴퍼스 프로그램 개요

청년 대상 컴퍼스 프로그램(Compass Program for Young Adults)은 1990년대 후반 메닝거 클리닉에서, 18~30세 사이의 젊은 환자를 치료하기 위해 개발되었다. 초기에는 초기 성인(emerging adult) 환자가 병원의 기존 성인 병동에 입원했으나, 임상가는 이 시기 삶에 내재된 특유의 발달적 어려움을 인식하고, 청소년 병동에도 적합하지 않은 이들을 위해 컴퍼스 프로그램을 창설했다(O'Malley, 2018). 이 프로그램의 치료 목표는 복합적·정신과적 문제를 가진 초기 성인들이, 청소년기에서 성인기로 전환하는 과정에서 겪는 다양한 문제를 돕는 데 있다. 프로그램은 불안, 중독, 기분장애, 자해 행동, 자살 행동, 자존감 문제, 성 정체성, 성적 문제 등을 치료 이슈로 가진 환자를 포괄한다(The Menninger Clinic, 2014). 초기 성인들은 또한 정체성 형성, 대인관계 어려움 등에서 오는 도전에 직면하는데(Arnett, 2007),

특히 이 시기에 발현되는 성격장애가 이러한 문제를 더욱 복잡하게 만들곤 한다.

컴퍼스 프로그램 병동에 입원하는 환자는 눈에 보이는 물건들과 그렇지 않은 것들을 함께 지니고 온다. 병원 입원 시 사용하는 개인 짐수레에는 개인 소지품, 생활 필수품, 위안을 주는 물건 등이 실려 있지만, 동시에 불안, 우울, 트라우마 이력, 이전 치료의 한계로 인한 좌절감, 자발적 입원을 유도하기 위해 부모가 사용한 강압적 방식에 대한 분노와 원망, 그리고 치료진의 의도와 역량에 대한 의구심 등 눈에 보이지 않는 요소들도 함께 들어온다. 이러한 보이지 않는 것들을 가시화하고, 의심과 두려움, 감정을 노출시키며, 암묵적인 것을 명시적으로 바꾸는 과정이 바로 정신화하기이다. 정신화하기는 치료 과정 전반에서 환자와 임상가가 치료 구조를 조직하고 지탱하는 핵심 틀로 작동한다.

컴퍼스 프로그램에 입원하는 환자는 치료, 진단적 공식화, 그리고 향후 치료를 위한 권고를 받기 위해 이곳을 찾는다. 프로그램에서의 평균 입원 기간은 6~8주, 대략 49.2일 정도이며(The Menninger Clinic, 2014), 많은 환자는 퇴원 후에도 추가 지원이 필요하다는 권고를 받는다. 이는 주로 지역사회 재통합을 중점으로 하는 거주형 치료 프로그램 등을 통한 후속 치료를 의미한다.

컴퍼스 프로그램 환자의 특성

메닝거 클리닉 연구팀은 2012년부터 2018년까지 컴퍼스 프로그램에 입원하는 시점에 시행된 결과 측정 도구를 통해 인구통계학적 자료를 수집했다. 컴퍼스 프로그램은 풍부한 자원을 갖춘 전문 정신과 병원 프로그램으로 알려져 있으며, 이곳에 입원하는 초기 성인 환자는 대체로 높은 사회경제적 지위를 지닌 가정 출신인 경우가 많다(O'Malley, 2018; Poa, 2006). 실제로 컴퍼스 프로그램 환자의 88.2%가 백인이며, 61.5%는 어느 정도 대학 교육을 이수한 상태로, 학업을 잠시 중단하고 치료를 위해 입원하는 사례도 드물지 않다.

컴퍼스 프로그램에 입원할 때, 연구팀은 [그림 3-1]에 제시된 다양한 설문지와 평가 도구를 실시한다. 이 중에는 DSM-IV(정신장애 진단 및 통계 편람, 제4판)에 근거한 구조화 임상 면담(SCID)도 포함된다(First & Spitzer, 1997)[1]. 이러한 진단 도구들은 초기 진단 회의 전까지, 치료 과정 전반에서 점진적으로 보완되는 초기 인상을 제공한다. 이때의 초기 인상은 마치 초점이 맞지 않은 흐릿한 사진에 비유할 수 있는데, 환자가 치료에 참여하고 치료팀이 그들을 더욱 자세히 이해함에 따라, 그 이미지는 점차 선명해지고 뚜렷한 모습을 드러낸다. 진단 과정은 이러한 이미지를 더욱 정교화하는 데 도움을 주며, 경우에 따라선 또렷이 초점이 잡히기도 하지만, 일부 측면은 여전히 분명하게 드러나지 않는 경우도 있다.

[그림 3-2]에서는 컴퍼스 프로그램 환자에게서 나타나는 우울, 불안, 물질 및 알

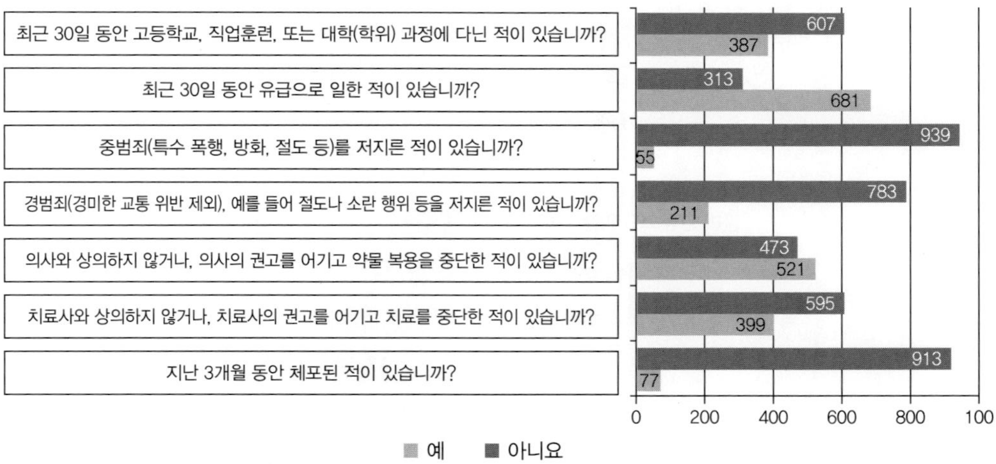

참고: 2012년부터 2018년까지 수집된 1004명의 환자 표본 데이터

그림 3-1 입원 시 질문

1) DSM-IV는 다축(multi-axial) 체계를 사용해 정신건강 장애를 분류한다. 축 I(Axis I)에는 성격장애나 정신지체(DSM-5에서는 지적발달장애로 개정)를 제외한 모든 정신건강 상태가 포함되며, 축 II(Axis II)에는 성격장애 및 발달장애가 포함된다. 이 책에서 제시된 자료는 DSM-IV 기준에 기반하지만, 이후 메닝거 클리닉은 이러한 구분을 더 이상 적용하지 않는 DSM-5 체계를 도입했다(APA, 2000, 2013).

코올 의존, 외상 관련 어려움을 시각적으로 요약한다. DSM-IV에 근거한 구조화 임상 면담(SCID)을 통해 확인된 성격장애 중에서는 경계성 성격장애(BPD), 회피성 성격장애(APD), 강박성 성격장애(OCPD)가 두드러지게 보고된다([그림 3-3] 참조). 이 자료는 치료 초기에 실시된 구조화 면담에서 환자가 자기보고한 내용만을 기반으로 하며, 총 1,004명의 환자를 포함한다. 이 중 대다수는 중복 진단(co-occurring diagnoses)을 받았다. 구조화 임상 면담(SCID)은 진단적 공식화 도구의 일부지만, 실제 치료 과정에서 치료팀의 관찰과 의견, 심리검사 결과 등이 추가되면서 이러한 진단 비율은 보통 상승하는 경향이 있다.

한 정신과 전문의는 컴퍼스 환자의 80% 이상이 성격장애 진단을 받고 있을 것으로 추정하지만, 퇴원 시점의 진단을 평가하는 공식 도구가 현재 없으므로, 이를 정확히 확인하기는 어려운 상황이다.

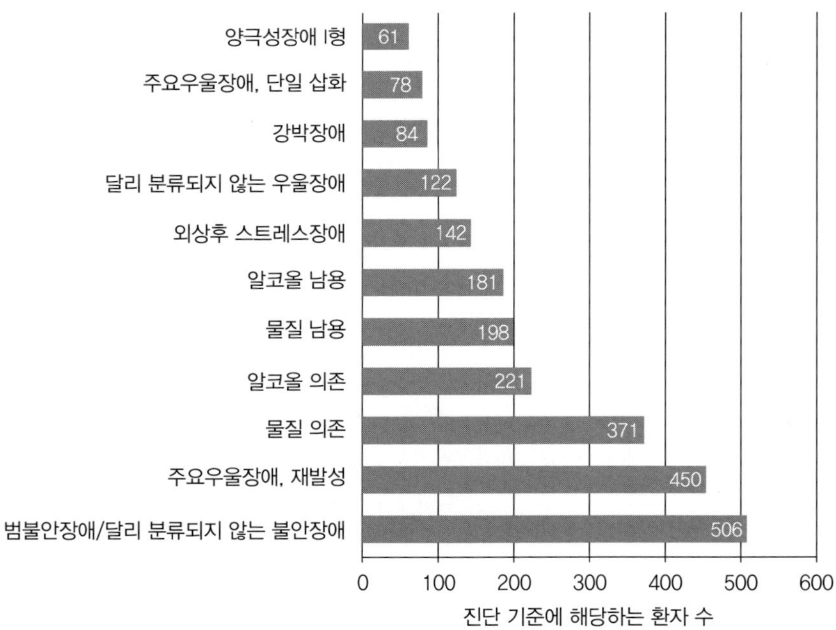

참고: 2012년부터 2018년까지 수집된 964명의 환자 표본 데이터를 바탕으로 한 SCID 보고서

그림 3-2 축 I 진단 목록

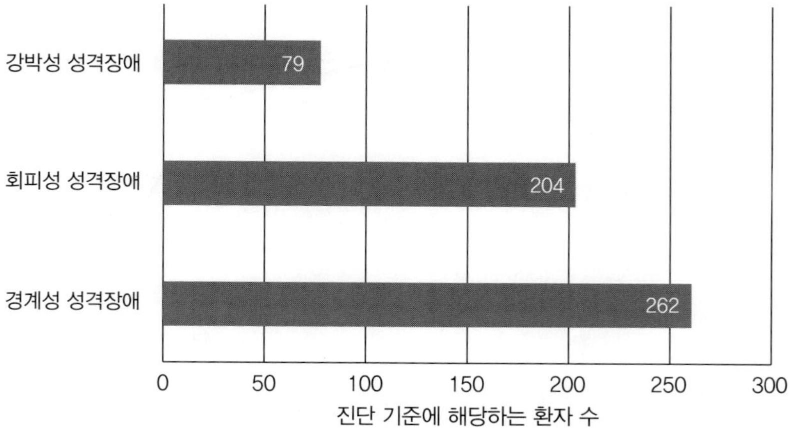

참고: 2012년부터 2018년까지 수집된 962명의 환자 표본 데이터를 바탕으로 한 SCID 보고서

그림 3-3 축 II 진단 목록

컴퍼스 프로그램 치료팀

다학제적 접근은 각 환자를 폭넓게 이해하는 데 필수적이다. 메닝거 클리닉에서는 정신과 의사, 심리학자, 재활 전문가, 사회복지사, 간호인력을 비롯해, 필요에 따라 중독 상담사나 섭식장애 전문가 등이 참여해 하나의 치료팀을 이룬다([그림 3-4] 참조). 개별 치료사는 이 핵심 치료팀에 공식적으로 포함되진 않지만, 치료 과정에서 중요한 역할을 담당한다. 이들은 주로 팀 회진이나 회의에 참석하지 않으나 환자의 치료 경과를 팀원들과 공유·협의한다. 이는 환자와 개별 치료사 사이의 관계를 보호하고, 환자가 안전하다고 느끼며 치료적 동맹을 형성하도록 의도적으로 설계된 구조이다.

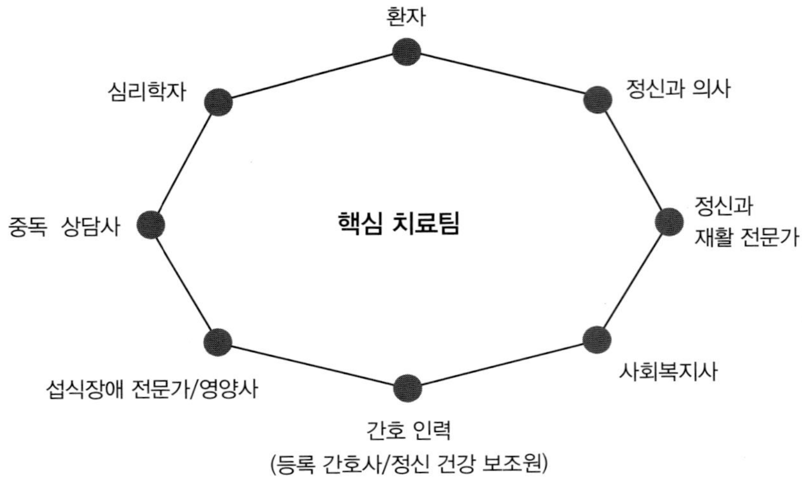

그림 3-4 핵심 치료팀 구성

팀원들은 각자의 독특한 관점을 토대로 환자를 개념화하고, 진단적 서사를 구성한다(Allen, Bleiberg, & Haslam-Hopwood, 2003; The Menninger Clinic, 2014). 이렇게 여러 시각을 통합하는 일은 환자를 다각적으로 평가하기 위해 필수적이며, 치료가 어려운 환자에게 적용되는 정신화 기반 치료(MBT) 팀 접근을 뒷받침한다. 무엇보다, 치료 과정에서 가장 중요한 팀원은 환자 자신으로, 우리는 환자의 행위 주체성을 적극 강조한다.

컴퍼스 프로그램 구조

이 프로그램에서의 치료는 약물치료, 개별 심리치료, 집단 심리치료, 교육 · 체험 중심 집단, 가족치료, 그리고 지역사회에서 이루어지는 치료적 여가활동 등을 포함한다. 중독이나 섭식장애를 겪는 환자는, 문제 유형에 따라 개별 또는 집단 형태로 중독 상담사나 섭식장애 전문가와 진행하는 치료 또한 제공받을 수 있다. 밀리유 치료(milieu therapy)를 통해 조성되는 사회적 환경은 환자에게 동료와의 지지와 공동체 의식을 경험하게 하고, 다양한 학습 기회를 제공한다. 정신화하기는 이러한 치료 전반에 녹아 있으며, 서로 다른 치료 배경과 지향점을 가진 임상가들을 인도하는 나침반(compass) 역할을 한다(Allen et al., 2003; O'Malley, 2018).

정신화하기를 촉진하는 창의적 집단 개입

프로그램의 전체적인 접근 이외에도, 정신화하기는 창의적 개입을 활용하는 몇몇 핵심 집단에서 명시적으로 실천된다. 이러한 집단으로는 정신화하기 집단, 창의적 표현 집단, 사회기술 및 역할극 집단, 그리고 정신화 기반 미술치료(MBAT) 집단이 있다. 각 집단은 모두 주 1회씩 운영되며, 환자는 이 집단들이 정신화하기에 초점을 두고 있다는 사실을 미리 안내받는다. MBAT 집단에 관한 자세한 내용은 이후 5~8장에서 다룰 예정이며, 이 장에서는 다른 정신화하기 중심 집단들에 대해 간략히 소개하고자 한다.

정신화하기 집단

컴퍼스 프로그램에서는 정신화하기 교육이 집단 환경에서 이루어진다. 치료팀은 컴퍼스 프로그램의 기본 토대가 정신화하기라는 점, 그리고 치료 전반에 이를 활용할 것임을 환자에게 설명한다. 정신화하기 집단은 매주 초에 열리며, 정신화 관련 주제를 다루고, 이를 촉진하기 위한 실습 과제를 제공한다. 환자는 집단에 참여할 때, 정신화하기 기초를 간단히 정리한 유인물([그림 3-5] 참조)을 받는다.

시간이 흐르면서, 이 집단은 청년층 특성을 고려해 역동적인 학습 경험을 강화하기 위해 상호작용 활동을 포함하게 되었다. 이는 단순 심리교육만으로는 부족하며, 정신화하기를 활성화하고 직접 시연하는 더욱 역동적인 학습이 필요하기 때문이라는 점에서 비롯되었다(Tobias et al., 2006). 또한 『정신건강 실무에서의

무엇인가?

	자기	타인
생각		
감정		
행동		

- 자기와 타인의 생각 · 감정을 인식하고, 호기심을 갖기
- 자기와 타인의 행동 이면에 있는 생각 · 감정 · 경험을 고려하기
- 자신과 타인의 마음 상태에 주의를 기울이기
- 오해를 이해하기

정신화하기는 특정 행동에 곧바로 의미를 부여하기보다, 그 배후 동기를 더 탐색하고 이해해 보도록 요구

여기에는 타인의 행동을 어떻게 지각하는지뿐 아니라, 자신의 행동 이유를 어떻게 해석하는지도 포함

왜 정신화하기인가?

- 정신화하기 ⇒ 이해 증진
- 자기 자신과 타인 간의 안정적 애착 관계 형성
- 자기조절과 자기주도성의 핵심
- '정신화하기 근육'을 단련하기
- 정신화하기는 정서적 각성이 높아질수록 저하되어, 가장 필요할 때 가장 발휘하기 어려움. 따라서 평소에 꾸준히 연습하는 것이 중요
- 행동에 의미를 빠르게 부여하지만 그것이 정말 옳은지 불명확
- 잠시 멈추어 생각함으로써 성급한 추정을 내려놓고, 행동의 또 다른 동기를 탐색
- 고정되고 경직된 사고방식에서 벗어나, 사고의 유연성을 향상
- 충동적 · 즉각적 반응이 아닌, 정신화를 기반으로 정보에 근거한 의사결정 수행
- 통합적이고 지속적인 자기감을 발전시키고, 선택과 행동에 대해 책임감 향상

어떻게 정신화하기를 촉진하는가?

투명성

- 자신의 생각 · 감정을 명시적으로 표현하기
- 자기와 타인의 생각 · 감정을 개방적으로 이해할 수 있도록 유도하기

'모름'의 태도

- 유연하고 개방적인 사고방식
- 마음의 불투명성을 존중하기

호기심 어린 자세

- 가정 명료화하기("궁금합니다." "알고 싶어요." "이해할 수 있도록 도와주세요." 등)
- 초기 생각 · 감정을 질문 · 점검하여, 표면 아래에 있을 수 있는 것들을 고려하기

일시정지 버튼

- 행동을 멈추고, 속도를 늦추어 성찰할 시간과 여유를 확보하기
- 생각을 멈추고 곰곰이 숙고하기 위해 사용

- 감정과 함께 머무르기: 불편한 감정을 바로 행동으로 옮기지 않고 인정 · 수용하기
- 성찰하기 대 즉각적 반응하기
- 가정 명료화하기
- 절대적 확신 금지. 비정신화하기의 경고 신호: '항상' '오직' '절대' '단지' 등

정신화하기 과정:
지금 무슨 일이 일어나는지 알아차리기 → 일시정지 버튼 누르기 → 반응하기 전에 성찰하기 → 감정과 함께 머무르기 → 가정 명료화하기 → 정신화 기반으로 결정 내리기

그림 3-5 정신화하기

정신화하기 핸드북(Handbook of Mentalizing in Mental Health Practice)』(Allen et al., 2012 참조)에는 정신화하기 집단을 위해 활용할 수 있는 다양한 체험 활동이 소개되어 있다. 동시에 치료 환경 안에서 직원들은 서로와 환자 간의 상호작용에서 정신화하기 문화를 조성하기 위해 노력한다. 환자는 동료와의 상호작용에서도 정신화하는 태도를 유지하도록 권장된다. 다양한 분야의 치료사와 의료진은 환자와의 치료 회기에서 정신화하기를 시범 보이고, 이를 적극적으로 장려한다(O'Malley, 2018).

창의적 표현 집단

창의적 표현 집단(Creative Expressions Group)은 미술, 음악, 동작, 글쓰기 등 다양한 예술적 방법을 활용하여 환자가 정신화하기 경험에 참여하도록 돕는다. 미술치료가 의뢰를 통해 운영되는 집단인 것과 달리, 이 집단은 캠퍼스 프로그램에 참여 중인 모든 초기 성인에게 개방되어 있다. 일부 환자는 예술 기반 접근에 즉각적인 거부감을 보일 수 있지만, 많은 환자에게 즐거운 경험이 될 가능성이 크다. 낯설거나 불편할 수 있는 활동을 시도하기 위해 환자는 사고의 유연성을 발휘하도록 권장된다. 또한 밀리유에서의 정서적 경험은 환자의 참여도에도 영향을 미칠 수 있다. 환자가 동료와 유대감을 형성하고, 치료 환경이 지지적이며 응집력이 높다고 느낄 때, 자유롭고 활발하게 표현하는 경향이 있다.

이 집단에서 실시되는 다양한 활동은 사이코드라마 기법에서 영감을 받은 것이 많으며, 이를 통해 환자는 자기 자신과 타인의 생각 · 감정을 보다 깊이 살펴볼 기회를 갖는다(Dayton, 1994; Moreno & Moreno, 1969). 예를 들어, 한 활동에서는 방 안을 돌아다니며 현재 치료에 대한 생각과 감정을 상징하는 자세를 취해 집단 조각을 만드는 과제를 진행한다(Dayton, 1994). 이때 어떤 환자는 의자에 축 늘어져 앉고, 다른 환자는 바닥에 웅크리거나 창밖을 멍하니 바라보며, 또 누군가는 의자 위에 올라 자신감 있게 포즈를 취하거나 팔을 쭉 뻗어 앉는다. 때로는 방을 아예

나가는 환자도 있다. 구성원들은 서로의 자세에 대해 호기심을 갖고 질문하고, 각 자세가 유발하는 감정과 해당 환자의 인식과의 연관성을 함께 탐색해 본다.

사회기술 및 역할극 집단

사회기술 및 역할극 집단(Social Skills and Role-Play Group)은 환자에게 정신화하기 워크숍으로 소개되며, 특히 역할극을 통해 대인관계를 정신화하는 데 초점을 둔다. 본 집단은 사이코드라마에서 영감을 받아 구성되었으며, 역할극은 앞으로 일어날 수 있는 상황을 미리 연습하거나 과거 상호작용을 되돌아보기 위해 활용된다. 핵심 목표 중 하나는 환자가 타인의 관점을 인식하고 주목하도록 돕는 것이다.

환자는 가족, 친구, 치료자, 병동 동료 등과의 관계에서 겪는 갈등, 오해, 궁금증을 구체적 사례로 제시한다. 역할극을 수행하는 환자는 사실상 동료 앞에서 자신의 정신화하기 과정을 시연하게 되며, 동료는 어떤 순간에 정신화하기가 효과적으로 이루어졌는지, 개선해야 할 점은 무엇인지 등 사회기술 적용에 관한 피드백을 제공한다. 이후 환자는 다른 구성원들과 함께 역할극에 대한 반응을 나눈다.

이때 환자는 부모, 형제자매, 치료팀 일원 등 다양한 역할을 맡아야 한다. 타인의 생각, 감정, 동기를 고려해야 하므로, 자연스럽게 정신화하기가 확장된다. Napier와 Chesner(2014)는 심리극에서의 정신화하기를 '최근의 과거를 마치 현재처럼 반응하는 것'이라고 설명한다. 역할 바꾸기는 환자가 '바깥에서 바라보는 자기 자신'과 직접 상호작용하게 함으로써 관점 전환을 구체화한다. 이를 통해 대안적 시각을 고려하고, 인식을 확장할 수 있다. 또한 역할극에 참여하는 환자와 집단 구성원은 언어적 서술만으로는 얻기 어려운 즉각적 방식으로 인물의 정신 상태를 파악할 수 있다(Dayton, 2005; Moreno & Moreno, 1969).

예컨대, 어떤 환자는 퇴원 후 이어지는 거주형 치료에 대해 고민하고 있었는데, 부모 역할을 맡도록 제안받았다. 그 결과, 환자는 부모가 치료를 지속하길 바라는 이유와 감정을 보다 명확히 이해할 수 있었다. 환자는 어머니 역할로 "너의 자살 시도가 우리를 얼마나 두렵고 힘들게 했는지 몰라. 우리는 네가 안전하길 바라고, 이런 일이 다시는 일어나지 않도록 할 수 있는 모든 걸 다 해 보고 싶어." 라고 말했다. 이를 통해 환자는 과거에 가졌던 '부모가 내 삶을 단지 통제하려는 것'이라는 견해에서 벗어나, 부모에게는 다른 동기가 있을 수 있음을 새롭게 인식하게 되었다.

역할극의 유희적 특성은 창의력과 사고의 유연성을 자극한다. 환자가 다양한 역할을 '연기'하는 것을 허용하기에, 이 집단에서는 웃음이 자주 터져 나온다. 이 같은 유희적 분위기는 환자가 더 진지한 과정을 준비하는 데 도움이 되지만, 때로는 집단이 놀이 상태에만 머물며 실질적 이슈를 다루기 꺼리는 상황도 발생한다. 이러한 유희성과 정신화하기 사이에서 균형을 잡고 모니터링하는 것은 치료자의 주요 역할이다.

또한 비정신화하기 태도를 인식하고, 필요하다면 이를 즉각 중단시키는 것도 중요하다(Allen et al., 2008). 이를 위해 치료자는 역할극을 잠시 멈추고, '지금 무슨 일이 벌어지고 있을까?'라는 호기심을 명시적으로 표현하며, 경험적 회피를 짚어주고, 구성원들이 비정신화하기를 식별하도록 유도하기도 한다. 이러한 중재들은 환자가 집단 내에서 전개되는 정신화하기 과정을 스스로 책임지고 주도하도록 돕는다.

제4장

초기 성인기, 정신화하기, 그리고 미술치료

초기 성인기 단계 설정

초기 성인기(emerging adulthood) 단계는 산업화된 사회에서 18세에서 25세 사이 청년에게 나타나는 고유한 발달 시기를 정의 및 구분하기 위해, Jeffrey Arnett이 처음 제안했다(Arnett, 2000a, 2004). Arnett은 이 시기가 아직 완전히 성인기에 이르지 않은 단계이므로, 기존 '청년기(young adulthood)'만으로는 충분히 설명되지 않는다고 본다. 또한 'emerging(떠오르는/부상하는)'이라는 단어가 이 시기의 유동성을 잘 담아낸다고 주장한다. Arnett(2000a, 2004)은 초기 성인기의 연령대를 18~25세로 설정했으나, 이후 Arnett, Zukauskiene와 Sugimura(2014)는 그 상한을 29세까지 확장했다. 이 책에서는 컴퍼스 프로그램의 18세부터 30세까지 환자를 포괄적으로 일컫기 위해 초기 성인기 개념을 넓게 사용하며, 실제 컴퍼스 프로그램 환자의 평균 연령은 21.9세 정도이다. 컴퍼스 프로그램에는 **초기 성인**(emerging adult)과 **청년**(young adult)이 모두 포함되어 있으므로, 여기서는 두 용어를 사실상 동일한 의미로 혼용하여 사용한다.

Arnett의 초기 성인기 개념을 지지하는 학자들은, 기존 발달 이론들이 현대 사회 청년의 실제 경험을 충분히 반영하지 못한다고 보며, 새로운 인간 발달 이론의 필요성을 강조한다. Freud, Piaget, Erikson, Havighurst는 발달심리학에 중요한 기여를 했으나, 이들이 전제한 '안정된 성인기'로의 진입이나 성(性)에 기반한 특정 역할 규범 등이 21세기 산업화된 사회의 청년 현실에는 더는 들어맞지 않는다는 지적이다(Arnett et al., 2011). 대신, 초기 성인기라는 새로운 발달 단계를 설정함으로써, 오늘날 청년 세대의 달라진 발달 경로를 설명할 토대가 마련되었다.

한편, 많은 학자는 초기 성인기가 과거 발달 이론에서 간과되거나 존재하지 않았던 성인 이행의 변화를 포착한다고 긍정적으로 평가한다(Vespa, 2017). 그러나 이런 '단계 모델(stage model)'의 가치에 대해선 논쟁이 이어져 왔다. 회의론자들은 단계 모델이 인간 행동 변화의 기제를 설명하기보다 단순히 기술(describe)만 할 뿐이라고 지적하고, 개인별 이행이나 예외적 사례를 충분히 설명하지 못하며, 문화 · 지리적 위치 · 사회경제적 요인에 따른 다양한 경험을 제대로 담아내지 못한다고 주장한다. 결국 문화적으로 규정된 생애 주기는 보편적이지 않고, "특정 사회 내 특정 시점에 한정된 소수 집단에만 적용된다."(Arnett et al., 2011, p. 7; 또한 Hendry & Kloep, 2007 참조)

이러한 비판에도, 전반적으로 이 시기가 기존 발달 단계와는 다른 독특한 시기라는 데에는 대체로 동의한다. 심지어 반대 측도, Arnett의 관찰이 널리 확산되어 교육 · 보건 · 공공정책에 시사점을 준 점은 긍정적으로 본다. 초기 성인기 이론을 지지하든 비판하든, 문화가 변화함에 따라 해당 문화를 설명하는 이론적 틀도 함께 변해야 한다는 점에는 양측 모두 공감한다(Arnett et al., 2011). 우리 역시 초기 성인기를 관찰 · 기술하는 일이 가치 있다고 본다. 이는 현재 청년 세대를 이해하는 데 유용한 틀을 제공하기 때문이다. 서구 산업화된 사회 출신인 컴퍼스 프로그램 환자의 고유한 어려움을 조명하는 데에도 큰 도움을 준다. 컴퍼스 프로그램은 초기 성인기가 다른 발달 단계와 구별되는 시기라는 전제하에, 부모와 사회의 지원을 받으면서도 독립성과 자율성을 둘러싼 갈등에 직면하는 때라는 믿음에 기반해 설립 · 운영되고 있다(O'Malley, 2018; Poa, 2006).

초기 성인기 모델의 발전

초기 성인기(emerging adult stage) 모델의 발전은 주로 결혼 연령과 출산 시기의 변화, 고등교육 이수자 증가 등 인구학적 변동에서 비롯되었다. 이러한 변동은 미국을 비롯한 여러 산업화 국가의 청년 발달 과정을 크게 바꾸었다(Arnett, 2000a; Vespa, 2017). 결혼과 부모가 되는 시기가 늦춰짐에 따라, 이 시기는 불확실성이 높은 시기로 자리 잡았다. 초기 성인기는 상대적으로 뚜렷하게 규정된 역할 요구가 적기 때문에 다양한 양상을 보인다. 예컨대, 거주 형태도 불안정하고 제각각이며, 교육 수준 역시 개인차가 크다. 이는 초기 성인기가 탐색과 변화에 초점을 둔 전환기임을 시사한다. 과거에는 결혼, 부모 역할, 장기 거주지 확보, 안정된 직업 등 '청년기에 달성해야 할 과업'이 있었지만, 이제는 청년이 다양한 가능성을 모색하며 새로운 역할을 시도하는 시기로 변화했다.

초기 성인기의 이런 가변성은 다른 발달 단계와 구별되는 주요 특징이다. Arnett은 초기 성인기가 청소년기나 성인기에 비해 사회적 책임과 기대에서 비교적 자유롭다는 점을 강조한다. 청소년기의 더 의존적인 역할과, 성인기의 무거운 책임 사이에 끼어 있는 시기이므로, 초기 성인들은 한층 폭넓은 탐색을 할 수 있다. 이 시기에는 다방면에서 여러 선택지가 열려 있고, 불확실성이 도처에 존재한다. 실제로 대부분 사람에게 초기 성인기는 생애 주기 중 선택지가 가장 많은 시기이기도 하다(Arnett, 2000a). 물론 이러한 선택지로부터의 자유와 이에 대한 탐색의 가능성은 개인의 사회경제적, 문화적, 심리적 조건에 의해 제한될 수도 있다. Arnett(2000a)은 초기 성인기를 문화적 산물로 간주하며, 보편적이지 않다고 명시한다. 즉, 이 시기는 독특하면서도 복합적이고 역동적이지만, 동시에 이질적인 경험이 공존한다(Arnett et al., 2011). 사실, 초기 성인기의 이질성(heterogeneity) 자체가 이를 이해하는 데 핵심적인 요소이다. 이 시기에 경험하는 사회적 통제와 엄격한 규범으로부터의 비교적 자유로움은, 다양성과 폭넓은 개인차를 가능하게 한다(Arnett, 2006).

초기 성인기의 주요 특징

Arnett(2004)은 초기 성인기(emerging adulthood)를 특징짓는 다섯 가지 핵심 요소로 정체성 탐색의 시기, 불안정성의 시기, 자기 초점의 시기, 중간에 끼인 느낌의 시기, 그리고 가능성의 시기를 제시한다. Arnett 등(2014)이 제시한 초기 성인기의 핵심 특징과 정신건강적 함의를 다룬 것과 유사하게, 이 책에서는 메닝거 클리닉의 컴퍼스 프로그램 환자와 이 특징들이 어떻게 연결되는지를 설명하며, 각 특징을 보여 주는 미술 작품 사례를 소개하고자 한다.

정체성 탐색의 시기

과거에는 정체성 탐색이 주로 청소년기의 과업으로 간주되어 왔으나, Arnett (2004, 2006)에 따르면 초기 성인기는 청년이 사랑, 직업, 세계관 등을 다각적으로 모색하며, '나는 누구인가?'라는 질문에 답하는 시기라고 한다. 즉, 연인 관계, 직업, 가치관, 신념에 대한 결정을 내리는 과정을 통해, 자신이 어떤 사람과 함께할지, 어떤 일을 할 수 있을지, 어떤 세계관을 지닐 것인지를 고민하면서 정체성을 형성해 나가는 것이다. 만약 이 정체성 탐색 과정에서 문제가 발생하면, 청년들은 혼란을 겪고 대인관계나 의미 있는 역할, 세계관 등에 대해 결단을 내리지 못하거나, 그러한 선택이 자신과는 무관하다고 느낄 수도 있다(Arnett et al., 2014).

정체성 탐색이 정신건강에 미치는 영향은 상당히 크다. 미국정신의학회(American Psychiatric Association: APA, 2013)에 따르면, 정체성 혼란은 경계성 성격장애(BPD)를 포함한 여러 DSM 진단 범주에서 관찰된다. 컴퍼스 프로그램에서도 일부 청년은 청소년기에서 성인기로의 이행에 성공하지 못하여, 아직 미성숙 상태에 머물며 가족으로부터 독립된 자아정체감을 확립하지 못함으로써 개별화 과업을 달성하지 못한 상태이다(Poa, 2006). 부모와 얽힘 및 공동의존이 존재할 때, 애착 문제가 분명해지며, 이에 대한 분노가 자기 자신과 부모 양측으로 향하기도 한다. 이 집단에 대한 치료 목표는 "발달 궤적에서 연령에 부합하는 위치를 되찾도록 하고, 부모의 자아 강도에 의존하기보다 자기 내면에서 자존감과 정체성을 확립하도록 돕는 것"이다(Poa, 2006, p. 35).

한 환자는 아버지와의 관계를 표현한 미술 작품을 제작했는데, 그 제목이 〈우리는 같지 않아…… 그러니 우릴 같다고 말하지 마〉였다. 이는 분리-개별화 과정에서 발생하는 갈등과 도전을 잘 보여 준다. [그림 4-1]에는 환자의 얼굴과 아버지의 얼굴이 서로 연결된 모습이 묘사되어 있다. 작품을 설명하면서 환자는, 자

그림 4-1 분리된 얼굴

신이 아버지와 닮은 점과 부족한 점을 동시에 인식하고, 아버지와의 관계 밖에서 '내가 누구인지'를 찾는 일이 얼마나 어려운지, 독립된 존재가 되고자 분투하는 과정을 털어놓았다.

또 다른 환자는 정체성에 관한 이미지를 제작했는데([그림 4-2] 참조), 집단미술치료 집단에서 이를 발표하며 다음과 같이 말했다.

> 제 정체성이 뭔지 모르겠어요. 그걸 찾아야만 해요. 그래서 이 하얀 사각형이 있어요. 이건 제가 무엇이든 될 수 있다는 무한한 가능성을 상징하죠. 그리고 이 흰색 사각형은 NA(Narcotics Anonymous, 익명의 마약중독자 자조 모임)의 상징이기

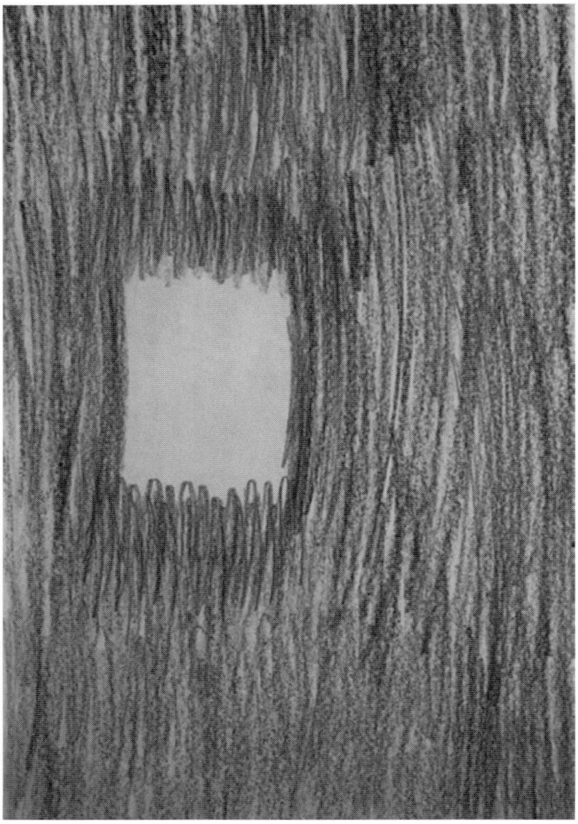

그림 4-2 흰색 사각형

도 해서, 제가 회복 과정을 통해 무엇이든 될 수 있음을 보여 줘요. 사각형 밖은 어둡게 표현했는데, 제 과거가 많이 어두웠기 때문이에요. 예전에 고통과 트라우마, 큰 상실을 겪었죠. 물론 그 경험들은 분명 제 일부이긴 하지만, 그렇다고 해서 저를 규정짓게 둘 필요는 없다고 생각해요.

불안정성의 시기

Arnett(2004)은 잦은 거주지 이동이 초기 성인기(emerging adulthood) 특유의 불안정성을 드러내는 핵심 지표라고 주장한다. 청년이 부모의 집을 떠나 대학 진학이나 취업을 하면서 생활 환경이 변동하기 때문이다. 독립을 도모하는 초기 성인은 부모의 집을 벗어나 친구나 연인과 함께 사는 방식을 선택하기도 한다. 대학에 재학 중인 경우, 기숙사, 대학가 주택, 아파트 등 교육 기간 동안 다양한 주거 형태를 거치고, 동거 증가 역시 초기 성인기의 주거 변동을 한층 가속화한다.

이러한 전환기 특성은 지금도 여전히 유지되지만, 퓨 연구소(Pew Research Center)의 2017년 보고에 따르면 최근 청년이 부모와 다시 함께 사는 비율이 오름세를 보인다. 이는 결혼 시기 지연, 직업 불안정성 등이 청년의 경제적 사정에 영향을 미친 결과이자, 최근 경제 · 고용시장의 변화가 이러한 현상을 강화하고 있다(Fry, 2017; Vespa, 2017).

이 시기의 불안정성은 초기 성인기의 높은 불안 및 우울 유병률과도 관련될 가능성이 있다. 잦은 거주지 이동은 충분한 사회적 지지를 확보하기 어려워 정신건강에 부정적 영향을 미칠 수 있기 때문이다(Arnett et al., 2014). 캠퍼스 프로그램 환자 중 상당수는 중증 성격장애, 특히 DSM-IV에 따른 B군 성격장애[1]를 보인다. 이들은 비록 연령이 어리지만 이미 일상 기능에 심각한 장애를 초래하는 증상을

1) B군(Cluster B) 성격장애 관련 상세 정보는 www.mentalhealth.com/library/dsm-5-cluster-b-personality-disorders 참조.

겪고, 과거에 여러 차례의 자살 시도, 자해, 자기파괴적 행동, 역기능적 · 유해한 대인관계, 충동성, 혹은 삶 전반에 걸친 만성적 불안정성을 나타낼 때가 많다. 또한 주요 기분장애, 불안장애, 물질 남용, 섭식장애 등과 같은 장애가 동반되기도 한다(Poa, 2006). 이들에게 있어 불안정성은 내면적 경험의 핵심적 특징이자, 초기 성인기가 지닌 외적 환경의 불안정성과 맞물려 증상을 심화시킬 여지가 크다.

예컨대, 한 초기 성인 환자는 자신의 내적 · 외적 불안정성을 상징하는 그림을 제작했는데([그림 4-3] 참조), 가느다란 사슬에 매달린 새장 속 본인을 표현하며, 사슬이 어디에 연결된 것인지조차 분명치 않게 그렸다. 환자는 이 새장을 우울증에 대한 은유로 설명했고, 새장 아래에 도사리는 '괴물들'은 대인관계, 학업, 진로 등에서 겪는 환경적 스트레스를 상징한다고 언급했다. 그림 전체를 둘러싼 어둠은 환자가 새장 안에 고립되어 있다고 느끼고, 그 밖으로 나서는 행위를 안전하지 않다

그림 4-3 공중에 매달린 새장

고 지각함을 시사한다. 이후 환자는 그림에 자신이 새장을 벗어나 위쪽으로 이어지는 사다리에 오르는 장면을 추가하여, 어둠에서 벗어나는 과정을 가시화했다.

자기 초점의 시기

Arnett(2006)에 따르면, 초기 성인기에서의 자기 초점(self-focus)은 흔히 오해받는 이기적이거나 자기중심적인 태도와 구별해야 한다. 청소년기에는 부모가 정한 의무 · 규칙 · 일상을 따르지만, 초기 성인에 이르면 그러한 부담에서 한층 벗어나게 된다. 또한 결혼이나 자녀 양육에 이르지 않았고, 장기적 고용 상태가 아닐 수도 있으므로, 이 시기에는 자기 자신에게 집중하고 삶에 대한 주도권을 행사할 수 있는 시간과 공간이 생긴다. 청소년기나 성인기에 비해 사회적 책임이 덜하기에, 초기 성인들은 그만큼 자기 초점에 따른 자유를 누릴 수 있다.

Arnett(2006)은 초기 성인기가 부모나 타인의 간섭 없이 새로운 자유를 제공하지만, 이 자유로운 자기 초점은 결국 성인기로 이행하는 데 필수적인 자립 역량을 갖추는 과정이어야 한다고 강조한다. 자립 역량이 충분히 형성되어야만, 향후 결혼이나 부모 역할에서 타인을 배려하고 돌보는 능력을 발휘할 수 있다는 것이다. 즉, 초기 성인기의 자기 초점은 영구적 상태가 아니라, 좀 더 지속적인 일과 대인관계로 정착하기 전, 필요한 과도기적 측면을 갖는다.

이 시기에 자기 초점은 사회적 지지 결핍으로 이어질 수 있어, 우울 위험을 높일 가능성이 있다(Arnett et al., 2014). 반면, 초기 성인들이 안정적인 대인관계를 구축하게 되면, 사회적 지지에 대한 인식이 높아짐에 따라 우울 증상은 반비례적으로 줄어든다(Arnett et al., 2014; Pettit et al., 2011). 그러나 건강한 대인관계를 맺기 어려운 청년은 극심한 외로움과 단절감을 경험할 수 있다. 컴퍼스 프로그램의 상당수 환자는 사회적 · 정신적 기능에 심각한 어려움을 보이며(Poa, 2006), 다수의 기분장애, 사고장애, 물질 사용장애, 성격장애가 중복되는 동반이환(공존질환)을 나타낸다. 과거 사회적 기능의 실패나 치료진과의 일시적 관계 반복, 극도의 스트레스 취약성 등은 이들로 하여금 과거 경험에서 학습하는 능력을 저해(Poa, 2006)하며, 반복되는 대인관계 기능 장애는 궁극적으로 인식론적 불신을 야기할 수 있다.

Tanner(2006)는 결혼과 부모 역할 시기가 늦춰짐으로써 보다 적절한 배우자 선택이 가능해질 수 있다고 언급한다. 그러나 결혼과 부모 역할의 연기는 헌신적 관계가 제공하는 보호 요인을 미루어 정신건강에 부정적 영향을 줄 위험도 동시에 내포한다. 또한 자기 초점이 과도할 경우, 원활한 파트너십을 형성·유지하는 데 필요한 타인 우선 사고나 타협 능력이 결핍될 수 있다고 지적한다.

예컨대, 쉴라는 우울증을 앓으며 극도의 고립감과 외로움을 호소했다. 대학가 인근 아파트에서 혼자 살며, 물질 중독과 섭식장애 문제를 동반했다. 지적 능력과

그림 4-4 거울 속 모습

창의성이 뛰어났지만, 한 연인 관계가 끝난 뒤로 수업에 전혀 참석하지 않았고, 유지하던 몇 안 되는 대인관계도 주로 약물 사용을 중심으로 이루어졌다. 집단미술치료에서 쉴라는 거울 앞에서 눈을 감고 있는 자신을 그린 작품([그림 4-4] 참조)을 발표하면서, 왼쪽 인물은 '맑은 정신', 오른쪽 인물은 '중독 상태의 자신'이라 소개했다. 오른쪽 인물의 눈 주변 멍은 수면 부족, 폭행, 음주 상태에서 벽에 부딪히거나 넘어지는 상황을, 코의 염증은 약물 흡입 후유증을, 입가에 흐르는 담즙은 술로 인한 구토와 섭식장애를 상징했다. 두 인물이 모두 눈을 감고 있는 이유는, 맑은 정신일 때는 중독 상태의 자기를 직면하기 부끄럽고, 중독 상태에서는 맑은 정신의 자기를 볼 의지나 명료함이 결여되었기 때문이라고 했다. 이처럼 쉴라에게 초기 성인기의 자기 초점은 사회적 · 정신적 어려움을 한층 악화시키는 요인으로 작용한 듯 보인다.

'중간에 끼인 느낌'의 시기

청소년기에서 성인기로 넘어가는 과정에는 시간이 걸린다. 완전히 성인이 되거나 적어도 스스로를 성인이라고 여기게 되기까지는 점진적 과정을 거치게 되며, 그로 인해 초기 성인들은 '중간에 끼인 느낌(feeling in-between)'을 자주 경험한다. 더 이상 청소년도 아니지만 아직 성인이라고 확신하지 못하는 상태인 것이다. 청년들은 학업을 마치거나 결혼한다는 사실만으로 성인이 되었다고 여기지 않는다. 오히려 경제적 독립과 자율적 의사결정 능력, 자기 책임을 지는 태도 등이 성인됨의 핵심 요건으로 꼽힌다(Arnett, 2006).

Arnett 등(2014, p. 572)에 따르면, "중간에 끼인 느낌이 일부 초기 성인에게 우울감과 불안을 유발할 수 있다."라고 지적한다. 현재 나이에 걸맞게 더 성숙해져야 한다고 믿으면서도 실제로 그렇지 못하다고 느낄 때, 좌절감이 커질 수 있다는 것이다. 어떤 청년에게는 이 '중간' 상태가 '갇힌 느낌(stuck)'이나 '옴짝달싹 못한다는 느낌'으로 이어지기도 한다. 컴퍼스 프로그램 환자는 '발달 단계, 정신질환, 부적절한 돌봄이 교차하는 지점'에 놓여 힘든 상태에 머무르곤 하는데, 이를 '회복 과정에서의 정체'로 볼 수 있다(Poa, 2006, p. 31).

한 환자는 자신을 그린 그림에서, 길게 뻗은 촉수를 가진 어두운 덩어리가 자신에게 다가오는 모습으로 함께 표현했다([그림 4-5] 참조). 또한 그는 Avicii의 〈나를 깨워 줘(Wake Me Up)〉 노랫말을 적어 넣어, 끼인 상태를 더욱 구체적으로 나타냈는데, 지금의 혼란스러운 시기를 건너뛰고 싶다는 바람과 미래에 좀 더 성숙해진 시점으로 빨리 가고 싶다는 열망을 담고 있다. 이 환자는 자신의 정신질환을 자신을 둘러싼 어둡고 위협적인 덩어리로 표현하며, 삶이 이 단계에 갇혀 있다고 느낀다고 이야기했다. 지금의 상황이 어떻게 끝날지 확신할 수 없어 불안하지만, 언젠가 감정적 고통이 누그러지고, 자신의 어려움에서 지혜를 얻을 수 있는 때가 오리라는 희망도 조금은 남아 있다고 표현했다.

그림 4-5 어둠의 덩어리와 함께한 초상

가능성의 시기

Arnett은 초기 성인기를 낙관주의의 시기로 묘사하면서, 이 시기의 청년이 대체로 미래에 대한 높은 기대를 가진다고 본다. 대부분의 청년은 안정적인 직업을 찾고 결혼이나 장기적 관계를 맺을 수 있으리라 믿는다. Arnett은 또한 경제적·사회적 지위가 낮은 가정 출신 청년이 더욱 희망적이며, 현재 상황이 밝지 않아도 부모 세대보다 더 나은 삶을 살 수 있다는 가능성을 믿는 경향이 있다고 지적한다(Arnett, 2000b, 2006; Arnett et al., 2014). 어려운 가정환경에서 성장한 청년은 물리적으로 부모로부터 떨어질 기회를 얻으며, 더 이상 부모에게 좌우되지 않고 자신의 삶을 선택하고 건강한 애착 관계를 형성할 수 있는 길이 열린다.

그러나 이러한 낙관주의가 항상 현실에 부합하지는 않을 수 있다. 특히 경제 상황이 변동적일 때, 청년은 성인이 되어 실업이나 저임금의 위협에 직면하면서 낙관이 흔들릴 수 있다. 대부분의 청년이 미래에 대해 낙관적이지만, 그렇지 않은 청년은 우울이나 불안 위험이 높아질 가능성이 있다(Arnett et al., 2014).

초기 성인기를 '가능성의 시기'라고 부르는 이유는, 다른 어느 생애 주기보다도 선택지가 풍부하기 때문이다. 아직 고정된 의무가 없어, 과거의 결정이 미래 전체의 방향을 전적으로 정하지 않는다는 뜻이다. 즉, 초기 성인기는 다양한 길들이 열려 있는 단계로, 일부 청년에게는 끝없는 가능성이 펼쳐진다. 그러나 부모와의 불건전한 관계 패턴에서 벗어날 자유가 주어진다고 해도, 단순히 집을 떠나거나 새로운 지역으로 이주하는 것만으로는 장기적 변화를 이뤄 내기에 충분치 않을 수 있다. 가정환경의 영향은 지리적·공간적 차원을 넘어 광범위하게 작용하기 때문에, 청년이 변화할 수 있는 능력에는 한계가 있을 수 있다. 게다가 정신질환이 있으면 이 시기의 전환이 더욱 복잡해지거나 방해받을 수 있다.

어느 환자는 하단의 흰색에서 시작하여 연한 파란색, 그다음 보라색으로 이어지는 색의 층을 표현하고, 상단의 검은 하늘과 노란 별들을 배치하여 희망을 상징하였다([그림 4-6] 참조). 이 미술 작업 지침과 관련해서는 8장에서 자세히 다룬다.

글쓰기 활동을 통해, 환자는 희망의 개념을 자신의 미래에 대한 가능성과 연결했다. 다음은 그녀가 쓴 내용이다.

> 희망이란 무한하게 열린 가능성의 공간이야. 지구라는 한정된 범위를 넘어, 네가 볼 수 있는 곳까지 끝없이 펼쳐지거든. 위쪽 저 멀리서 어둠에 길을 잃은 것처럼 느껴질 때조차, 그 공허 속을 뚫고 빛나는 희미한 불빛들이 있어. 마치 너를 향해 손짓하며, 끝도 없을 것 같은 어둠을 뚫고 나아가면 더 나은 삶이 기다리고 있다고 약속해 주는 신호처럼.

그림 4-6 광활한 공간

정신건강 치료 접근성

1980년대 미국에서 만성 환자를 탈시설화한 이후, 청년층 환자가 늘어나면서 이들의 고유한 요구를 충족시킬 수 있는 정신건강 서비스가 부족하다는 문제가 드러났다(Bachrach, 1984; Pepper, Kirshner, & Ryglewicz, 1981). 그 뒤로 청년층에 특화된 입원 및 외래 정신의료 시설들이 생겨났지만, 청소년기에서 성인기로 옮겨 가는 과정에서 발생하는 연속 치료의 단절 문제는 여전히 해결되지 않고 있다(Paul et al., 2015).

실제로 18~25세 청년은 다른 어떤 연령층보다도 정신건강 서비스를 덜 이용하는데, 이 연령대에서 정신질환을 경험하는 사람 가운데 실제로 치료를 받는 비율은 약 3분의 1에 불과하다(Center for Behavioral Health Statistics and Quality, 2015). 이러한 치료 부족 현상은 청소년기에서 성인기로 옮겨 가는 전환 과정에서 적합한 치료를 계속적으로 찾고 활용하기 어려운 상황과도 관련이 있을 수 있다(Paul et al., 2015; Poa, 2006). 초기 성인기 개념 자체가 비교적 새로운 만큼, 보건의료 체계가 이를 따라잡지 못하고 있는 실정이다(Arnett et al., 2014). 또한 이 연령대 청년은 더 이상 미성년자가 아니므로, 학교나 부모가 강제로 이들을 정신건강 치료로 이끌 수 있는 법적 권한이 없다.

많은 정신질환이 후기 청소년기에 발병하는데(APA, 2013), 이는 성인기 치료가 필요한 시점 직전에 증상이 나타나거나 인식되는 경우가 많음을 의미한다(Paul et al., 2015). 아동과 청소년에서 성인 정신건강 서비스로 전환하는 체계적 모델이 부족하다는 점은, 이러한 전환기에 필요한 정책과 실질적 지원이 미흡하다는 뜻이기도 하다. Paul 등(2015)은 청년층의 정신건강 문제를 다루는 프로그램을 개발하고, 정신건강 서비스를 우선적으로 지원해야 한다고 제안한다. 만약 청년층 정신건강 치료가 미흡하면, 본질적으로 취약한 이 인구 집단은 “충분한 서비스를 받지 못하고, 이해받지 못하며, 부적절한 대우를 받을 수 있다.”(Poa, 2006, p. 29)라는 우려가 있다.

미국의 「환자보호 및 부담적정보험법(Patient Protection and Affordable Care Act)」(2010)이 정신건강 및 물질사용장애 치료 범위를 확대하기 위해 노력했음에도, 청년이 치료를 받는 데에는 여전히 제약이 남아 있다(Gehr, 2017; Monaghan,

2013; Saloner & Benjamin, 2014). 사립 전문 정신병원 모델인 메닝거 클리닉에 입원하는 환자는 대개 공공정책에서 제공하는 정신건강 지원이나 부모를 통한 보험 연장 혜택 등을 직접적으로 누리지 못한다. 컴퍼스 프로그램 환자는 비교적 높은 사회경제적 지위를 가진 가정 출신이 많지만, 그렇다고 해서 모든 청년에게 경제적 부담이 없는 것은 아니다. 게다가 만성화 · 복잡성 · 낙인 등의 문제는 치료 접근을 가로막는다. 사회경제적 지위와 무관하게, 청소년기와 성인기 정신보건의료 체계 간 단절은 여전히 양질의 연속 치료를 어렵게 만든다.

정신건강 문제

초기 성인기의 전반적인 웰빙은 상승하는 경향이 있으나, 역설적으로 이 시기에 정신병리도 증가한다는 연구 결과가 있다(Schulenberg & Zarrett, 2006). 예를 들어, 일부 청년은 물질 사용이나 문제행동이 한 차례 절정을 이룬 뒤 감소하지만, 다른 청년은 이 시기에 정신병리 증상이 두드러진다. 이는 초기 성인기의 '이질성'에서 기인하는데, 어떤 청년에게 초기 성인기는 새로운 환경, 사회적 역할, 기회를 통해 '새 출발'을 할 수 있는 시기인 반면, 또 다른 청년에게는 지원과 구조가 부족해지면서 정신병리가 쉽게 나타날 수 있는 시기가 되기도 한다. 자원이 충분치 않고 기회가 제한된 경우, 성인 역할과 책임으로 갑자기 내던져지는 일이 오히려 개인적 자유를 축소해 대처 능력을 저하시킬 수 있고, 그 결과 부적응적 행동의 위험이 커진다. 다시 말해, 초기 성인기는 다음과 같다.

> 이 시기에는 그 어느 생애 주기보다도 개인적·환경적 변화가 많이 일어난다……. 특히 후기 청소년기와 초기 성인기에 정신건강 전반은 '움직이는 목표물'로 이해하는 것이 가장 적절하다. 이러한 주요 생애 전환기 시점에 정신건강 문제와 정신병리 현상이 발생하는 것은 결코 우연이 아니다(Schulenberg & Zarrett, 2006, p. 149).

전환기는 대체로 개인의 대처 능력을 시험하며, 초기 성인기도 예외가 아니다. 여러 정신질환이 후기 청소년기와 초기 성인기에 발병하는데, 성격장애, 기분장애, 사고장애 등이 대표적이다(APA, 2013). 통계적으로도 청년기에는 정신질환의 유병률이 높다(Arnett et al., 2014). 청소년기에 겪었던 우울증은 초기 성인기에 재발률이 높아지는 경향이 있으며(Arnett et al., 2014; Sheets et al., 2014), 이를 뒷받침하는 다양한 연구가 있다.

Sheets 등(2014)은 초기 성인기 우울장애 재발 위험 요인으로 대인관계 과민성(interpersonal hypersensitivity), 청소년기의 반사회적 행위(antisocial conduct), 사회불안(social anxiety) 등을 지적했다. 대인관계 과민성이 있는 청년은 거절 · 유기 · 비판에 대한 두려움이 커서 관계 형성에 어려움을 겪는다. 타인의 평가를 지나치게 의식하거나 상호작용을 과도하게 통제하려 하면, 오히려 갈등이 가중되기 쉽다. 이는 '대인관계 결함'을 특징으로 하는 B군 성격장애와도 연관이 있으며(APA, 2013; Sheets et al., 2014), 대인관계 갈등과 스트레스는 청년의 우울 취약성을 높이는 주요 요인이 된다.

또 다른 요인은 청소년기에 보이는 반사회적 행위로, 이는 주변 사람들의 부정적 반응과 사회적 고립으로 이어진다. 청소년기에 사회적 역량을 갖추지 못하거나, 또래와의 상호작용 실패를 겪거나, 학업 성취도가 낮거나, 부모-자녀 간 갈등이 심했던 청년은 초기 성인기에 우울증이 재발할 위험이 크다. 마지막으로, 사회불안도 문제이다. 부모의 집을 떠나 또래 집단에 더 의존해야 하는 시점에서, 무능감이나 불안을 느끼면 관계 자체를 회피하게 되어 사회적 지지를 얻기 어려워진다. 고립감이 커지면 우울 위험도 높아진다.

Sheets 등(2014)은 이러한 연구를 종합하며, 초기 성인기 청년에게 사회적 결핍, 대인관계 거절, 사회적 회피 등에 대처할 수 있는 기술과 전략을 제공하는 프로그램이 필요하다고 제안한다. 주목할 점은 대인관계 과민성, 청소년기의 반사회적 행위, 사회불안 등 세 병리 요인이 모두 청년이 사회적 · 관계적 맥락을 어떻게 다루는지와 밀접하게 관련된다는 사실이다. 이는 초기 성인기에 지속적인 기능 장애가 나타나는 핵심이, 곧 심각한 '사회적 기능' 문제임을 시사한다.

회복탄력성

회복탄력성(resilience)이란 어려운 상황에서도 적응해 나가는 능력을 의미한다. 초기 성인기의 회복탄력성은 발달 과업을 얼마나 달성하느냐와 밀접히 관련되는데, 이는 심리사회적 기능(예: 학업 성취, 또래관계, 규범 준수 등)의 여러 영역에서 기대되는 행동을 수행할 수 있는 역량을 뜻한다. 예컨대, 청소년기에 강조되었던 학업 성취, 또래관계, 규칙 준수가 초기 성인기에도 중요한 과업으로 남아 있으며, 동시에 성인기의 핵심 과업인 직업 · 연인 관계가 새롭게 부상한다(Masten, Obradovic, & Burt, 2006, p. 175). 청소년기에 회복탄력성이 있던 이들은 초기 성인기에도 이를 유지할 가능성이 높지만, 초기 성인기나 그 이후에 회복탄력성을 새롭게 형성하는 경우도 있다. 즉, 초기 성인기는 탄력성을 고취하고 강화하기에 좋은 기회의 시기가 될 수 있다(Masten et al., 2006).

그러나 정신질환은 이러한 발달 과업 수행을 심각하게 저해하여, 회복탄력성을 가로막는 요인이 될 수 있다. 앞서 논의했듯이, 높은 일반정신병리 요인(P factor)이 나타난다는 것은 인식론적 신뢰와 건강 생성에 문제가 있음을 시사하며, 이는 회복탄력성의 부족으로 이어진다(Bateman et al., 2018). 컴퍼스 프로그램 환자는 대개 불안정 애착 경향을 보이는데, 이와 연관된 정신건강 취약성 때문에 사회적 · 제도적 지지 체계를 충분히 활용하지 못하고 초기 성인기로의 전환이 더욱 어려워진다. 이처럼 애착 문제와 정신질환의 복합적 요인으로 인해, 이들은 회복탄력성이 결핍될 위험이 매우 높다.

초기 성인들은 자신의 삶을 주도적으로 이끌어 가야 하지만, 동시에 타인의 도움을 받는 것도 필요하기 때문에 이 둘 사이에서 갈등이 생기기 쉽다. 치료 과정에서도 자율성과 독립성을 강조하는 욕구로 인해, 환자가 어려움을 인정하거나 지원을 요청하기를 부담스러워하기도 한다. 컴퍼스 환자는 치료팀과 협업할 것을 권장받지만, 일부 환자는 자신의 문제를 인정하거나 도움을 청하는 일을 어려워한다(O'Malley, 2018; Poa, 2006). 이에 대해 동료 Flynn O'Malley는 다음과 같이 말한다.

> 협력적 치료 과정에 참여하도록 만드는 일은 참으로 벅차다. 주변의 권유를 받아 정신의학적 치료를 받는 경우가 많은 초기 성인은, 대개 이미 여러 차례 치료 과정을 거친 경험이 있다. 이러한 환자는 흔히 부적응적 사고방식과 대처 방식을 고수하게 되어, 치료에 적극적으로 참여하고 협력하는 것을 어렵게 만든다(O'Malley, 2018, pp. 177–178).

애착과 개별화

Tanner(2006)는 초기 성인기의 근저에 있는 과정으로 '**재중심화**' 개념을 제안한다. 재중심화는 분리-개별화와 자아 발달과 연결된 다단계 과정으로, 청년이 사회적 세계와 상호작용하는 방식에 중대한 변화를 일으키며, 정신건강과도 밀접한 관련이 있다. 이 과정에서 "부모, 교사, 사회에 의해 통제되는 타인-조절 행동이, 성인으로서 요구되는 책무를 충족할 수 있는 능력, 즉 성인으로서의 자급력을 목표로 한 자기-조절 행동으로 대체된다."라고 설명한다(Tanner, 2006, p. 22). Tanner는 발달체계론을 바탕으로 초기 성인기 단계를 전 생애 이론에 통합하는데, 이는 발달의 관계적 측면에 주목하는 접근이다.

앞 장에서 언급했듯이, 어린 시절 주양육자와의 애착은 초기 성인기까지 인지적이고 사회적인 발달에 크게 영향을 미친다. 주양육자가 민감하고, 가용하며, 신뢰할 만하다고 느낀 청년은 자신을 가치 있는 존재로 인식하고, 타인을 접근 가능하고 신뢰할 수 있는 존재로 여긴다. 반면, 주양육자가 부재하거나 일관성이 없고, 신뢰하기 어려우며 조율이 잘 맞지 않는다면, 청년은 자신을 가치 없는 존재, 타인을 신뢰할 수 없는 존재로 여길 가능성이 커진다(Bowlby, 1982). 이러한 애착 문제는 정신건강상의 어려움을 야기하고 심화하는 선행 요인이 되며, 실제로 초기 성인기의 애착 유형은 정신건강과 밀접히 연관된다(Lapsley & Woodbury, 2016). 예컨대, 안정 애착은 건강한 사회적 · 심리적 기능과 관련이 있는 것으로 나타나지만(Kenny & Sirin, 2006; Lapsley & Woodbury, 2016), Konrath 등(2014)의 연구에 따르면 무시형, 두려움형, 몰두형 등 불안정 애착을 보이는 초기 성인들이 증가 추세이다. 애착과 정신화하기가 연결되어 있음을 감안하면, 불안정 애착의 증가는 이 시기에 정신화 능력이 결핍될 가능성도 시사한다. 그러나 초기 성인기에서 애착이 영구적으로 고정되는 것은 아니므로, 교정적 체험(corrective experiences)을 통해 타인과 다른 방식으로 관계 맺는 법을 학습할 수 있으며, 정신화 능력 또한 변화 · 성장할 수 있다.

Lapsley와 Woodbury(2016)는 초기 성인기의 사회 · 인지 발달을 논하며, 애착과 분리-개별화가 성공을 위한 핵심 과정이라고 지적한다. 이러한 발달 과업이 달성되면, 자기 자신과 타인에 대한 '실용적 개념'을 수립하고, 정체성 · 친밀감 · 자율성을 발전시키는 데 필요한 토대를 마련할 수 있다. 애착의 내적 작동모델(internal working model)은 초기 성인들이 모호한 대인관계 상황을 어떻게 해석할지 결정짓는 중요한 기제로, 사회적 지각 및 정서 · 인지 평가, 사회적 상호작용 해석에 모두 관여한다.

불안정 애착을 지닌 초기 성인들은, 스트레스 상황에서 타인과 거리를 두는 무시형(dismissive) 애착으로 인해 지지를 제대로 받지 못하거나, 불안 · 몰두형(anxious/preoccupied) 애착인 경우 과도하게 지지를 추구하다 오히려 타인을 소외시켜 유기감을 심화시킬 수 있다. 두려움형(fearful) 애착을 지닌 청년은 정서적 고통을 호소하면서도 타인의 지지를 요청할 의지나 능력이 부족할 수 있다(Lapsley & Woodbury, 2016).

청년이 애착 욕구를 제대로 충족받은 가정에서 자랐든 그렇지 않든, 초기 성인기에 내재된 전환들은 개인의 대처 능력과 적응력을 크게 시험한다. Schulenberg와 Zarrett(2006)은 초기 성인기의 정신건강 궤적을 크게 두 가지 경로로 요약한다. 첫째, 가정에서의 욕구가 충분히 충족되지 않은 청년이 이 시기에 계속해서 어려움을 겪거나, 반대로 가정 외의 새로운 환경에서 욕구를 충족할 기회를 찾아 긍정적 변화를 이끌어 내는 경우이다. 둘째, 아동기 · 청소년기에 비교적 건강한 양육 환경에서 자란 청년이 집을 떠난 뒤, 새로운 역할과 환경에서 자신의 욕구를 충족하는 방법을 찾지 못해 어려움을 겪는 경우이다. 두 경우 모두 정신건강 문제가 발생할 가능성이 있다. 게다가 초기 성인기는 비교적 자유롭고 다양한 경험을 시도할 수 있는 시기이므로, 성인기로 가는 과정에서 문제 행동이 생겨날 여지도 함께 존재한다.

사회적 인지 발달

초기 성인기에는 뇌 발달이 여전히 진행 중이며, 정상적 신경생물학적 변화가 일어난다(Schulenberg, Sameroff & Cicchetti, 2004). 청년은 본질적으로 복잡하고 미묘하며 모호한 문제나 의사결정을 마주하므로, 복합적 사고가 필수적이다. 이러한 문제들은 대인관계, 직업, 세계관에 관한 의사결정과 직결되므로(Arnett, 2000a; Labouvie-Vief, 2006), 청년은 정체성을 탐색하고 명료화하기 위해 사고 능력을 꾸준히 발전시켜야 한다. 초기 성인기는 성숙한 사고구조가 형성되는 중요한 시점인 동시에, 중요한 사회적 · 문화적 지지가 결여될 경우 왜곡되거나 부적응적인 사고방식이 굳어질 위험이 큰 취약기이기도 하다(Labouvie-Vief, 2006).

기본적인 사회인지 능력은 아동기부터 발달하기 시작하지만, 복합적인 사회인지 기술과 유연성은 청소년기를 거쳐 초기 성인기까지 계속 발전한다. King과 Kitchener(2015)는 청년의 인지 발달을 인지(cognition), 메타인지(metacognition), 인식론적 인지(epistemic cognition) 등의 세 가지 과정으로 살펴보면서, 전반적인 인지적 복잡성이 사고의 유연성과 밀접한 관련이 있다고 보았다. 이는 문제나 이슈에 담긴 세부적 뉘앙스를 파악하고, 이를 근거로 타당한 판단을 내리며, 새로운 정보가 주어졌을 때 초기 인식을 수정할 수 있는 개방성을 유지하는 능력을 의미한다.

그러나 컴퍼스 프로그램에 입원하는 많은 환자는 이러한 사고의 유연성이 부족하다. 이들은 흑백논리나 극단적 사고방식을 채택하기 쉽고, 자기 자신과 타인을 정확하게 인식하기 어려워하며, 새 정보가 제시되더라도 관점을 유연하게 조정하기 힘들어한다. 이는 초기 성인기에서 정신화하기가 결핍되어 성숙한 사고구조가 제대로 발달하지 못한 결과라고 볼 수 있다. 정신화 기반 치료(MBT)는 이러한 광범위한 문제에 직접적으로 초점을 맞춘다.

정신화하기의 필요성

앞서 언급했듯, 초기 성인기는 사고의 유연성과 성찰 능력, 그리고 새로운 정보에 맞춰 사고방식을 조정·적응하는 능력이 점진적으로 발달하는 시기이다(King & Kitchener, 2015). 그러나 메닝거 클리닉에 입원한 많은 청년은 애착 문제(Allen, 2013; Poa, 2006)로 인해 복합적 인지 기술과 인지적 유연성이 성공적으로 발달하지 못했을 가능성이 높다. 특히 인식론적 신뢰가 결여되면, 이들은 서로 다른 관점을 수용하거나 타당한 판단을 내리거나, 새로운 정보를 통해 태도를 수정하는 능력이 저해되기 쉽다. 사회적·직업적·학업적·개인적 영역에서 복합적인 과제를 마주했을 때, 사고하고 처리하며 적응하는 능력이 크게 손상될 수 있다는 뜻이다.

초기 성인기는 무수한 가능성을 품고 있으나, 동시에 여러 가지 내재된 어려움으로 가득한 시기이기도 하다. 청년은 인지적으로 성장하면서 새 정보를 학습하고 사회·문화적 역할을 수행하는 방식을 익혀야 한다. 이 시기는 정신과적 문제가 있는 청년에게 특히 부담이 클 수 있어, 취약성이 노출되고 기능 저하가 장기화될 위험이 커진다(Poa, 2006; Schulenberg et al., 2004). 이들은 사회인지가 충분히 발달하지 못했고, 복합적 인지 기술의 성장이 정체되어 적응적 성장 역시 제한된다. 게다가 인식론적 신뢰가 부족하면, 타인의 정보를 믿기 어려워 사회적으로 공유되고 전달되는 새 지식을 받아들이는 데 장애가 생긴다. 즉, 초기 성인기에 빈번히 나타나는 애착 및 분리-개별화 문제는 사회인지 발달에 걸림돌이 되며, 이런 맥락에서 정신화 기반 치료(MBT)는 효과적인 접근이 될 수 있다. MBT는 닫혀 있던 인식론적 신뢰를 다시 열어 주고, 건강한 애착 관계 형성을 돕고, 궁극적으로는 자기결정권을 행사하며 선택에 책임지는 주체적 자아(agentive self)를 형성하도록 지원할 수 있다.

한편, 미술치료 역시 초기 성인기에 정신화를 촉진하는 데 자연스럽게 활용될 수 있다. 미술치료는 자기 자신과 타인을 안전하게 탐색할 기회를 제공하여, 인식론적 신뢰가 다시 열릴 수 있는 환경을 마련해 준다. 미술치료 과정에서 초기 성인들은 자신을 '표현'하고, 타인에게 '보여지고 인지되며 이해받는 경험'을 축적하면서, 교정적 안정 애착을 형성할 수 있는 도구를 얻게 된다.

마지막으로, 미술치료는 주체성과 자율성을 발전시키는 데 기여한다. 미술치료는 흥미롭고 역동적이며 체험적인 특성을 지녀, 초기 성인기의 특성과도 잘 부합한다. 청년이 성인기에 걸맞은 '살아갈 가치가 있는 삶'을 스스로 만들어 가는 과정을 미술치료로 비유할 수 있으며, 이는 곧 청년이 성장하고 발달해 나가는 여정과 맞닿아 있다.

이와 같은 비유는 미술치료 집단 토의 중에 제기되었다.

치료사: 이 미술치료 집단에 참여한 건 어땠나요?

집단원 1: 누군가의 작품에 반응하면서 우리가 이렇게 많은 걸 자기 자신에 대해 알게 될 줄은 몰랐어요. 그런데 정말 많은 정보가 담겨 있더라고요.

집단원 2: 저는 처음에 제가 만든 게 별다른 의미가 없다고 생각했어요. 그냥 해야 해서 만든 거였거든요. 그런데 다른 사람들과 이야기를 나누다 보니 점점 중요한 의미가 생겨나는 게 너무 멋있더라고요.

집단원 1: 저도 여기 오기 전까지 내 삶에 대해 비슷한 생각이었어요. 내가 하는 일이 아무 의미도 없다고 여겼죠. 선택지도 딱 하나뿐이어서, 그 선택이 틀리든 맞든 별로 중요하지 않다고 생각했어요. 어차피 달리 선택할 길이 없다고 느꼈으니까요. 그런데 지금은 제 결정들 뒤에 어떤 이유들이 있는지 들여다보게 되면서, 세상을 바라보는 시각이 완전히 달라졌어요. 그래서 미술치료가 삶의 은유 같다는 생각이 들어요. 방금 하신 말씀 듣고 그런 생각이 떠올랐어요.

치료사: 무언가에 의미를 부여하는 것처럼 말이죠.

집단원 1: 네, 의미가 없다고 느껴졌던 무언가에 의미를 부여하는 거죠. 여기 오기 전까지 제 삶은 정말 무의미하게 느껴졌어요. 그리고 여기서 나간 뒤에 다시 무의미해질까 봐 두렵기도 해요. 여기서 치료받는 동안 만큼은 제 삶에 분명한 목적이 부여된 기분이거든요.

집단원 2: 맞아요. 계속 살아가면서, 계속 작업도 하고, 그 뒤에 성찰하는 거죠.

집단원 1: 오늘의 명언이네요!

치료사: 치료가 끝나고 난 후의 삶에 대한 걱정이 느껴져요. 치료라는 구조와 지지가 없어지면 더 힘들어질 거라고 예상하는군요. 그래도 병원이 다소 제한된 환경임에도, 여기서 배운 기법들을 열심히 사용하려고 애쓰는 모습이 저는 눈에 띄었어요.

집단원 1: 네, 저도 많이 배웠다고 생각해요. 그런데 막상 나가면 그 기법들을 다시 꺼내 쓰는 게 어려울 것 같아요. 예전 방식대로 돌아가는 게 쉽고 편하니까요. 솔직히 저는 편하고 쉬운 걸 좋아하거든요.

집단원 2: 기법을 쓰려면 노력이 필요하겠지만, 이미 우리한테 있잖아요. 저는 아직 이 기법들이 제게 어떤 의미를 주는지 찾는 중인데, 그래도 당신이 어느 정도 깨달았다고 하니 힘이 돼요.

집단원 3: 재미있었나요?

집단원 1: 예전 방식이요? 재밌긴 했죠. 근데 결과적으로 저한테 해가 더 컸어요. 아, 혹시 이 집단을 물으신 거라면? 네, 재미있었어요. 그렇지만 힘든 부분도 있었어요. 치료가 다 그렇잖아요. 인생도 그렇고요.

제5장

정신화 기반 집단미술치료

2013년, 컴퍼스 프로그램(Compass Program)의 청년 환자를 위한 미술치료 집단을 정신화 기반 집단미술치료로 전환하였다. 환자는 미술치료사나 치료팀 구성원에게 의뢰를 받거나, 창의적 치료에 대한 관심을 바탕으로 스스로 참여를 신청하기도 한다. 환자는 미술치료사와 동행하여 컴퍼스 프로그램 병동에서 본관으로 이동하는데, 이 본관 안에는 정신화 기반 집단미술치료가 열리는 다목적실이 마련되어 있다. 이 개방형 집단은 최대 10명의 환자가 참여할 수 있으며, 주 1회 90분 동안 진행된다. 각 회기가 시작될 때마다 미술치료사는 집단을 소개하고 정신화 기반 미술치료(MBAT)에 대해 안내한다. 새 환자가 자주 합류하므로, 매회 집단의 경계, 구조, 진행 과정을 재검토한다. 이는 모든 구성원이 당면 과제에 더욱 집중하도록 돕는다. 환자는 정신화하기와 관련된 미술 작업 지침을 받게 된다. 개별 미술 작업 시간이 주어지며, 이후에는 성찰적 글쓰기와 작품 및 미술 작업 과정에 대한 언어적 논의가 이어진다. 집단은 환자가 참여 경험을 공유하는 집단 소감 나누기로 마무리되고, 곧이어 미술 공간 정리가 진행된다. 그 후 환자는 병동으로 안내되어 돌아가고, 치료사는 사후 논의를 거쳐 필요한 정보를 직원들에게 인계한다. 작품은 집단실에 비치된 잠금장치가 있는 캐비닛에 폴더 형태로 보관하지만, 환자는 타인과 공유하기 위해 자신의 작품을 요청할 수 있다. 제9장에서는 이렇게 제작된 작품이 집단 이후에 어떻게 활용되고 이어지는지 더 자세히 다룬다.

정신화 기반 집단미술치료의 개발

우리는 메닝거 클리닉 성인 병동에서 Jon Allen과 Michael Groat가 이끄는 정신화하기 교육 집단을 기반으로 정신화 기반 집단미술치료를 개발하였다. 이 집단은 '안정적 애착 형성과 마음챙김 증진'이라는 제목 아래, 정신화하기를 주제로 한 8주간의 진행안에 따라 운영되었다(Groat & Allen, 2013). 환자는 애착, 공감, 마음챙김을 배우며 정신화하기를 교육받고 실천하게 된다. 우리는 이 정신화하기 접근을 미술치료에 적용하고자 해당 집단에 직접 참여했으며, 이미지를 광범위하게 활용하여 대화를 이끌어 낸다는 점에 깊은 인상을 받았다. 정신화하기 집단 활동의 많은 예시는 『임상 실제에서의 정신화하기(Mentalizing in Clinical Practice)』(Allen et al., 2008)에 수록되어 있으며, 이러한 활동들은 집단 구성원이 스스로와 타인에 대해 정신화하도록 돕고, 이후에는 집단 전체의 정신화하기 과정을 함께 논의하는 방식으로 진행된다. 미술치료사 입장에서는, 진행안의 각 주제에 맞춰 미술치료 지침을 마련하는 것이 자연스러운 확장이었다. 그 결과, 〈표 5-1〉에 자세히 정리된 8주간의 미술치료 진행안 표가 도출되었다.

• 표 5-1 • 정신화 기반 집단미술치료 지침

8주간의 주제	미술치료 지침	미술 작업 지침 설명
타인과의 관계 형성	타인과의 관계/ 대화 (제6장)	• 의미 있는 관계를 시각적으로 표현한다. • 자기 자신과 타인 간의 대화를 글로 작성한다.

자기 자신과의 관계 형성	자기 자신과의 관계 (제6장)	• 애착 유형을 고려하여 자신과의 관계를 나타내는 이미지를 제작한다.
마음에 대한 마음챙김의 이해	마음의 풍경 (제7장)	• 현재 생각과 감정을 포함한 '마음의 풍경'을 그린다.
애착 관계에서의 단절과 회복 경험	애착 관계(제6장) 애착 관계의 단절과 회복 (제6장)	• 불안정 혹은 안정 애착 관계를 시각적으로 표현한다. • 애착 관계에서 겪은 단절과 회복 경험을 그려 본다.
다양한 관점에 대한 이해	조각상 그리기 (제7장) 반응 작업 (제7장)	• 동일한 대상을 각자 그린 뒤, 서로 다르게 표현된 관점에 대해 논의한다. • 임의의 작품을 선택하고, 그 작품이 불러일으키는 감정을 반영한 '반응 작업'을 만든다.
치료를 위한 핵심 문제 구상	정체된 상태 (제8장) 무엇이 방해가 되는가? (제8장)	• 핵심 문제나 정체된 상태(stuck place)를 그린 뒤, 이미지를 변형하여 조금 덜 답답하게 표현해 본다. • '무엇이 방해가 되는가?'라는 질문에 대한 작품을 제작한다.
자신의 삶 저술	삶을 책으로 (제8장)	• 인생을 책, 영화, 음악 앨범으로 상상하고, 해당 '표지'를 디자인한다.
희망 유지	희망 유지 (제8장)	• 희망을 특정 형태와 색으로 시각화한다. • 희망에 관해 글을 쓴다.

집단 구성원

제3장에서 설명한 바와 같이, 메닝거 클리닉의 컴퍼스 프로그램은 만 18세부터 30세까지의 청년을 대상으로 치료를 제공한다. 이 프로그램은 청소년기에서 성인기로 이행하는 과정에서 어려움을 겪는 초기 성인들을 돕기 위해 마련되었다. 환자는 주로 기분장애, 불안, 중독, 성격장애, 자해 및 자살 충동, 성 정체성 및 성적 문제, 자존감 문제 등 여러 치료적 문제로 입원한다(The Menninger Clinic,

2014). 이들은 자아 정체성을 형성하고 대인관계를 맺는 과정에서 어려움을 겪는다. 컴퍼스 프로그램에 입원한 환자는 치료와 진단적 평가를 거치며, 향후 치료 계획과 권고안을 제공받는다. 일반적으로 컴퍼스 병동의 입원 기간은 약 6~8주이며, 퇴원 후에는 많은 환자에게 지역사회 통합 프로그램, 집중 외래 프로그램, 혹은 거주형 치료 프로그램 등 장기 치료가 권장된다.

정신화 기반 집단미술치료 외에도, 컴퍼스 프로그램 환자는 정신화하기 교육 집단과 다른 정신화 기반 경험 집단에 참여한다. 또한 이들은 집단 및 개별 심리치료, 기술 훈련 집단, 체험 기반 집단, 가족치료 등에 참여한다(The Menninger Clinic, 2014). 변증법적 행동치료(DBT), 수용전념치료(ACT), 정신역동적 심리치료 등 다양한 접근법이 제공되지만, 정신화하기가 컴퍼스 프로그램의 근간을 이룬다.

위치 및 환경

정신화 기반 집단미술치료는 다목적실에서 진행된다. 이 공간은 미술치료에 필요한 모든 요소를 갖추지는 않았지만, 창작 활동을 수행하기에 충분히 적합하다. 방 안에는 흰색 탁자와 나무 의자, 흰색 수납장, 개수대가 구비되어 있어 다소 임상적인 느낌을 풍긴다. 다목적실이 여러 용도로 사용되기 때문에 탁자, 작업대, 의자는 사용 후 즉시 닦아 내어 깔끔하고 간소하게 유지된다. 방 한쪽에 큰 창문이 있어 자연광이 충분히 들어오며, 창문 너머로 나무와 금속 조각이 놓인 잔디밭, 그리고 주차장 일부가 보인다. 이 방에는 다양한 미술 재료가 비치되어 있는데, 병원 안전 규정에 따라 방 양쪽 벽면에 설치된 잠금식 수납장에 보관된다. 환자에게 제공되는 재료에는 일부 제한이 있으며, 특히 가위, 붓, 뜨개질 도구, 점토 도구 등 잠재적으로 위험한 물품은 날카로운 물건 전용 보관함에 보관된다. 환자는 이를 집단 회기 중에 요청하여 사용한 뒤, 회기가 끝나면 반납한다.

집단 시작

각 집단은 환영 인사와 소개로 시작된다. 새로운 환자도 언제든 집단에 합류할 수 있으므로, 구성원들은 치료 과정의 다양한 단계에 놓여 있다. 새로운 환자가 있을 경우, 미술치료와 정신화하기의 개념 및 집단의 목적을 설명하는 데 시간을 더 할애한다. 모든 환자가 이미 참석해 본 적이 있다면, 시작 논의는 더 짧게 진행된다. 이 초기 단계에서는 집단 전반에 걸쳐 적극적인 정신화하기를 실천하겠다는 의도를 설정하고, 창의적 활동과 열린 토론을 촉진할 안전한 분위기를 조성하는 데 중점을 둔다. 우리의 바람은 각 환자가 진정성 있게 참여할 수 있도록 돕는 것이다. 우리는 미술치료 공간의 본질, 구조, 의도를 간단히 돌아보면서 이러한 목표를 환자와 공유한다. 예를 들어, 미술치료사는 다음과 같이 말할 수 있다.

> 미술치료에 오신 걸 환영합니다. 이 공간에서는 미술 매체를 활용해 우리의 생각과 감정, 경험을 탐색하고 표현하게 됩니다. 이 집단은 정신화하기와 과정 중심 접근을 함께 사용하는 곳입니다. 여러분이 이미 배웠듯이, 정신화하기는 성찰에 대한 것입니다. 여기서는 자신과 타인, 관계, 우리를 막히게 하는 요소들, 그리고 우리를 계속 나아가게 하는 요소들에 대해 미술 작품을 매개로 정신화합니다. 이 집단의 중요한 목표 중 하나는 누구든지 자유롭게 표현하고 탐색할 수 있는 '안전한 공간'을 만드는 것입니다. 이를 위해 자기 작품이나 동료의 작품에 대한 즉각적인 판단을 잠시 유보해 주셨으면 합니다. '좋다, 나쁘다, 추하다, 아름답다, 이건 쓰레기다, 난 이걸 못한다' 같은 가치 평가적 표현은 지양하려 합니다. 미술 작품과 창작 과정은 그 자체로 가치가 있다고 믿기 때문에, 특별한 기술이나 경험이 꼭 필요하진 않습니다. 사실, 이 공간에서 만들어지는 작품 대부분은 매우 개인적 성격을 지닙니다. 여러분이 재료를 활용해 자유롭게 탐색해 보시길 권합니다.
>
> 이 집단은 약 90분 동안 진행되며, 매주 다른 정신화하기 주제를 다룰 예정입니

다. 이는 여러분이 이미 배우고 있는 정신화하기 수업과 겹칠 수도 있고, 그렇지 않을 수도 있습니다. 이후에는 해당 주제에 관해 미술 작업을 할 시간을 드립니다. 주제들은 정신화하기를 촉진하기 위해 마련되었지만, 환자마다 이미 구상해 둔 아이디어가 있을 수도 있습니다. 제시된 주제를 얼마든지 자유롭게 활용하세요. 전체적인 목표는 이 시간이 여러분이 자신을 돌아보고 성찰하는 데 도움이 되도록 하는 것입니다.

작업을 마친 뒤에는, 집단 토론을 통해 각자 표현한 이미지를 함께 살펴보고 자신을 알리며, 타인을 새로운 관점에서 이해해 보는 기회를 갖게 됩니다. 이 집단의 핵심 초점은 '적극적인 정신화'를 키우는 것이며, 특히 '적극적'이라는 점을 강조합니다. 우리는 수동적 태도보다 스스로와 서로에게 탐구적이고 호기심 어린 태도를 갖길 바랍니다. 이 집단에서 여러분은 편안한 만큼만 공유할 수 있지만, 성장하기 위해서는 어느 정도 자신에게 도전하는 과정이 필요하다는 점도 기억해 주세요. 우리는 여러분이 개방성과 투명성을 연습하고, 서로를 조금 더 깊이 이해하기 위해 질문을 주고받기를 권장합니다.

때로는 집단에 오랜 기간 참여해 온 환자에게 새로 합류한 구성원들을 위해 집단을 소개해 달라고 요청하기도 한다. 이는 이미 몇 주째 같은 소개를 들어온 기존 구성원들이 집단의 시작 단계에도 적극적으로 참여하도록 돕는다. 또한 치료사들은 기존 구성원들에게, 소개 도중 언급된 지침들에 대한 합리적 근거를 설명해 보도록 부탁할 수도 있다.

작업 단계

다음으로, 환자에게 정신화하기와 관련된 치료적 발문 또는 미술 작업 지침(〈표 5-1〉 참조)이 제시되고, 이후 개별 미술 작업과 이미지를 언어화하는 시간이 이어진다. 지침의 특성에 따라 재료를 제한할 수도 있지만, 대체로 환자는 다양한 미술 매체를 자유롭게 활용할 수 있다. 예를 들어, 집단 전 테이블 위에는 오일 파스텔, 수채화 도구, 종이, 캔버스, 아크릴 물감, 콜라주 재료, 목탄, 소프트 파스텔, 점토 재료, 마커, 색연필 등이 미리 준비되어 있으며, 필요하다면 수납장에 있는 추가 매체도 사용할 수 있다.

작업 단계가 시작되면, 환자는 미술 재료가 펼쳐진 큰 직사각형 흰색 테이블 주위에 둘러앉고 배경음악이 흐르기도 한다. 일부 환자는 바로 작업에 몰입하지만, 다른 이들은 시작하기까지 시간이 걸릴 수 있다. 누군가가 빈 도화지 앞에서 한동안 망설이면, 치료사는 호기심 어린 태도로 다가가 "무슨 생각을 하세요?"라고 물어본다. 흔히 돌아오는 대답은 "생각 중이에요." 혹은 "무엇을 만들어야 할지 모르겠어요." 등이다. 느린 출발을 보이는 이들에게는 "작은 표시부터 하나씩 해 보고, 또 이어 가 보세요."라고 제안해 작업이 유기적으로 전개되도록 돕기도 하고, 주제를 처음 들었을 때 떠오른 느낌이나 생각을 묻기도 한다.

이미지 다루기: 시각적 은유를 통한 정신화

가능하다면, 집단은 토론을 위해 더 작은 탁자로 이동한다. 친밀한 공간에서 작품을 가까이에서 볼 수 있게 되면 상호작용과 눈 맞춤이 활발해져, 결과적으로 집단 응집력이 커진다(Liebmann, 1986). 환자는 간단히 작업 공간을 정리한 후, 자신의 작품만을 테이블로 가져온다. 작품은 여러 방식으로 시각적으로 공유되는데, 탁자에 펼쳐 놓고 돌아다니며 감상하기도 하고, 각자 작품을 들어 보이거나, 화이트보드에 전부 걸어 두어 전체를 한눈에 볼 수도 있다.

정신화하기 주제를 탐색하는 것 외에도, 작품을 언어로 풀어내는 과정은 매우 중요하다. 정신화하기 관점에서, 시각적 은유는 마음 상태를 분명하게 드러내는 수단이다. 작품에 드러난 은유는 동료의 생각과 감정을 살펴볼 기회를 제공하며,

자신의 심리 상태를 안전하게 집단과 공유할 수 있도록 해 준다. 이처럼 은유를 통해 명시적으로 정신화하기를 실천한다. 환자는 매 회기 시작 지점에 치료의 초점을 안내받기 때문에, '내가 이 과정에 참여하고 있다'는 인식을 가지게 되고, 이를 통해 정신화 과정이 친숙해진다. 치료사는 이미지를 함께 논의하는 과정에서 적극적인 역할을 맡아, 작품을 다루는 시범을 보인다. 동시에 정신화하기를 연습하기 위해 이 집단을 활용하는 책임은 치료사뿐 아니라 환자에게도 똑같이 주어진다. 예를 들어, 다음과 같은 발문들이 시각적 은유를 통해 정신화하기를 유도하는 데 사용된다.

- 다른 사람의 이미지 속에 들어간다면, 혹은 작품의 특정 요소가 된다면 어떤 느낌일까요?
- 이 이미지를 보며 떠오른 생각, 감정, 호기심을 글로 적어 보세요.
- 어떤 부분이 당신을 그렇게 느끼게 하나요?
- 동료의 이미지를 1인칭 시점으로 써 보세요.
- 이미지에 나타난 형태, 형상, 요소들과의 대화를 만들어 보세요. 예컨대, 그림 속 나무가 말할 수 있다면, 무슨 말을 할까요? 왜 그렇게 말할까요?

미술 작품은 '외재화된 객체'로, 작품을 만든 환자와 분리되어 거리감과 안전감을 제공한다. 은유 역시 비슷한 방식으로 안전을 형성한다. 간접적이고 해석이 여러 갈래로 가능한 표현이므로, 은유를 다루는 것이 직접적인 개인 진술보다 훨씬 덜 부담스럽고 위협적으로 느껴질 수 있다. 일부 집단원은 시각적 은유 수준에 머무는 반면, 다른 이들은 자신의 작품을 실제 경험이나 현재의 어려움, 정서와 쉽게 연결 짓기도 한다. 작품에 대한 질문이나 의견이 오갈 때, 환자는 어떻게 반응할지 스스로 결정한다. 예컨대, 누군가가 "이 동굴에 갇혀 있으면 너무 외로울 것 같아요."라고 말하면, 해당 작품을 만든 사람은 은유적 관점(예: "동굴이 외롭다.")으로 답하거나, 더 직접적인 경험(예:"이번 주에 정말 외롭더라고요.")을 드러낼 수도 있다.

환자가 정신화하기 경험 자체를 집단 안에서 이야기할 때, 또 다른 차원의 탐색이 일어난다. 이때 환자는 '집단의 일원으로서 내 이미지를 함께 살펴보는 것이 어떤 기분인지' 질문받곤 한다. 어떤 이들은 '이해받고 동료와 더 가깝게 연결된 느낌'이었다고 말하고, 예상치 못하게 취약함이나 노출감을 느꼈다고 호소하기도 한다. 이런 감정을 직접 언급하지 않더라도, 농담을 하거나 동료의 이미지를 칭찬하며 무거운 주제를 회피하는 식으로 드러날 수 있다. 앞서 언급했듯이, 이러한 비(非)정신화하기가 진행되지 않도록 치료사가 주목하는 것은 필수적이다(Allen et al., 2008). 치료사로서, 우리 자신이 무거운 감정을 피하려 지나치게 빨리 넘어가는 성향이 있지 않은지 인식하는 것도 중요하다. 이를 위한 한 가지 방법은 '그 감정들과 함께 머무는 일이 얼마나 어렵고 불편할 수 있는지'를 솔직히 인정하는 것이다.

집단에서 흔히 일어날 수 있는 오해나 갈등이 발생하면, 치료사는 정신화하기 이해도가 높고 기능 수준이 높은 구성원의 도움을 받을 수 있다. 이들은 동료와 집단 경험을 보다 정확하고 안정적으로 파악하며, "서로에게서 배우고 얻는 것에 대해 관심과 공감, 감사를 표현할 수 있는"(Karterud & Bateman, 2012, pp. 104-105) 따뜻한 환경 조성에 기여한다. 우리의 경험상, 집단이 정신화 분위기를 성공적으로 만들어 낼 때, 작업실은 "깊은 애정과 사랑으로 가득 차게" 될 뿐 아니라(p.105), 그 온기가 치료자인 우리에게도 자연스럽게 전해진다는 사실을 확인했다.

집단 마무리

환자가 집단을 어떻게 경험했는지 확인하는 것은, 집단을 마무리하는 과정에서 매우 중요하다. 이 논의는 대개 치료실을 정리하기 전에 이루어지는데, 환자에게 감정을 표현할 기회를 주고, 현재 일어나는 상황에 주의를 기울이게 한다. 구성원들이 개인적인 집단 경험을 명확히 할 때, 다양한 인식과 감정을 위한 공간이 마련되며, 여러 관점을 동시에 수용하는 방법도 보여 준다. 집단 전체를 정신화하는 과정은 회기 전반에서 일어나지만, 마무리 단계에서 특히 강조된다. 치료사들은 다음과 같은 질문을 할 수 있다. "오늘 이 집단에 참여한 느낌이 어땠나요?" "동료와의 상호작용에서 무엇을 알아차렸나요?" "혹시 우리가 놓친 부분이 있다면 말씀해 주시겠어요?" "오늘 집단에서 바꾸고 싶은 점이 있나요?"

환자는 자신의 경험을 묻는 질문에 다양한 방식으로 답한다. 다음 예시는 환자 마크가 집단 소감 나누기 시간에 예상치 못한 반응을 명확히 표현한 사례다.

치료사: 오늘 이 집단의 일원으로 참여한 느낌이 어땠나요?

집단원 1: 좋은 주제였어요. 흥미로웠고요.

집단원 2: 도움이 되었어요.

집단원 3: 제가 특히 흥미를 느끼는 미술 작업 주제 중 하나였어요.

치료사: 마크, 오늘 처음으로 참여하셨는데, 어떻게 느끼셨는지 궁금하네요.

마크: 솔직히 말하면, 좀 소름이 돋아요.

치료사: 그래요? 무엇 때문에 그렇게 느끼시죠?

집단원 2: 아마도 목탄을 써서 그런 게 아닐까요!

[집단 웃음]

마크: [웃으며] 목탄 때문인 것도 맞아요. 가루가 온통 묻어나서요.

집단원 1: 지금 얼굴에도 묻었어요.

[집단 웃음]

치료사: 점점 번지네요. 움직이지 마세요. 그대로 계세요.

[집단 웃음]

마크: 목탄은 정말 이길 방법이 없네요. 아무튼, 작업하는 동안 완전히 몰입했는데, 지금 그림을 보니까 놀라워요.

치료사: 뭐가 그렇게 놀랍게 느껴지나요, 마크?

마크: 이걸 만들 때 제가 이렇게 [그림을 가리키며] 느꼈거든요. 그런데 완성해 놓고 보니, 이 그림이 저랑 너무 닮아서 당황스럽고 놀라워요. 혹시 이런 느낌을 공감하시는 분 있으세요?

집단원 3: 저도 뭔가에 대해 그림을 그리면, 훨씬 더 실감 나는 느낌이 들 때가 있어요.

마크: [고개를 끄덕임]

치료사: 고개를 끄덕이시네요. 그 말씀이 마크의 경험과 비슷한가 봐요?

마크: 네. 게다가 제가 소름이 돋는 이유 중 하나는 이 그림이 좀 무섭게 보여서예요. 이렇게 만들 생각은 없었는데, 완성되니까 이렇게 됐네요.

집단원 1: 저도 비슷한 경험이 있어요. 다만 저는 무서운 걸 그린 게 아니라 슬픈 걸 그렸는데, 나중에 보니까 더 슬퍼지더라고요.

치료사: 저도 무언가를 만들다 보면, 말로만 설명할 때와는 느낌이 달라질 때가 많아요. 생각이나 감정을 시각적으로 표현하면 실제로 존재하는 형태가 되니까요. 마크에게 그렇지 않을 수 있지만, '내가 만든 이것이 이제 내 바깥에 존재한다'는 느낌이 드나요?

마크: [치료사의 말을 끊으며] 맞아요! 딱 그거예요! 그런데 여전히 내 안에도 있어요. 이 그림이 제 감정을 반영해 주니까, 제가 느끼는 걸 눈으로 볼 수 있게 됐잖아요. 밖으로 꺼내 놓으니 좀 이상한 느낌도 들고. 작업 과정이 저를 완전히 사로잡았달까요. 정말 오랜만에 이렇게 몰입해 본 것 같아요.

사후 논의

집단 회기가 끝난 뒤, 미술치료사들은 사후 논의(debriefing)를 위해 모인다. 이 모임의 목적은 집단 전반을 돌아보며, 어떤 점이 성공적이었고 어떤 부분을 개선해야 할지 점검하는 것이다. 우리는 집단에서 이루어졌던 다양한 정신화하기 순간들을 살펴보고, 어떤 개입이 정신화하기를 촉진했는지, 혹은 그렇지 않았는지에 관해 피드백을 공유한다. 때로는 이 과정을 성찰하기 위해 글을 쓰거나 미술 작품을 만들기도 한다. 다음은 한 미술치료사가 초기 정신화 기반 집단미술치료를 진행한 뒤, 그 과정을 글로 정리한 예시다.

> 집단을 마치고 나니 완전히 지치고 기진맥진한 기분이었다. 어려운 질문을 해야 할 때마다 심장이 빨라지는 것을 느꼈다. 나는 왜 갈등 상황을 어느 정도 환영하면서도 동시에 피하려고 하는 걸까? 여성 환자는 감정을 솔직하게 표현했고, 자신의 내면 상태를 잘 인식하고 있었다. 한 참여자는 자신이 다른 사람들의 기분을 우울하게 만든다고 느꼈지만, 동료들이 솔직하게 털어놓는 모습을 보고 희망을 얻었다. 언젠가 자신도 그렇게 개방적이게 될 수 있으리라 생각했다. 우리는 주로 '관계'와 '감정'을 중심으로 이야기를 나눴다. 남성 환자는 불편해하고, 슬퍼하고, 화가 난 듯 보였다. 한 환자가 "이런 얘기는 하지 말아야 해요."라고 말했을 때, 나는 혼란스러웠다. 정작 우리가 다뤄야 할 힘들고 고통스러운 주제들인데 말이다. 그는 감정을 분명히 알아차렸지만 그 감정 속에 머물지는 못했다. 또 다른 환자는 집중하기 어려워했고, 재료를 통제하기 어렵다며 파스텔을 탐탁지 않아 했다. 우리는 이를 감정을 다루기 어려운 상황에 빗대어, 파스텔은 감정과 닮았다고 이야기했다. 또 다른 남성 환자는 눈물이 핑 돈 채 화장실에 가겠다고 했는데, 아마도 울기 위해서였을 것이다. 그는 눈에 띄게 힘들어 보였지만, 그 감정에 대해 이야기하고 싶어 하지 않았다. 그리고 자신의 그림이 '진부하다'고 했으나, 내게는 어둡고 음울한 느낌이었다. 그는 과거 관계를 애도했지만, 그것을 우리와 나누지 못했다. 슬픔을 자각하길래, 나는 그에게 "상대방은 어떤 감정을 느꼈을까요?"라며 정신화를 시도했다. 그러자 그는 "슬픔, 실망"이라고 답했다. 뒤이어 침묵이 흐르면서, 그때 집단의 분위기가 가장 무겁게 느껴졌다. 그 무게는 바로 '침묵' 속에 있었다. 시계 소리가 들리는 가운데, 집단 전체가 변화를 감지했고, 우리는 모두 '낯선 바다'를 함께 표류하는 듯한 느낌을 받았다.

이처럼 미술치료사의 개인적 글쓰기와 성찰은 치료사가 자신을 정신화하고, 스스로의 생각과 감정을 인식할 수 있는 공간이 필요함을 거듭 일깨운다. 집단에서 떠오르는 모든 생각과 감정을 항상 공유하는 것이 가능하거나 바람직하지는 않다. 투명성은 중요하되, 전문성을 지키는 가운데 의도적으로 드러낼 것과 드러내지 않을 것을 구분해야 한다. Bateman과 Fonagy(2016)가 제시한 구조화·비구조화된 다양한 측정 도구 또는 여러 분야의 동료와 함께하는 슈퍼비전 그룹도 있지만, 우리는 집단 후 미술치료사들끼리 진행하는 사후 논의 또한 매우 중요하게 여긴다. 개인적 글쓰기와 미술 작업은 창의적 치료사가 자기 성찰을 위해 자연스럽게 활용할 수 있는 도구이기 때문이다.

인계

다학제적 치료팀의 일원으로서, 우리는 미술치료 집단에서 얻은 핵심 정보를 선별하여 다른 팀원들과 공유한다. 이는 보통 팀 회의 중에 구두로 전달된다. 회의에서 공유되는 내용에는 환자의 작품과 그에 대한 환자의 설명, 그리고 치료 과정과 전반적 회복에 관련된 사항이 포함된다. 환자의 참여도와 정신화 능력 역시 보고된다. 특히 표현력이 뛰어나거나 설명하기 까다로운 작품은 팀 회의나 진단 회의에 직접 가져가, 다른 팀원들이 환자의 경험을 정신화하는 데 활용하도록 돕는다. 또한 각 환자의 집단 참여 내용은 주간 경과기록에 기재되므로, 이는 다른 팀원들과 소통하는 통합적 장치 역할도 한다.

집단이 끝난 뒤에는 환자를 병동으로 동행시키면서, 간호 직원에게 회기 중 발생한 문제들에 대해 간략히 인계(handoff)를 제공한다. 특별한 필요가 없는 한 세부사항은 언급하지 않는다. 간호사들에게 가장 중요한 초점은 안전이다. 예컨대, 불안할 때 자해를 시도하는 환자가 불안 수준이 급격히 높아지거나, 고통을 암시하는 작품을 제작했을 경우, 이를 간호사들에게 알린다. 한번은 미술치료 회기가 끝난 직후, 한 환자가 병동으로 돌아가자마자 자신의 방으로 들어가 얼굴을 때린

적이 있었다. 비록 간호 직원에게 사전에 인계를 했지만, 집단 회기 동안이나 작품에서 두드러진 고통의 징후는 전혀 보이지 않았다. 얼마 지나지 않아, 미술치료사는 해당 환자의 주치 간호사에게 전화를 받았다. "집단에서 무슨 일이 있었어요?"라는 뜻밖의 질문이었다. 이 사건은 우리 환자가 겪는 어려움이 얼마나 심각한지, 그들이 자신의 감정으로부터 얼마나 단절되어 있는지, 그리고 지원을 요청하거나 필요를 전달하는 데 어떤 어려움을 겪는지를 다시금 일깨워 준다.

비구조화된 집단

비구조화된 미술치료 집단에는 다양한 이점이 있다. 때로는 집단을 자유로운 미술 작업 형태로 진행하기도 하는데, 이 경우에도 집단 효과가 떨어지지 않는다는 사실을 확인했다. 비구조화된 집단에서 환자는 "원하는 것을 무엇이든 표현해 보세요." 혹은 "지금 떠오르는 것을 만들어 보세요."라는 안내를 받게 된다. 이 초대는 때로 멍한 표정과 백지 상태로 이어지지만, 다른 때는 환자가 즉시 창작을 시작하기도 한다.

어느 비구조화된 집단 회기에서는 정서적 내용이 무겁게 다뤄져, 환자가 이야기를 나누다 울음을 터뜨리기도 했다. 집단이 끝날 무렵, 한 환자가 믿기지 않는다는 듯이 물었다. "왜 우리에게 그렇게 하라고 했어요? 이 집단은 항상 너무 무거워요!" 우리는 그 환자가 다른 치료 영역에서도 정서적 고통을 견디기 어려워했다는 점을 인지하고 있어, 이 정보가 크게 도움이 되었다. 그럼에도 불구하고, 주제를 제시하지도 않은 개방형 미술치료였음에도 마치 우리가 특정 작품을 만들도록 강요했다는 뉘앙스에 당황스러움을 느꼈다. 실제로 어느 누구도 그 환자가 종이에 남긴 흔적을 억지로 그리도록 하지 않았다. 우리는 집단이 감정적으로 무거웠다는 환자의 경험을 인정하며, 구성원들이 공유한 고통스러운 이야기와 작품을 있는 그대로 수용했다. 동시에 그 환자가 왜 '강제성'을 느꼈는지에 대해 의아함과 혼란을 표했고, 혹여 우리의 말이나 행동이 환자로 하여금 특정한 것을 만들어야 한다고 느끼게 했을 수도 있음을 사과했다. 이후 인식된 기대와 자기 주체성에 관한 한층 의미 있는 대화가 이어졌다.

우리는 또한 개방형(비구조화된) 집단미술치료를 진행하며, 환자가 의미나 감정적으로 깊이 있는 내용에 다다르지 않고 '가장(pretend) 모드'에 머무르는 사례도 접했다. 이때에도 작품은 환자의 내면에서 일어나는 무언가를 간접적으로 나타내 정신화하기의 촉매가 된다. 환자가 예상치 못한 상황에서, 겉보기엔 평범해 보이는 작품조차 정신화하기의 장으로 뛰어드는 계기가 될 수 있다.

한 사례로, 한 환자가 '변화'를 주제로 한 미술치료 집단에서 만화 같은 애벌레와 나비를 그렸다. 그 시점의 집단은 응집력이 높았기에, 구성원들은 공감적인 태도로 그의 가장 모드를 건드리며, 그가 자신의 이미지에 충분히 연결되지 못하거나 깊이 생각하지 않았음을 지적해 줄 수 있었다. 다음 예시는 밀리유 치료와 명시적 정신화하기가 실제로 어떻게 작동하는지를 잘 보여 준다.

케빈: 저는 애벌레가 나비로 변하는 모습을 그렸고, 수채화를 사용했어요.

집단원 1: 색감이 예쁘네요.

집단원 2: 눈이 엄청 크게 그려졌는데, 왜 그렇게 하셨어요?

케빈: 아…… 잘 모르겠어요. 그냥 눈을 정말 크게 그리고 싶었어요.

[일동 웃음]

집단원 2: 왜요?

케빈: 글쎄요, 딱히 이유는 없어요.

집단원 3: 혹시 그게 '변화가 어렵다'는 걸 표현하는 걸까요?

케빈: 음…… 그럴 수도 있겠네요.

집단원 4: 아니면 '변화' 자체를 상징하는 걸까요?

집단원 5: 혹시 그 애벌레에 본인을 투영하신 거예요?

케빈: 음…… 잘 모르겠어요.

집단원 3: 나비가 앞니가 있어 보이는데요?

케빈: 네, 왜 그렇게 됐는지는 모르겠어요.

[일동 웃음]

집단원 3: 궁금한 게 많아요. 애벌레랑 나비 둘 다 몹시 지쳐 보이는데, 마치 엄청 행복해지려고 애쓰는 것 같아요. 눈이 충혈된 것 같고, 웃는 표정도 약간 스트레스를 받거나 억지스러운 느낌이 들어요.

집단원 2: 맞아요! 되게 힘들어 보이네요.

집단원 3: 진짜 억지로 행복해지려는 것 같달까요.

집단원 5: 애벌레 눈을 보고 있으면 저까지 스트레스 받아요.

집단원 1: 눈이 피곤해 보이거나 충혈된 것 같네요.

케빈: 마치 뭔가에 취해 있는 듯한……?

집단원 3: 약에 취한 걸까요? 정말 약에 취한 것처럼 보여요.

[일동 웃음]

치료사: 작업을 시작할 때 특별한 의도가 있었나요? 혹시 미리 생각해 둔 거라도?

케빈: 별로 없었어요.

집단원 1: 배경에 남아 있는 흰 부분은 무슨 의미인가요? 저는 이들이 인생에서 길을 잃은 것 같다고 느껴지거든요. 빈 공간이 많아서요.

케빈: 아뇨, 아뇨…… 이 부분 말씀하시는 거죠? [배경을 가리키며]

집단원 1: 네, 그 배경이요.

케빈: 아, 거기에 뭔가 그렸어야 했나 봐요.

[일동 웃음]

집단원 3: 아무것도 채우지 않기로 '선택'하신 건데, 왜 그렇게 하셨는지 궁금해요.

집단원 1: 저는 그들이 길을 잃었다고 느껴지네요.

집단원 3: 네, 정말 방황하는 느낌이에요.

집단원 1: 어디에 있는지도, 어디로 가야 할지도 모르는 것처럼 보인달까.

집단원 6: 혹시 이 이미지가 케빈 씨 본인과 관련 있다고 생각하세요, 아니면 그냥 그린 건가요?

케빈: [웃으며] 음, 잘 모르겠어요. 다들 '망가져 보인다'고 하셔서, 저도 좀 그렇게 느껴지긴 해요.

치료사: 그 표현은 케빈이 처음에 말하셨죠?

케빈: 네. 그냥 이 그림이…… 뭐랄까, 잘 모르겠어요.

치료사: 보니까 다들 케빈의 그림을 이해하려고, 자기 관점을 제시하느라 되게 열심히 얘기하고 있네요. 맞죠, 여러분?

집단원 6: 네, 질문도 많이 하고, 그림에 대해 얘기도 많이 하는데, 케빈은 짧게만 답하잖아요.

케빈: 그러게요, 알고 있어요.

치료사: 그게 케빈 입장에서는 어떤 기분이에요? 또 다른 분들은 어떻게 느끼고요?

케빈: [어깨를 으쓱] 글쎄요…….

집단원 3: 저는 재밌는 것 같아요.

[일동 웃음]

집단원 3: 미술치료 하면 보통 되게 깊고 감정적인데, 케빈은 지금 이 그림에 큰 감정을 두지 않는 것 같아서 좀 코믹하게 느껴진다고 할까요. 그런 시각으로 작품을 탐색하는 것도 흥미로워요. 근데 만약 이게 전혀 재밌지 않다면 말씀해 주세요.

케빈: 잘 모르겠어요. 잠깐! 사람들이 이 집단에서 그렇게 깊고 감정적으로도 변하나요?

집단원 3: 네! 여기서 우는 사람들도 꽤 있어요.

[일동 웃음]

치료사: 그럼 혹시, 지금 이 상황이 감정을 깊이 다루는 게 때론 얼마나 힘든지 보여 주는 걸까요?

케빈: 음…… 미술로 표현하는 게 익숙하진 않아요. 이번이 첫 집단이라 더 그렇고요. 잘 모르겠어요.

치료사: 그래도 늘 하던 일이 아닌데 이렇게 참여해 준 건 고맙네요. 저는 케빈이 전반적으로 감정을 어떻게 다루는지가 궁금한데…….

케빈: 때론 감정을 표현할 수 있는 것 같아요. 근데 집단 상황에서는 별로 안 편하달까.

치료사: 집단 환경이 어떤 점에서 그렇게 힘들다고 느껴지나요?

케빈: 음…… 사람이 많기도 하고, 여기 집단에서 감정을 드러냈던 경험이 있는데 그게 힘들고 피곤해요. 이제 좀 지치는 느낌이에요.

이후 몇몇 집단원은 치료 작업이 얼마나 힘들 수 있는지 공감해 주었다. 좀 더 경험이 많은 집단원은 케빈이 자신의 이미지와 정서적으로 단절되어 있다는 점에 주목했다.

비록 그 그림이 다소 피상적으로 보일 수도 있었지만, 집단에서 케빈이 취약함을 드러내는 것을 꺼리는 모습을 살펴보는 데 여전히 중요한 도구가 되었다. 케빈은 자신을 드러내는 일을 회피하진 못했으나, 동료의 부드러운 질문에 이끌려 감정을 표현하는 것에 대한 진정한 두려움을 인정했다. 동료는 치료 작업을 하고 집단에서 마음을 연다는 것이 얼마나 어려운지 함께 인정하며 공감해 주었다.

구조화된 집단

구조화된 미술치료 집단은 여러 이점을 지닌다. 주제를 활용하면 작업을 시작하기 수월할 뿐 아니라, 제한된 시간 내에 진행하기에도 용이하다. 구조는 집단 응집력을 높이고, 구성원들 간의 관계 형성을 돕는다. 또한 주제는 여러 해석이 가능해 다양한 요구를 충족하는 유연성을 제공한다(Liebmann, 1986). 컴퍼스 프로그램의 정신화 기반 집단미술치료에서도 주제를 구조화함으로써 공통된 초점과 목표를 제시하고 있다.

정신화 기반 집단미술치료에서 구조화된 주제를 도입하기로 한 결정은 단순히 '모름'의 상태에서 비롯되었다. 우리는 메닝거 클리닉에서 미술치료사로서 맡은 역할과, 그 역할이 정신의학적 재활 모델 및 기관 내에서 어떻게 조화를 이루는지에 대해 여러 가지 확신이 없었다. 우리 스스로 정신화하기에 대한 자신감도 부족했다. 5년이 지난 지금도 여전히 확신하지 못하는 부분은 많지만, 역설적이게도 정신화하기의 본질인 **모름**에 좀 더 편안하게 의지하게 되었다.

우리가 미술치료 지침으로 개발한 진행안은 마치 나침반처럼, 복잡한 정신화하기의 영역을 항해하는 데 안내가 되었다. 여러 해가 지난 지금도 이 모험은 계속되고 있지만, 출발 당시와 비교해 방향 감각이 많이 좋아졌다. 이제는 순간마다 그 나침반에 의존하지 않아도 되지만, 곁에 있다는 사실만으로도 안도감을 준다.

이후 장들에서는 미술 작업 지침을 세 가지 범주로 나누어 소개한다. 첫 번째 범주는 자기 자신과 타인에 대한 정신화하기에 초점을 맞춘다. 두 번째 범주는 마음과 관점 취하기에 관한 지침을 다룬다. 세 번째 범주는 치료 과정과 치료 이후의 삶을 정신화하는 작업(예컨대, 핵심 문제, 행위주체성, 희망 등)에 대한 정신화하기와 관련된다. 각 지침은 미술 작업 제안의 근거, 정신화하기와의 연관성, 그리고 작품과 집단 진행 예시를 통해 구체적으로 설명된다. 구조화된 미술 작업 지침이 정신화 기반 미술치료에 반드시 필요한 것은 아니지만, 미술 주제가 정신화하기를 위한 풍부한 자료를 제공한다는 점을 확인했다. 이 장들에서 제시하는 지침들이 정신화하기에 관심 있는 다른 미술치료사에게 유용한 안내가 되길 바란다. 또한 이 여정을 시작하는 분들에게 방향을 제시해 줄 수 있기를 기대한다.

제6장

자기, 타인, 그리고 관계를 정신화하기

이 창의적인 미술 작업 제안들(art prompts)은 대인관계적 측면과 개인 내적 측면에 관련된다. 이 장에 포함된 지침들은 **타인과의 관계, 자기와의 관계, 애착 관계, 그리고 단절과 회복**이다. 먼저, 우리는 초기 성인기의 애착 역할, 정신화하기, 그리고 미술치료에 대한 간략한 검토로 시작한다. 이어서, 환자가 심리교육 집단에서 애착 유형에 대해 어떻게 교육받는지 탐구한다. 마지막으로, 우리는 미술 작업 지침(art directives)과 그것들이 어떻게 정신화하기를 촉진하는지 제시한다.

초기 성인기의 애착

초기 성인기의 주요 과제는 "분리와 연결성 사이의 지속적 변증법적 과정"을 탐색하는 것이다(Lapsley & Edgerton, 2002, p. 484). 초기 성인의 분리-개별화 과정은 청년이 **관계적 자율성**(relational autonomy)을 달성하기 위해 가족 관계를 재구조화하는 변화를 포함한다. 이 '관계적 자율성'이라는 개념은 Josselson(1988)이 처음 사용한 용어로, 개별화 과정의 바람직한 결과이다. 초기 성인은 한편으로는 융합되고 얽매인, 공동 의존적 관계에 빠질 위험이 있고, 다른 한편으로는 고립, 단절,

완전한 분리에 빠질 위험이 있다. 목표는 독립성과 의존성이 공존하는 상호 인정 관계를 달성하는 것이다(Allen, 2013; Lapsley & Edgerton, 2002). 이러한 목표는 가족관계를 넘어, 청년이 사회적 관계 및 연인 관계를 형성하는 학습 과정에도 확장된다. 초기 성인기에는 건강한 애착을 형성하는 것이 매우 중요한 과제로, 이는 보호 요인으로 작용하여 정신건강에 영향을 미친다.

애착에 대한 교육

입원 시, 메닝거 클리닉의 환자는 관계 질문지(Relationship Questionnaire: RQ)를 포함한 일련의 평가 도구를 받는다(Bartholomew & Horowitz, 1991). 이 측정 결과는 [그림 6-1]에 제시되어 있으며, 2012년 이후 평가된 997명의 컴퍼스 프로그램 환자 중 대부분(84%)이 불안정 애착 유형을 보이는 것으로 나타났다. 정신과 병원에 입원한 청년이 애착 관계에 어려움을 겪는 것은 크게 놀랍지 않을 수 있지만, 이는 애착 관련 교육의 중요성을 시사한다. 환자는 개인치료, 밀리유 치료, 정신화하기, 사회기술 및 역할극, 트라우마 심리교육 집단 등 다양한 치료 과정을 통해, 정신건강이 애착 관계에 미치는 영향과 애착 어려움이 정신건강에 미치는 영향에 대해 학습한다. 따라서 많은 환자가 정신화 기반 집단미술치료에 참여하기 전에 이미 애착 개념에 익숙해진다. 이러한 교육 집단에서는 초기 성인기 발달 단계에서 경험하는 애착의 어려움을 탐색하고, 특히 많은 컴퍼스 프로그램 환자가 겪은 트라우마로 인한 애착 문제를 정상화하는 데 주력한다.

이러한 교육 집단에서, 환자는 원가족 경험이 애착 발달에 미치는 영향에 대해 논의하고, 안정형(secure), 양가형(ambivalent), 회피형(avoidant), 두려움형(fearful) 애착 등 다양한 애착 유형에 대해 학습한다. 각 애착 유형은 개인이 자신과 타인을 바라보는 방식에 따라 정의된다(Bartholomew & Horowitz, 1991).

안정형 애착은 관계 안에서 자신이 충분히 이해되고, 알려지며, 수용된다고 느끼는 경험으로 특징지어진다. 안정형 애착을 지닌 사람은 자신을 가치 있다고 여기고, 타인을 신뢰할 수 있는 존재로 인식한다. 이때 자아존중감은 내부적으로 형성되며, 정서 조절의 기반이 된다(Allen, 2013; Bartholomew & Horowitz, 1991; Bowlby, 1978; Lapsley & Edgerton, 2002). 또한 분리와 연결성 사이의 변증법적 균형을 유지하도록 돕는다. **양가형 애착**을 지닌 사람은 타인을 신뢰하고 의지할 수 있다고 여기지만, 자신을 가치 없는 존재로 인식한다. 이는 타인에 대한 과도한 의존, 자율성 부족, 자아존중감 유지를 위한 타인 의존적 경향을 초래할 수 있다. **회피형 애착**을 지닌 초기 성인은 자신을 가치 있다고 여기되, 타인을 불신하거나 믿을 수 없는 존재로 간주한다. 이 때문에 극단적인 자율성과 자기 의존성을 강화하여, 타인과 의미 있는 유대를 맺기 어려워진다. **두려움형 애착**을 지닌 사람은 자신이 가치 없고 사랑받지 못할 존재라고 여기며, 타인을 신뢰하기 어렵고 접근하기 힘든 대상으로 인식한다. 이로 인해 자율성과 대인관계 능력이 크게 제한되어, 관계 형성에 어려움을 겪는다(Allen, 2013; Bartholomew & Horowitz, 1991).

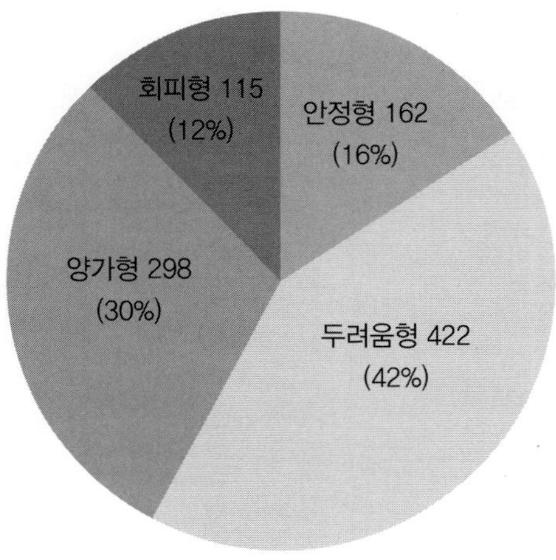

그림 6-1 **컴퍼스 프로그램의 애착 유형**

컴퍼스 프로그램 환자에게 설명되는 애착 유형은 〈표 6-1〉에 정리되어 있다.

● 표 6-1 ● 컴퍼스 애착 유형 분류

		자기 관점	
		(+) 가치 있고, 사랑받을 만한	(−) 가치 없고, 사랑받지 못하는
타인 관점	(+) 신뢰할 수 있고, 의지 가능하며, 접근 가능한, 가치 있는 대상	안정형 애착	양가형 애착
	(−) 신뢰하기 어렵거나, 의지 · 접근이 불가능하고, 가치 없는 대상	회피형 애착	두려움형 애착

이 개념들이 교육 집단에서 어떻게 가르쳐지는지에 대한 한 예로, 치료사는 [그림 6-2]를 화이트보드에 그려 관계 스펙트럼을 시각화한다. 치료사는 스펙트럼의 오른쪽 끝에서 연결의 부재, 왼쪽 끝에서 자율성의 부재, 그리고 중앙부에 위치한 자율성과 연결이 균형을 이루는 관계에 대해 설명한다. 집단은 다양한 유형의 관계를 심도 있게 논의하며, '건강한' 관계에 대한 서구적 관점에 내재된 문화적 함의와 편견도 함께 살핀다.

이후 환자는 화이트보드 앞으로 나와, 현재 자신이 맺고 있는 관계를 'X'로 표시하도록 초대된다. 보통 한두 명의 환자는 관계 유형에 따라 스펙트럼상의 위치가 달라질 수 있다고 합리적으로 지적한다. 예컨대, 부모와의 관계는 친구나 연인과의 관계와 다를 수 있다. 이에 따라 각 관계 유형별로 선 위에 'X'를 표시하도록 안

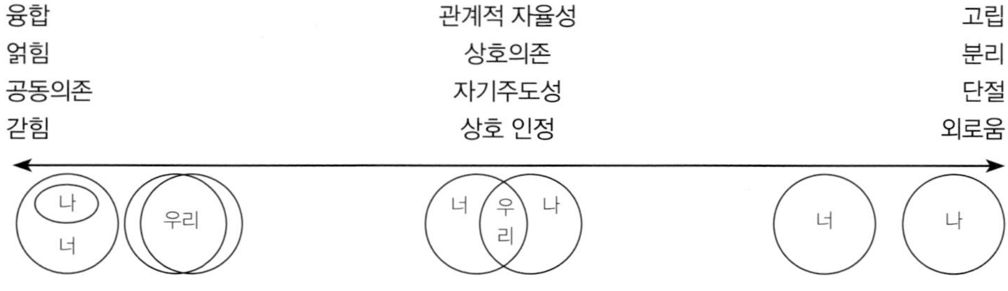

그림 6-2 관계 스펙트럼

내받는다.

모든 환자가 자신의 위치(들)를 표시한 뒤, 집단은 이를 함께 관찰하고 성찰한다. 종종, 선의 양극단에 'X'가 집중된 모습이 나타난다. 어느 환자는 "우리가 정신과 병원에 있으니, 당연히 관계가 엉망이죠!"라고 말해 웃음을 자아내기도 했는데, 이 발언을 계기로 정신건강 문제가 있을 때 관계 문제도 불가피해 보이는 이유와 그 반대의 상황에 대한 논의가 촉발되었다.

이들은 이러한 악순환을 인정한다. 즉, 정신건강 문제는 안정 애착을 형성, 유지하기 어렵게 만들고, 불안정 애착은 정신건강 문제에 기여한다. 대부분의 환자는 애착의 중요성을 명확히 인식하는 듯하다. 그들에게 애착은 바꿀 수 있는 무언가로 새롭게 인식되기 시작하며, 이는 이전에는 거의 고려해 보지 못했던 부분이었다. 그들은 애착이 자신의 삶에 미치는 영향과 함의를 직접 경험했기에, 이를 더 깊이 탐색해 보고자 하는 동기가 생긴다.

정신화 기반 미술치료와 애착

이전 장들에서 우리는 정신화하기가 애착 이론과 어떻게 연결되는지 살펴보았다. 마치 주 양육자가 정신화하기를 모델링하듯, 미술치료사 또한 이미지 제작과 탐색을 통해 정신화하기를 모델링해야 한다. Havsteen-Franklin(2016)은 미술치료에서의 이미지 탐색에 대해 직접 언급하며, "이미지를 통한 발견 과정은 좋은 양육과 유사한 무언가를 구현한다."(2016, p. 155)라고 말한다. 정신화하기를 실천하는 미술치료사는 신중한 참여를 통해 내담자의 정신화하기 능력에 영향을 미치고 애착을 활성화할 수 있다. 미술 제작의 전언어적 과정에 대한 미술치료사의 조율(attunement)은 전언어적 아동의 감정 상태에 대한 양육자의 조율과 유사하다. 미술치료 집단에서의 상응적 반응(contingent responding), 표시적 거울화(marked mirroring), 정서 상태 인식, 그리고 이미지에 대한 호기심 표현은 집단 구성원이 애착 형성을 위한 최적의 조건을 재현하는 정신화하기 과정에 참여하게 한다 (Havsteen-Franklin, 2016; Springham & Huet, 2018).

미술 작업 주제: 타인과의 관계

청년에게 직접적으로 '관계'를 주제로 미술 창작을 요청하는 것은, 애착에 대한 시각적 성찰을 유도하는 효과적인 방법이다. **'타인과의 관계'** 집단(〈표 6-2〉 참조)에서는 먼저 관계와 애착 유형에 대한 이야기를 나눈다. 이 집단의 목표는 애착 관계를 탐색하고, 관계 맥락에서 자기와 타인에 대한 정신화하기 기회를 제공하는 것이다. 환자는 과거 혹은 현재의 중요한 관계들을 떠올린 뒤, 시각적으로 탐색해 보고 싶은 관계를 한 가지 선택한다. 이는 종종 미해결 상태이거나 도전적인 느낌이 드는 관계이기도 하다.

환자는 감정, 생각, 질문, 갈등, 강점, 가치, 기억, 공유된 경험 등을 고려하며 관계 역동성에 대해 성찰한다. 그들은 상대방과 어떻게 상호작용하거나 애착을 형성하는지, 관계 안에서 각자가 어느 정도의 공간을 차지하는지, 서로가 알려지고 이해받으며 수용된다고 느끼는지를 돌아본다. 시간이 지나면서 관계가 어떻게 변화했는지, 혹은 어떤 부분이 달라졌으면 하는지도 생각해 볼 수 있다.

때로는 재료를 소프트 파스텔이나 수채화처럼 유동적이고 덜 정밀한 매체로 제한한다. 다른 경우에는 환자에게 자신과 타인을 서로 다른 재료로 표현하도록 요청함으로써, 선택된 매체가 각 인물과 어떻게 연관되는지 의도적으로 고민하게 만든다. 환자의 필요에 따라, 우리는 추상적 표현을 장려하여 인물 형상을 배제하고 선, 형태, 색상 등으로 관계를 나타내도록 도전하기도 한다.

작품 제작을 마친 뒤에는 [그림 6-3]에 제시된 글쓰기 성찰 과제를 제공한다. 환자는 그림 속 두 사람(자신과 타인) 간의 대화를 글로 옮기도록 요청받는데, '만약 그 사람이 당신에게 전할 메시지가 있다면, 그것은 무엇일까요? 당신은 어떻게 응답할까요?'라는 질문으로 시작한다. 혹은 환자 자신이 상대방에게 전하고 싶은 메시지로부터 대화를 열 수도 있다. 이 과정에서 환자는 어떤 생각과 감정이 대화를 주도하는지 숙고하도록 초대된다. 이는 상상력과 관점 취하기를 고취시키며, 본질적으로 환자는 이를 완수하기 위해 정신화하기 능력을 발휘해야 한다. 또한 질문 구조 없이 자유롭게 글쓰기를 진행하는 방식도 선택할 수 있다.

● 표 6-2 ● 타인과의 관계

설명
• 과거 혹은 현재의 관계 중, 특별하거나 자신에게 어떤 식으로든 영향을 미친 관계를 떠올린다. • 그 관계의 역동성을 살펴본다. 예를 들어, 각 개인이 관계에서 차지하는 공간, 심리적 거리, 관계를 회상할 때 떠오르는 감정, 그리고 상호작용 방식 등을 고려한다. • 이 관계를 시각적으로 표현하는 이미지를 제작한다. • [그림 6-3]을 참고하여, 자신과 타인 간의 서면 대화를 구성한다.
논의/성찰 질문
• 자신과 타인을 어떻게 표현하기로 결정했는가? • 완성된 작품을 보았을 때 어떤 감정이 드는가? 성찰적 글쓰기를 읽을 때는 어떠한가? • 타인이 할 법한 말을 상상해 보는 경험은 어땠는가? • 타인은 어떤 감정을 느끼고 있을 것 같다고 생각하는가? • 동료의 작품을 볼 때, 이미지 속 ________의 입장이 된다면 어떤 기분이 들 것 같은가?

타인의 메시지(Message from other): ______________________________

____

____

자신의 응답(Response from self): ______________________________

____

____

타인(other): ______________________________

____

____

자신(self): ______________________________

____

____

타인(other): ______________________________

____

____

자신(self): ______________________________

____

____

그림 6-3 이미지와의 대화

아담의 타인과의 관계

25세의 아담은 심각한 자살 시도를 겪은 뒤 컴퍼스 프로그램에 참여하게 되었다. 이는 그가 과거에 집중치료나 외래치료를 받은 적이 전혀 없었기에, 가족들에게는 완전히 예상 밖의 일이었다. 아담은 예의 바르고 배려심이 깊으며 지적인 청년으로, 치료 환경에서 빠르게 리더 역할을 맡았다. 이는 그가 지배적인 존재감을 갖추었거나 사람들의 추종을 바라서가 아니라, 동료 및 직원들이 그가 타인에게 보여 준 존중과 친절을 높이 평가했기 때문이다. 그렇지만 아담 스스로는 자신의 대인관계 경험을 달리 평가했다. 그는 곧 타인과의 관계 형성에 어려움을 느끼고, 관계에 깊이가 부족하다고 생각한다고 밝혔다. 또한 감정을 회피하는 경향 때문에 타인에게 충분히 알려지지 않는 느낌을 받는다고 추측했다. 이후 그는 미술치료 집단에서 '타인과의 관계'를 시각적으로 표현하였다([그림 6-4] 참조). 다음은 그때 제작한 작품과 관련된 집단 대화를 재구성한 것이다.

치료사: 아담, 이 그림에 대해 소개해 주시겠어요?

아담: 그리다 보니, 원래 계획에 없던 것들을 계속 덧붙이게 되더라고요. 결국 울타리로 바다를 막으려는 그림인데, 말이 안 되죠. 조금 터무니없고 의미도 없어 보여요. 제 관계들도 그렇다고 느껴요.

치료사: 어떤 점에서 그렇게 느끼나요?

아담: 어떤 때는 상대가 물이고, 제가 울타리가 되고요. 또 다른 때는 제가 물이고 상대가 울타리예요. 무언가가 계속 스쳐 지나가는 기분이라, 붙잡을 게 없고 고정된 것도 없는 것 같아요. 그리고 저 모래성은 울타리가 지키고자 하는, 서로 함께 만든 관계를 상징해요.

대화 이후, 집단원들은 이미지를 관찰하고 적극적으로 의견을 주고받으며, 각자의 생각과 인식을 명확히 했다. 또한 이미지에서 유발되는 정서를 개방적 호기심을 갖고 함께 탐색하도록 권장되었다. 동료는 아담을 이해하기 위해 노력하는 한편, 자신들의 관찰과 느낌을 공유하며 활발한 상호작용을 이어 갔다.

그림 6-4 아담의 타인과의 관계

집단원 1: 이 그림을 보니 슬픈 기분이 들어요. 마치 무언가 사라져 가는 것 같달까요.

집단원 2: 그림에 움직임이 많아 보여요. 파도도 구름도 흐르고 있네요. 아직 파도가 성에 닿진 않은 것 같지만, 결국 피할 수 없을 것 같아요.

집단원 3: 곧 닥칠 파멸 같은 느낌이에요. 무슨 일이 일어날지 이미 알고 있는 것처럼요. 그게 불안하게 만들어요. 내가 울타리라면 무력할 것 같고, 아무 소용도 없을 것 같아요.

치료사: 아담, 방금 말씀하신 내용 중에 당신의 그림에서 느낀 경험과 맞닿는 부분이 있나요?

아담: 사라져 간다는 느낌이요. 관계에서 굳건하게 자리 잡지 못했다는 생각이 들어요. 꼭 슬픔이라고 할 수는 없지만, 뭔가 단절된 기분이에요.

이 과정을 통해 아담은 관계에 대한 자신의 정서를 더 분명히 드러내기 시작했다. 집단원들이 이미지와 아담의 설명에서 비롯된 혼란스러운 감정을 공유하자, 아담은 다양한 관점을 수용하려는 태도를 보였다. 다만 그는 어떤 관계에 대해 말하고 있는지는 명확히 밝히지 않는다. 한편, 집단원들은 이해한 척 고개를 끄덕이며 넘어가지 않고, 구체적인 설명을 계속 요청하면서 작품에 대한 관심을 명확히 표현했다.

집단원 3: 누군가는 울타리, 누군가는 물이 되는 건가요? 그럼 성(castle)은 누가 되는 거죠?

아담: 저는 이 성을 함께 만들어 나가는 관계라고 봐요. 둘이 같이 쌓은 무언가요.

집단원 2: 아, 그러니까 성은 같이 만드는 거고, 한 사람은 울타리, 또 다른 사람은 물이라는 거죠?

아담: 글쎄요, 정확히 모르겠어요. [집단원 2에게] 당신은 어떻게 보세요?

치료사: 잠깐 멈춰 볼게요. 지금 그림의 각 요소에 대한 질문이 많네요. 집단원들이 당신의 작품과 경험이 어떻게 연결되는지 더 잘 이해하고 싶어 하는 것 같아요. 제 말이 맞나요?

[집단원들 고개를 끄덕임]

아담: 누군가는 울타리, 누군가는 물이 될 수도 있고, 성은 관계 그 자체나 함께 만들어 가는 무엇일 수도 있죠. 관계를 성으로 보는 게 맘에 들긴 한데, 어쩌면 두 사람 모두 물이면서 동시에 울타리일 수도 있고요.

집단원 3: 제가 보기엔 울타리랑 성이 연결되어 있는 것 같아요. 한 사람이 성을 자기 비밀로 삼고, 울타리로 그걸 지키려 하는 거죠. 다른 사람은 물이고요. 결국 그 물이 성에 도달하면 당신의 비밀이 드러나게 될 거예요.

아담: 근데 물이 성에 닿으면 그냥 모두 쓸어 가 버리지 않을까요?

집단원 3: 그렇죠. 그러면 감출 게 없겠죠. 사실, 성 자체가 잘못된 건 아니지만, 해변의 모래로 지어진 거라 결국 무너질 수도 있고요. 물은 언젠가는 닿기 마련이니까. 결국 괜히 뭔가를 보호하려고 애쓰는 느낌이에요.

아담: 음.

아담은 이렇듯 집단과 함께 이미지의 의미를 공동으로 만들어 가는 과정에 있다. 그는 개방적이고 사려 깊은 태도를 유지하면서도, 집단원들이 제안하는 새로운 해석을 바로 자신의 것으로 받아들이지는 않는다. 마치 작품의 저자로서, 자신이 창작한 이미지에 대한 의미를 천천히 발견해 나가는 모습이다. 곧 치료사는 다시 아담에게 초점을 돌린다.

치료사: 이미지 속에서 당신은 어디에 있나요?

아담: 처음에는 제가 울타리라고 생각했어요.

치료사: 아담, 울타리를 어떻게 묘사하겠어요?

아담: 실체가 없고 날카로운 느낌이에요. 모래 위에 박혀 있어서 단단히 고정되지 않는다는 점도 있죠.

집단원 1: 전체를 완전히 가리는 것도 아니네요. 주변에 드러난 부분들이 있잖아요.

아담: 네, 소용이 없어요.

집단원 3: 딱 하나만 보호하고 있으니, 관계의 나머지 부분은 더 열려 있을 수도 있겠어요.

아담: 그게 숨겨야 하는 건지, 보호해야 하는 건지에 따라 많이 달라질 것 같아요.

집단원 3: 맞아요. 지켜야 할 무언가일 수도 있겠네요.

치료사: 당신에게 성은 어떤 의미였나요? 의도는 무엇이었는지 궁금해요.

아담: 저는 이 모래성을 '함께 만들어 가는 관계'라고 생각했어요. 모래로 만들어졌지만, 우리가 형태를 부여했으니 다른 모래알들과는 다르잖아요.

치료사: 성을 짓는 건 꽤 노력이 필요해 보이네요.

아담: 네, 정말 힘든 일이죠. 하지만 사람들이 해변에서 즐겁게 할 수 있는 활동이기도 해요.

집단원 2: 만드실 때 어떤 순서로 작업하셨나요? 뭘 제일 먼저 그렸는지 궁금해요.

아담: 울타리를 먼저 그리고, 그다음 물, 하늘, 모래를 그렸고, 마지막에 성을 그렸어요. 처음엔 울타리와 물만 표현하려고 했는데, 하다 보니 나머지도 추가하게 됐죠.

관계를 모래성에 빗댄 이 은유는 매우 인상적이다. 아담은 관계를 쌓아 가는 과정을 즐거우면서도 힘든 일이라고 묘사한다. 이는 두 사람의 상호 노력이 필요함을 암시한다. 하지만 모래성은 파도가 직접 닿는 곳에 위치해 언젠가 무너질 위험이 크다. 이처럼 관계가 끝날 수도 있다는 가능성이 내포되어 있으며, 울타리 또한 모래 위에 세워져 있어 쉽게 무너질 수 있다. 이 은유 속에 드러나는 불안감은 아담이 관계를 대할 때 느끼는 염려를 반영하는 것으로 보인다.

앞서 설명했듯, 환자는 이미지를 완성한 뒤 서면 대화를 작성하도록 초대된다. 이번 집단에서는 다음과 같은 질문이 주어졌다. '**이미지에 표현된 상대에게 어떤 메시지를 전하고 싶나요? 그 사람이 당신에게 어떻게 응답할 것 같나요?**' 환자는 필요하다고 느끼는 만큼 이 대화를 이어 가도록 격려받았다.

치료사: 대화를 완성해 봤나요?

아담: 생각하느라 많이 쓰진 못했어요. 내가 쓴 건 딱 한 문장, "달리 어떻게 해야 할지 몰랐어요."였죠. 그리고 왜 뭘 말해야 할지 모르겠는지 스스로에게 물어봤어요. 아마 이렇게 이어질 것 같아요. "뭐라고 해야 할지도 모르겠고, 어떻게 말해야 할지도 모르겠어요." 그러면 상대는 "어떤 식으로 말해도 괜찮아요. 중요한 건 어떻게 꾸미느냐가 아니라, 무엇을 전하려 하느냐니까요."라고 대답했을 것 같아요.

집단원 1: 이게 친구 관계인지, 연인 관계인지, 가족 관계인지 궁금해요. 어떤 걸 떠올리셨나요?

아담: 친구 관계였어요.

집단원 2: 보통 말을 잘하는 편인데, 쓰고 싶은 걸 못 썼다는 게 흥미롭네요.

아담: 제가 부정적이라고 느끼는 말은 쉽게 하지 못해요.

치료사: 어떤 말을 피하는 걸까요?

아담: 제가 부정적이라고 생각하는 걸 입 밖으로 꺼내는 거요. 이를테면 도움이 필요하다는 걸 알리는 건데, 잘 안 해요. 이걸 바꾸려고 노력 중이지만 아직 어렵네요. 여기 오기 전에는 아예 그런 생각조차 안 했어요. 그래서 어떻게 말을 꺼내야 할지 고민하는 것

자체가 여전히 힘들어요. 상대방이 자기 고민을 많이 털어놓은 사람이어서, 내가 어떻게 말하든 별 상관없다는 걸 알면서도 말이죠. 그 사람은 내 이야기를 듣고 싶어 하고, 날 위해 주고 싶어 하는데도요.

집단원 1: 그럼 무언가를 말하는 데 장벽이 있다는 뜻인가요?

아담: 그냥 말을 안 해요. 저도 이상하다고 생각해요. 상대방이 어떤 말을 할지 확실히 모르지만, 내가 그 사람에게 해 왔던 것처럼 똑같이 돌아올 거라고 믿어요. 날 지지해 줄 거예요.

치료사: 그게 왜 피하고 싶은 걸까요?

아담: 그러면 제 자신을 온전히 마주해야 하고, 내 문제가 혼자 해결할 수 있는 범위를 넘어선다는 걸 인정해야 하잖아요.

치료사: 그렇게 인정한다면 어떤 기분이 들 것 같아요?

아담: 두렵죠. 내 문제가 실제라는 걸 알긴 하지만, 서로 얽혀 있는 실 같달까. 하나를 인정하면 삶 전체의 테피스트리가 한꺼번에 드러나는 느낌이에요.

집단원 3: 아, 무슨 말인지 알아요. 저도 문제들이 다 얽혀 있고 연결돼 있거든요.

치료사: 아담, 만약 삶 전체가 온전한 테피스트리처럼 씨실과 날실이 엮여 거대한 하나의 그림으로 드러난다면 어떤 느낌일까요?

아담: 압도적일 것 같아요. 마치 철조망 울타리로 바다를 막으려는 기분이랄까.

집단원 1: 그렇다면 인정하려는 문제들이 울타리보다 더 강력하다는 뜻인가요?

아담: 글쎄요. 울타리 자체는 아무 소용이 없어요. 울타리를 빙 둘러도 별다를 게 없고, 철조망이라 물이 그대로 지나가 버리죠. 아무것도 막지 못해요.

집단원 3: 그러게요. 정말 무의미해 보이네요. 왜 거기에 있는 걸까요?

아담: 그러게요. 진짜 어리석은 것 같아요.

집단원 2: 이미지에서 자신을 울타리라고 했잖아요. 그리고 방금 쓸모없다고도 했는데, 정말 그렇게 느끼나요?

아담: [웃으며] 이미 답을 알고 계신 것 같네요. 네, 전 울타리 같아요. 동시에 모래성의 일부이기도 해요. 우리가 함께 만든 거니까요.

치료사: 이 이미지가 꽤 복잡해 보이네요. 이야기할수록 궁금한 점이 늘어나고, 집단원들 질문도 많아지는 것 같아요. 사실, 아직 이 그림이 당신의 관계 경험과 어떻게 이어지는지 확실히 이해하긴 어려워요. 제 머릿속에 점점 더 많은 질문이 생기네요.

집단원 2: 저도 혼란스러워요.

아담: 저는 특정한 문제 하나 때문에 치료받고 있는 게 아니에요. 따로 보면 감당할 만했던 여러 문제가 서로 얽혀, 제대로 해결하지 못하니까 결국 저만의 복잡하고 답답한 공간이 만들어졌어요.

집단원 3: 알 것 같아요. 저도 문제들이 다 엮여 있거든요. 근데 당신은 자꾸 뭔가를 돌려 말하는 느낌이 들어서 가끔은 이해하기 어려워요. 비유를 쓰긴 하지만, 그게 구체적으로 어떤 의미인지 가늠이 잘 안 돼서 제 방식대로 해석하게 되네요.

집단원 2: [고개를 끄덕이며] 맞아요. 모호하게 말할 때가 있어서 이해하기 힘들어요.

치료사: 그러다 보니 자칫 추측하게 되죠. 우리는 자연스럽게 자신의 경험을 덧붙이곤 해요. 지금도 그런 면이 좀 있었지만, 여러분이 정말 이해하려 한다는 게 느껴졌어요. 아담, 이 피드백 듣고 어떤 기분이 들어요?

아담: 제가 모호하게 말하는 거 스스로도 알아요. 그러지 않으려고 노력 중인데 쉽지 않아요.

치료사: 모호하게 말할 때, 당신에게 그건 어떤 의미인가요?

아담: 정확히 모르겠지만, 때로는 회피하려고 그렇게 하는 것 같아요.

아담의 이미지는 집단의 호기심을 크게 불러일으켰다. 그는 그림을 형성하는 과정과 그에 관한 대화 작성에 대해 설명했다. 아담의 풍부한 시각적 은유는 그와 집단원들이 이를 이해하려 애쓰는 가운데 깊은 성찰과 동시에 일부 혼란을 야기하기도 했다. 이 과정에서 아담의 핵심 치료 과제가 여러 형태로 드러났는데, 예를 들어 가장 친밀한 친구에게조차 자신의 감정과 어려움을 솔직히 드러내기 어려워한다는 점이 있고, 이는 그에게 단절감과 고립감을 심화시켰다. 당시에 집단은 높은 개방성을 유지하고 있었기 때문에, 동료들은 아담의 우회적 언어 표현으로 느낀 혼란을 솔직하게 나눌 수 있었다. 아담 역시 자신의 모호함 일부가 회피에서 비롯되었음을 인정했는데, 이는 치료 전반에서 반복적으로 제기되는 핵심 주제이다. 이후 진행된 또 다른 미술치료 집단에서도 이 문제가 재차 부각되었고, 아담은 이에 대해 더 자세히 이야기했다. 우리는 다음 절에서 이 주제를 계속 논의할 예정이다.

타냐와 자매와의 관계

아담이 특정 관계를 뚜렷하게 드러내지 못했던 이유는, 타인에게 자기 본모습을 전적으로 공개하고 인정받는 데 어려움을 겪었기 때문이다. 그러나 대다수 경우, 환자는 탐구하고 숙고해 보고 싶은 중요한 관계를 분명히 묘사하는 편이다. 또 다른 환자였던 타냐는 이 활동을 통해 자매와의 관계를 탐색했다([그림 6-5] 참조). 그녀는 자신을 테이프 아래 놓인 작은 점토공으로 표현했는데, 이 점토공은

그림 6-5 타냐와 자매와의 관계

평범하고 단순하며 눈에 잘 띄지 않는 존재로 묘사되었다. 자매 역시 비슷한 크기의 점토공이었지만, 타냐는 그 점토공에 다채로운 깃털을 꽂는 데 심혈을 기울였다. 그녀는 깃털이 달린 공, 그리고 자매를 활기차고, 폭발적이며, 매력적이고, 집중적인 주목을 받는 존재로 설명했다. 타냐는 이 이미지를 통해 가족 안에서의 자신의 비가시성을 이야기했다. 또한 작품에 대한 정서적 반응을 묻자, 불안, 분노, 원망을 느꼈다고 털어놓았다. 이 사례에서 타냐의 자매는 초기 성인기로의 발달적 이정표를 성공적으로 달성했으며, 타냐에 따르면 그녀는 건강하고 완벽해 보이는 삶을 살고 있었다. 작품을 둘러싼 대화 속에서, 타냐는 자신의 질투와 부적절감, 그리고 가족에게서 받는 비판을 본격적으로 탐색하기 시작했다.

미술 작업 주제: 자기와의 관계

다음 미술 작업 지침은 자신과의 관계를 성찰하도록 독려한다(〈표 6-3〉 참조). 환자는 애착 관점에서 자기와의 관계를 고찰해 보도록 요청받는다. 우리는 애착이 단지 타인과의 연결 방식일 뿐 아니라, 자기 자신과 맺는 방식과도 관련됨을 설명한다. 개인은 자기 자신과 안정적이거나 불안정한 애착 관계를 맺을 수 있으며, 이러한 관계 맺음은 자율성과 자기 신뢰의 기반이 된다(Groat & Allen, 2013). 안정적인 내적 기반을 가진 초기 성인은 자기 공감과 자기 인식 능력이 높고, 감정과 욕구에 세심하게 조율되어 있으며, 자기 위안, 자기 격려, 자기 연민, 자기 수용을 실천할 수 있다. 반면, 불안정한 내적 기반을 가진 초기 성인은 감정을 회피하거나 무시하고, 자기 인식이 부족하며, 자기 비판이나 자기 방임에 빠질 수 있고, 심지어 자신을 학대하는 방식으로 행동할 수도 있다.

집단 대화 초기에, 환자는 자신을 얼마나 잘 알고, 이해하고, 수용하는지 스스로에게 질문해 본다. 정서, 생각, 욕구, 바람에 대해 솔직해질 수 있는지, 그리고 자신을 대하는 태도는 어떠한지 함께 살펴본다. 혹시 비판적이거나 가혹한가? 스스로에게 연민을 갖거나 용서하려 하는가? 뚜렷한 정체성을 의식하고 있는가? 이후 환자는 이러한 자기 관계를 반영하는 작품을 직접 만들어 보는 데 초대된다. 이 지침의 목적은, 자신에 관해 정신화할 수 있는 장을 마련해 주는 것이다.

● 표 6-3 ● 자기와의 관계

설명
• 자기와의 관계를 돌아본다. 나는 얼마나 자각적이고, 비판적이며, 스스로에게 수용적이고 친절한가? 나는 나 자신을 얼마나 잘 알고, 어떻게 대우하고 있는가? 또 나 자신에 대해 얼마나 깊이 이해하고 있는가? • 자기와의 관계를 반영한 예술 작품을 만들어 보시오. 이때 상징적 혹은 추상적 사고를 활용해 볼 수 있다.
논의/성찰 질문
• 자기와의 관계를 어떻게 표현하기로 결정했나요? • 완성된 작품을 볼 때 어떤 감정이 드나요? • 동료의 작품을 살펴보았을 때, 그들의 자기 관계가 어떤 모습이라고 느껴지나요?

아담의 자기와의 관계

[그림 6-6]은 아담이 자기와의 관계를 표현한 이미지를 보여 준다. 그는 그림 속 세 인물 모두 자신을 나타낸다고 설명한다. 페이지 왼쪽 가장자리의 인물은 타인이 알고 보는 그의 모습으로, 똑바로 서서 앞으로 나아가고 있다. 나머지 두 인물은 아담 스스로와 주변 사람들에게 덜 알려진 측면이다. 정신화 기반 집단미술치료에서, 아담은 이 그림에 담긴 의미를 자세히 이야기했다.

아담: 제가 표현하고 싶었던 것은, 어떤 면에서 제 자신을 피하고 있다는 사실이에요. 이 그림은 제 정체성이 되어 버린 문제들과 얽혀 있는 모습을 나타냅니다. 때로는 제가 하는 부정적인 행동, 부정적인 것에 대한 집착이 어느새 저 자체가 된 것 같은 느낌이 들

그림 6-6 아담의 자기와의 관계

어요. 그래서 갇혀 있다는 기분이 드는 거죠. 마치 제가 그 문제들 자체가 되어 버린 것처럼요.

치료사: 어떤 면에서 갇혔다고 느끼나요?

아담: 제 패턴과 과거에 사로잡힌 느낌이에요. 거의 제가 만들어 낸 것들이지만, 제게는 실재처럼 느껴질 뿐, 실제로는 존재하지 않는 것이죠. 그 그림자 인물이 바로 그 부분을 상징해요.

집단원 1: 어느 게 당신인가요?

아담: 전부 다 제가 맞아요. 이 모든 인물이 저예요. 가운데 있는 으스스한 악마 같은 존재는 과거에 제가 스스로와 연관 지었던 모습이에요.

집단원 2: 그럼 악마이기도 한 건가요?

아담: 진짜 악마라기보단, 완전히 드러나지 않은 '그림자 자아' 같은 거예요. 여전히 제 본래

정체성을 억누르려고 움직이는 존재죠. 앞쪽에 있는 이상화된 자아는 모든 사람이 제가 되길 바라는 모습이에요. 근데 그게 뭘까요? 이상적 자아라는 게 대체 뭐죠? 당신한테도, 저한테도 어떤 의미인지 잘 모르겠어요. 그게 과연 저한테 중요한 걸까요? 제가 인정하거나 다루길 피해 왔던 문제나 결점들도 여전히 제 일부예요. 그리고 그림자 인물은 그 문제들을 전부 숨기려 손을 뻗고 있어요. 제가 원하는 목표에 도달했더라도, 저를 옭아맬 다른 무언가가 늘 있을 거예요. 그게 바로 앞, 발밑에 있어서 저를 덫에 걸리게 하려고 기다리는 거죠. 저는 그걸 피하려 하고, 없는 척 외면하지만, 분명히 거기에 존재해요.

치료사: 이 집단에서나 다른 집단에서나, 당신이 회피에 대해 언급해 온 걸 여러 번 들었어요.

아담: 이 작업을 하면서 제가 회피하고 있다는 걸 다시 인식하게 됐어요. 결국 나 자신을 피하고 있는 거죠. 그림을 만들면서 제 말투가 얼마나 모호한지 알았어요. 그건 회피적인 대화 방식이에요. 사실, 구체적인 얘기도 없이, 다른 사람들이 딴 길로 새거나 자기 얘기를 하도록 유도하는 회피 전략을 늘 써 왔달까요. 제 얘기를 하지 않으려고 수단과 방법을 가리지 않았어요. 그런데 그렇게 자주 반복하다 보면, 결국 좋은 감정조차 피하게 되더라고요. 행복도, 슬픔도, 정말 많은 것을요. 부정적이든 긍정적이든 전부 피해야 할 대상이 돼 버려요.

치료사: 좀 더 직접적으로 말하는 걸 피하고 싶도록 만드는 건 뭘까요? 그 회피가 당신에게 어떤 기능을 하는지 궁금해요.

아담: 익숙한 상태를 유지할 수 있게 해 줘요.

집단원 1: 알려지지 않는 것에 대한 익숙함인가요? 무엇의 익숙함인지……?

아담: 어쩌면 알려지지 않는 것일 수도 있고, 다른 사람들이 알고 있는, 그리고 제가 그들에게 맞춰야 한다고 느끼는 그 모습에서 오는 익숙함일 수도 있어요.

집단원 3: 그 '다른 사람들'이라는 건, 가족이나 친구 같은 사람들인가요?

아담: 모두요! 제 삶에 있는 대부분의 사람은 이 앞쪽 모습만 봐요. 그림의 [앞 인물을 가리킨다] 저 뒤쪽의 다른 부분들은 [이미지 나머지를 가리키며] 전혀 모르는 거죠.

집단원 1: 그럼 '내가 더 모호할수록, 사람들이 나를 나쁘게 볼 위험이 줄어든다'라고 생각하는 건가요?

아담: 네, 익숙한 방식대로 행동하게 되는 거죠. 내 경우에는 회피는 너무 익숙해서, 설령 파괴적이더라도 계속 그렇게 해 온 대로 지내기가 훨씬 쉽거든요. 그런데 그런 회피나 파괴가 결국 제가 겪을 수도 있는 많은 경험을 차단해 버린다는 문제가 있어요.

이 이미지를 만들기 위해, 아담은 타인에게 보이는 부분과 숨기는 부분을 포함한 자기의 여러 측면을 돌아보며, 정신화 과정에 참여했다. 그는 이상화된 자아를 식별했는데, 이는 '타인이 자신에게 바라듯' 그가 인식하는 모습을 나타낸다. 아담은 자신의 관점에서 '이상적 자아'가 무엇인지 확신하지 못한다고 말한다. 작품을 만드는 과정에서, 그는 평소엔 마주하기 불편했던 과거와 행동 패턴을 조금 더 면밀히 살펴보게 된다. 대화 과정을 통해, 아담은 회피와 맺는 자신의 관계를 인식하고, 그것이 자기 자신과의 관계에 어떤 영향을 미치는지 파악하기 시작한다.

미술 작업 주제: 애착 관계 및 단절과 회복

다음 미술 작업 지침은 환자가 다양한 애착 관계에서 겪는 단절과 회복을 시각적으로 표현하도록 초대한다. 첫 번째 지시에서는 환자가 안정적이거나 불안정한 애착을 묘사해 보도록 권유한다(〈표 6-4〉 참조). 이 지시의 변형으로, 환자는 안정적 애착과 불안정한 애착을 각각 나타내는 두 개의 작품을 만들 수 있다. 이후 안정적 애착 작품을 모아 보고, 불안정한 애착 작품을 따로 모아 봄으로써, 각각의 공통 주제와 작품이 불러일으키는 감정을 집단적으로 살펴보도록 독려한다.

두 번째 지시(〈표 6-5〉 참조)에서는 환자에게 관계에서의 단절 그리고/또는 회복이 어떤 모습으로 나타나는지 묘사해 달라고 요청한다. 이때 과거 혹은 현재 상호작용 속 갈등과 해결이 어떻게 이루어졌는지 돌아볼 수 있도록 권장된다.

● 표 6-4 ● 애착 관계

설명
• 안정적 애착과 불안정한 애착에 대해 논의한다. 이들 각각의 관계에서 느끼는 감정을 살펴본다. 부모, 친구, 연인 등 여러 대상과의 애착을 고찰한다. • 애착 관계를 시각화한 작품을 만든다. 선택: 작품을 보고 떠오른 생각과 감정을 글로 정리하거나, 각각의 애착 유형에서 느끼는 감정을 서술해 본다. • 변형: 안정적 애착과 불안정한 애착을 각각 표현하는 두 작품을 만든다. 그런 다음 안정적 애착 작품끼리, 불안정한 애착 작품끼리 모아 보고, 그 안에서 발견되는 주제와 감정을 함께 논의한다.
논의/성찰 질문
• 어떤 관계를 묘사할지 어떻게 선택했는가? • 작품을 볼 때 어떤 감정이 일어나는가? • 안정적인 관계와 불안정한 관계를 묘사하는 방식에 유사점이나 차이점이 있는가? 발견되는 공통 주제나 일관성은 무엇인가?

● 표 6-5 ● 관계의 단절과 회복

설명
• 집단 구성원은 애착 관계에서 일어난 단절 그리고/또는 회복을 미술 매체로 표현하도록 초대된다.
논의/성찰 질문
• 어떤 관계를 묘사할지 선택한 이유는 무엇인가? • 단절과 회복 중 어느 쪽 또는 둘 다에 초점을 맞추기로 한 과정은 어떠했는가? • 작품을 볼 때 어떤 감정이 유발되는가? • 동료의 작품을 관찰하며, 그들의 단절과 회복 경험에 공감할 수 있는가?

준의 남자친구와의 관계

환자 준은 남자친구와의 관계를 탐색했다([그림 6-7] 참조). 개인치료에서 준은 잦은 갈등과 격동적인 관계 패턴에 대해 이야기하기 시작했다. 입원 전, 그녀는 남자친구와 함께하기 위해 고향과 가족을 떠나 이사했는데, 일련의 선택들이 결국 노숙 상태로 이어졌다. 준과 남자친구는 그녀의 차에서 생활하며, 둘 다 중독 문제를 겪었다. 이후 부모와 다시 연락한 준은, 부모의 설득으로 치료에 동의했지만 이는 마지못해 받아들인 결정이었다.

정신화 기반 집단미술치료에서도 준은 관계 패턴을 계속 살폈다. 애착 관계 미술 작업 지침에 따라, 남자친구와의 관계를 시각화한 작품을 만들었는데, 준은 그림 왼쪽 위에서 시작하는 분홍색 선으로 자신을, 오른쪽 아래에서 시작하는 파란색 선으로 남자친구를 표현했다. 이 두 선이 서로 휘감기며 색이 섞여, 보라색 중심부를 이루는데, 이는 그들의 관계를 나타낸다고 준은 설명했다. 그녀는 이 이미지가 서로에 대한 사랑을 상징한다고 부연했다. 집단원들은 그림의 중심부에 주목했고, 치료사의 설명 요청에 '감싸인' '함께 얽힌' '융합된' 같은 표현들이 나왔다. 준도 중심으로 소용돌이치듯 이어지면서 두 선을 구별하기가 점점 더 어려워진다는 데 동의했다. 한 집단원은 중심부가 폭풍의 눈과 같다고 언급했고, 준은 이에 공감하며 이 관계가 항상 폭풍 같았던 것은 아니지만, 시간이 지나면서 함께 있는 것이 위험해졌다고 했다. 준은 이 관계가 자신에게 모든 것이었고, 그 끝이 매우 힘들었다고 말했다. 그녀는 남자친구를 너무 사랑한 나머지, 직장, 친구, 가족을 모두 포기하고 새로운 곳으로 이주했다고 밝혔다. 준은 강렬한 관계에 휩쓸려 길을 잃었다고 회상했고, 수용과 사랑에 대한 욕구가 매우 강했다고 털어놓았다. 애초에 준은 이 관계를 안정적 애착이라고 설명했으나, 작품을 중심으로 집단에서 함께 논의하는 과정에서 이 관계 패턴이 불건강하다는 사실이 서서히 드러나자, 준도 이를 인식하게 되었다. 그녀가 동료들의 피드백을 수용할 수 있었던 건, 그들이 작품 자체에 초점을 두었기 때문이다. 준은 자신의 작품에 대한 동료들의 반응에 호기심을 보였고, 이미지를 매개로 관계 패턴을 정신화하고자 하는 의지를 나타냈다. 이 미술 작업은 그녀로 하여금 관계의 다양한 측면을 내부에서 외부로, 외부에서 내부로 살펴볼 수 있도록 돕는 통로가 되었다.

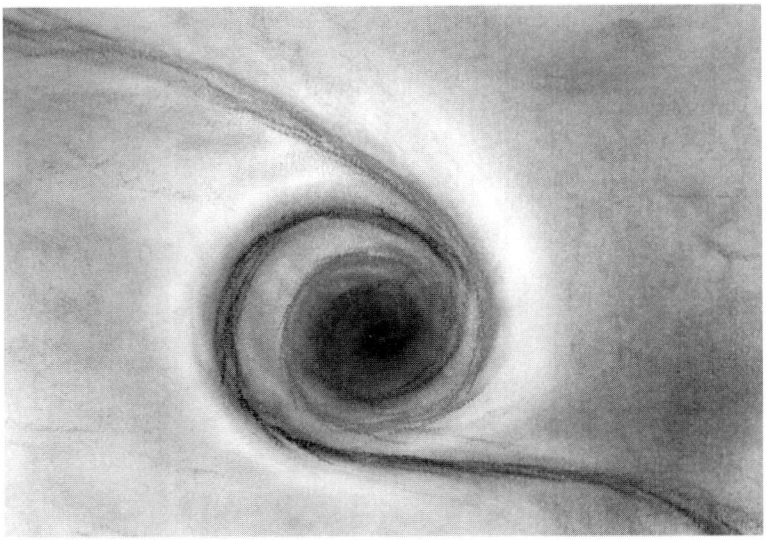

그림 6-7 준과 그녀의 남자친구의 관계

루스의 단절된 관계

단절과 회복 집단 지침의 한 예시는 [그림 6-8]과 [그림 6-9]에 제시되어 있다. 이 이미지들에서 루스는, 자살 시도와 그로 인한 입원 이전에 친구 관계에서 겪었던 갈등을 탐색했다. 그녀는 연결을 간절히 바랐지만, 사람들을 가까이 끌어들이려 할수록 오히려 더 멀어지는 결과를 낳았다. 수용을 원하면서도, 동시에 타인에게 무심하게 대했고, 신뢰를 형성하는 데 극도의 어려움을 겪었다. 루스는 충동적일 수 있으며, 거부나 버림받음에 대한 두려움으로 인해 강렬한 분노를 자주 통제하기 힘들다고 보고했다. 또한 집단치료나 개인치료 같은 치료적 장을 활용해 관계에서의 문제를 탐색·해결하는 데에 스스로 주저하고 있음을 인식했다. 그럼에

그림 6-8 루스의 첫 번째 '깨진 우정' 그림

그림 6-9 루스의 두 번째 '깨진 우정' 그림

도 루스는 집단미술치료에 적극 참여했으며, 미술 작업이 큰 도움이 된다고 언급했다. 자신을 표현하는 무언가를 만들고 그것에 대해 이야기하는 과정이, 그녀로 하여금 훨씬 더 성찰적이 되도록 도왔다.

정신화 기반 집단미술치료에서, 루스는 친구 관계의 단절을 다룬 두 개의 그림을 완성했다. 첫 번째 그림([그림 6-8])에서, 그녀는 타인과의 단절감과 애착으로 인한 고통을 인식했으며, 이것이 곧 그녀가 관계를 깊이 살피는 데 주저하는 요인이 되었다. 해당 이미지는 루스가 자기 자신과 관계 속 상대를 떨어져 바라보는 장면을 보여 준다. 루스는 두 인물 사이의 단절을 인식했지만, 동시에 긍정적인 감정 또한 존재함을 깨달았다. 그녀는 외부인처럼 들여다보는 느낌을 받았다고 말하면서도, 어려움을 무릅쓴 성찰의 중요성을 인정했다. 두 번째 그림([그림 6-9])에서 그녀는 자신과 중심에 있는 형태가 불분명한 인물을 그렸는데, 이 인물은 예전 친구를 나타낸 것이다.

이후는 집단 대화에 대한 치료사의 회상이다.

루스: 이게 제 작품이에요. 시작하기 전에 두세 번 다른 식으로 시도했는데, 사람을 그리려다 보니 그 사람의 일부 특징밖에 기억나지 않는다는 걸 깨달았어요. 얼굴 전체를 한번에 떠올리면 너무 불안해져서, 어떻게 생겼는지 전체적으로 생각할 수가 없더라고요. 그래서 중앙에는 이 덩어리를, 그리고 구석에는 저 자신을 그렸어요.

집단원 1: 이건 실제로 당신 삶에 있는 사람인가요?

루스: 네, 전에는 가장 친한 친구였던 사람이에요. 근데 문제가 되는 건 그가 아니라 저예요. 구석에서 겁먹은 게 바로 저거든요. 혼란이 많아서 이렇게 흐릿하고 지저분하게 됐어요. 제 문제를 다른 사람 탓으로 돌릴 순 없죠. 결국 제가 상황을 어떻게 다루느냐가 문제를 일으키거든요.

치료사: 여러분은 중앙에 있는 형태가 불분명한 어두운 형상이 어떻게 느껴지나요?

집단원 2: 무서워 보여요. 공포스러운 느낌이요.

치료사: 무엇이 무섭게 느껴지나요?

집단원 2: 루스가 공격당하는 것처럼 보여요.

루스: 네, 정말 무섭긴 해요. 그 사람 얼굴을 그리지 못한 건, 그 사람을 마주하는 게 두렵기 때문이에요. 그렇지만 사실, 제가 그 사람을 공격하고 있을 수도 있죠.

집단원 3: 당신의 크기 때문에 공격받는 것처럼 보이는 것 같아요. 또 전에 그렸던 그림에서도 여러 사람에게 공격당했잖아요.

치료사: 동료들이 '당신이 공격받는 것 같다'고 말하는 반응에 대해선 어떻게 생각하세요?

루스: 잘 모르겠어요. 제가 더 작아 보이니까 그렇게 보이는 건 이해돼요. 그런데 제가 이 관계를 되돌릴 수 없을 정도로 망쳐 버렸다는 생각도 들어요. 제 행동이 상처를 줬거든요. 그리고 뭐가 실제고 뭐가 제 머릿속에서만 일어난 건지 헷갈려요. 저는 사람을 악마화하기도, 우상화하기도 쉽기에, "행복?"이라고 썼어요. 정말 행복했는지 자신이 없어서요.

집단원 4: 저도 머릿속에서 상황을 왜곡하기 쉬워서 정말 혼란스러울 때가 많아요.

루스: 그림이 이렇게 어두운 이유는, 뭘 어떻게 해야 할지 모르겠어서예요. 아무것도 고칠 수 없다고 느껴져요.

치료사: 아무것도 고칠 수 없다고요. 그 부분을 좀 더 얘기해 줄 수 있나요?

루스: 아, 미안해요. 조금 과장된 표현이었어요. 제가 치료 중이라, 그 사람과 아무것도 해결할 수 없을 것 같아요. 그 사람은 나와 대화하기 싫어해요. 힘들어하거든요. 하지만 저는 뭔가 바로 고쳐야 할 것 같아요. 그래서 답답한 상태예요.

치료사: 그렇다면 무언가를 고치고 싶은데 못하는 상황, 긴박함을 느끼는 것, 상대방이 상처받았다고 느껴서 소통이 어려운 것, 앞으로 어떻게 될지 불확실한 것, 이런 게 주는 감정은 어떤 걸까요?

집단원 1: 답답하겠어요.

집단원 2: 불안이죠. 심한 불안감일 것 같아요.

집단원 4: 제가 뭔가 잘못했다는 걸 알면, 수치심이나 죄책감을 느낄 것 같아요.

집단원 3: 중앙 인물의 몸체가 눈에 띄네요. 어떤 형태로든 변할 수 있는, 예측 불가능한 생명체 같아요.

루스: 이 관계가 저한텐 예측 불가능해요. 앞으로 어떻게 될지 모르겠고, 그게 제일 힘들어요. 몰라서 불안하고, 부끄럽고, 혼란스러워요.

집단원 2: 그림에서 입이 열려 있던데, 뭔가 말하고 있나요?

루스: 잘 모르겠어요. 아마 소리 지르고 있을지도 몰라요. 전 사람들에게 화를 내는 편이거든요. 정말 화가 나요.

집단원 3: 구석에 있는 작은 인물에게서 나오는 선들이 음파처럼 보여요. 격노하는 듯한 느낌?

루스: 아마도요.

치료사: 무엇이 당신을 그렇게 화나게 만들까요?

루스: 그들이 떠나버린 거예요. 늘 저를 두고 가는 것 같아요. 제 잘못이 있다는 것도 알지만, 계속 그런 일이 일어나요. 그래서 제 자신에게도 화가 나요.

레이니의 단절과 자기 회복

또 다른 환자인 레이니는 자신을 주제로 한 회복 이미지를 완성했다([그림 6-10]). 그녀는 치료 과정에서 이루어지는 정서적 치유 과정을 구체적으로 묘사했다. 레이니는 깨진 심장을 그리고, 그것을 바늘과 실로 꿰매는 그림을 그렸다. 그녀는 회복 중이라는 사실에 대해 안도감을 느낀다고 말했으며, 치료에서 처음으로 진전이 있다는 점에 자부심을 느낀다고 밝혔다. 또 이 과정이 고통스럽지만 필요하다고도 언급했다. 한 동료가 "바늘은 누가 들고 꿰매는 건가요?"라고 묻자, 레이니는 이렇게 답했다. "제가 해요. 직접 그 작업을 해야 해요. 예전에는 누군가가 제 문제를 대신 해결해 줄 거라 기대했는데, 이제는 제가 직접 할 수 있다는 확신이 조금씩 들어요."

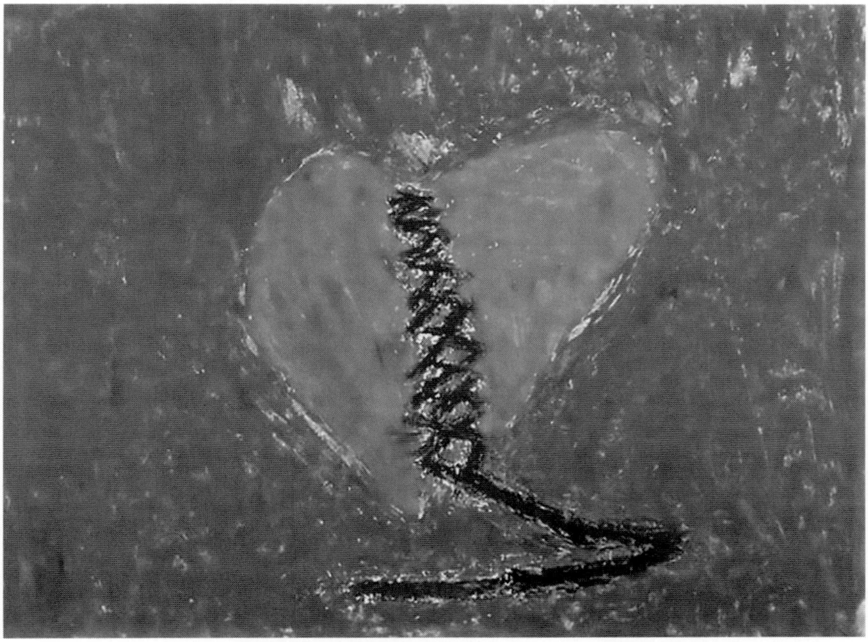

그림 6-10 레이니의 단절과 자기 회복

제7장

마음을 정신화하기

이 미술 작업 지침들은 **마음을 마음에 담는** 정신화하기 실천(Allen et al., 2008), 곧 자기와 타인의 마음을 성찰하도록 권장한다. 우리는 마음챙김, 그것이 컴퍼스 프로그램에서 갖는 의의, 그리고 정신화하기와의 연결성을 탐구한다. 이어지는 미술 작업 지침은 마음챙김에서의 주의와 조망수용을 촉진한다.

마음에 대한 마음챙김의 이해

마음챙김(mindfulness)은 현재 심리학에서 널리 사용되는 개념으로, 대체로 현재 순간에 대한 의식적 인식과 의도적 주의를 가리킨다. 이는 현재의 경험과 사건을 비판단적으로 바라보고, 동시에 주의와 초점의 근원에 대해 유연한 태도를 취하는 것을 포함한다. 불교에 뿌리를 둔 마음챙김은 현재에 초점을 둔 폭넓은 개념이다(Brown, Ryan, & Creswell, 2007). 마음챙김의 실천과 이해는 변증법적 행동치료(Linehan, 1993), 수용-전념치료(Hayes, Follette, & Linehan, 2004), 그리고 마음챙김 기반 자기자비(Neff & Germer, 2018)와 같은 다양한 치료적 접근법의 토대를 이룬다. 메닝거 클리닉에서는 이러한 마음챙김을 장려하기 위해 야외에 미로를 특별히 조성하였다. 또한 마음챙김에 기반한 명상 모임과 요가 수업을 주중에 운영한다. 정신화하기와 마찬가지로, 마음챙김은 컴퍼스 프로그램 병동의 치료 전반에 걸쳐 통합되어 있다.

정신화하기는 마음챙김을 포함하되, 정신 상태에만 초점을 맞춘다는 점에서 다르다. 정신화하기는 생각과 감정에 대해 마음챙김으로 주의를 기울이고, 그 동기와 추동력을 성찰하며, 자신과 타인에 대해 호기심 어린 비판단적이고 열린 마음의 태도를 유지하도록 요구한다(Allen et al., 2008; Groat & Allen, 2013). 마음챙김과 달리, 정신화하기는 현재 순간에만 제한되지 않는다. 우리는 과거, 현재, 미래에 대해 모두 정신화할 수 있다. 이는 곧 정신 상태 자체에 대한 마음챙김으로, 자신과 타인의 마음에 집중하는 것이다(Allen et al., 2008). 이러한 이유로 정신화하기는 '**마음에 대한 마음챙김**'으로 간주되며, 자기와 타인의 생각과 감정에 마음챙김으로 자각과 주의를 기울이는 과정으로 설명된다(Allen et al., 2008).

마음챙김은 미술치료 분야에서도 새로운 개념이 아니다. 미술치료에 마음챙김을 적용해 온 역사는 수십 년에 걸쳐 이어졌으며(Rappaport, 2013), 다양한 집단에 활용되어 왔다. 표현치료 전반이 그렇듯, 미술치료 역시 환자와 치료사 모두에게 현재 순간에 대한 의도적 자각을 키우도록 돕는다. 치료사는 성찰적 글쓰기나 성찰적 미술 작업 등의 방식을 통해 스스로 마음챙김을 유지하며 조율할 수 있다. 또한 마음챙김 명상을 자신의 치료적 실천에 통합하는 미술치료사는 대개 이 방법에 깊이 헌신한다. Franklin(2010)은 미술 작품뿐 아니라 환자의 언어적 · 시각적 · 비언어적 의사소통에 마음챙김으로 주의를 기울이며, 그 현존 속에서 함께 머무는 경험에 대해 논한다. 그는 마음챙김과 공감을 결합한 미술 작업을 통해 환자와 정서적으로 함께하며, 어려운 감정을 반영해 낸다. 많은 선행 연구자가 그러한 전통을 이어 가고 있다(Fish, 2008; Lachman-Chapin, 2001; Moon, 1999 참조).

정신화 기반 미술치료(MBAT)에서는 명시적 마음챙김을 미술치료사의 주요 기능 중 하나로 본다. 미술치료사는 환자에게 공개적으로, "이미지에서 드러나는 것에 관한 자신의 행동과 생각을 어떻게 마음챙김할 수 있는지"(Havsteen-Franklin,

2016, p. 150)를 시연해 보인다. 이는 작품을 주의 깊게 살피고, 현재 순간의 생각과 감정을 솔직히 물어보고 나누며, 수용과 끊임없는 호기심을 갖고 그 이유를 함께 성찰함으로써 이루어진다.

미술 작업 주제: 마음의 풍경

정신화 기반 집단미술치료의 주요 기능 가운데 하나는 미술 작업의 과정과 결과물을 통해 정신 상태를 보다 명확히 하는 것이다. 이 과정은 집단에서 다루는 다양한 정신화하기 주제 중 하나인 **'마음의 풍경'**(〈표 7-1〉 참조)에 잘 나타나 있다. 미술치료사는 **마음을 마음에 담는** 개념(Allen et al., 2008)을 중심으로 대화를 이끈다. 집단원들은 생각, 감정, 장애물, 강점 등을 떠올린 뒤, 이 요소들을 하나의 풍경으로 표현하도록 초대받는다.

마음을 풍경에 비유하는 것은 정신화하기에 풍부한 소재를 제공한다. 집단원들은 '풍경'이라는 개념을 자유롭게 해석할 수 있으며, 단순 지형에서부터 다양한 마음의 표상으로 확장할 수도 있다. 실제로 환자는 해안 풍경, 산악 지형, 사막, 섬, 무질서한 도시, 도시 풍경, 미로, 심지어 서커스 같은 장면까지 여러 가지 이미지를 만들어 냈다. **'마음의 풍경'** 집단에는 글쓰기 활동도 포함된다. 먼저 각 환자는 자신의 풍경을 살펴보며, 그 이미지를 통해 떠오르는 감정과 생각을 글로 정리한다. 이어 '이 풍경 속에 내가 들어가 있다면 어떨까?'를 상상하며 반응을 적고, 이미지를 보며 떠오른 궁금증이나 호기심도 함께 기록한다. 이후 자리를 이동해 다른 사람들의 이미지를 하나씩 감상하고, 각 작품에 대한 호기심이나 혼란스러운 점, 그리고 '내가 이 풍경 속에 들어간다면 어떨까?'라는 상상을 글로 남긴다. 작성 후에는 다른 이들이 이전 내용을 보거나 영향을 받지 않도록 종이를 접는다. 모든 이미지를 보고 글쓰기가 끝나면, 각 작품의 창작자는 돌아가며 집단원들이 쓴 내용을 읽고 자신의 반응을 공유한다. 이 과정에서 환자는 작품을 만든 배경이나 의도에 대해 구체적으로 설명하거나, 혹시 생겼을 수 있는 오해를 바로잡을 기회를 갖는다.

은유(metaphor)를 형성하는 과정에는 상상력과 창의적 사고가 요구되며, 환자는 내면의 경험을 외부 세계와 연결 지으면서 정신적 유연성을 발휘하게 된다. 은유는 어려운 경험이나 감정을 조금 떨어져서 바라볼 수 있도록 거리를 만들어 주어, 안전하면서도 진솔하게 탐색할 수 있는 기회를 제공한다. 또한 시각적 은유는 언어적 대화에서 놓치기 쉬운 주제를 드러내도록 돕는다. 정신화 기반 집단미술치료에서는 은유 자체뿐 아니라, 은유를 구성하는 데 사용된 이미지의 모든 요소(예: 크기, 색상, 공간 배치, 생략, 추가된 것 등)까지 함께 살핀다. 이를 통해 은유와 그

● 표 7-1 ● 마음의 풍경

설명
• 자신의 마음을 '풍경'으로 떠올려 본다. 현재 정신 상태, 생각, 감정을 어떻게 표현할 수 있을지 고민해 보자. • 이러한 마음의 풍경을 나타내는 미술 작품을 만든다. 실제로 존재하는 장소를 그려도 좋고, 추상적으로 표현해도 된다. 평화로운 시골, 격동하는 바다, 서커스장, 사막, 무질서한 도시 등 자신에게 어울리는 지형을 마음껏 상상해 보자. • 성찰적 글쓰기: 완성된 풍경 속에 내가 직접 들어가 있다면 어떤 감정이 들지 적어 본다. 이후 자리를 바꾸어, 다른 집단원들의 풍경에 들어가 있다고 상상하며 해당 이미지에서 불러일으키는 생각, 감정, 질문 등을 기록한다. • 마지막으로, 동료가 남긴 성찰문을 읽고, 내가 느낀 점이나 보완하고 싶은 부분을 서로 공유한다.
논의/성찰 질문
• 동료의 피드백을 받고 어떤 반응이 들었는가? 명확히 하고 싶은 점이 있거나, 공감되는 부분이 있는가? • 나의 경험을 가장 잘 담아내는 감정은 무엇인가? • 다른 사람의 풍경에 대해 글을 쓰는 과정은 어떠했나? • 작품을 직접 볼 때와, 그에 대해 쓴 글을 읽을 때 드는 감정은 어떻게 다른가?

창작자에 대해 한층 깊이 이해할 수 있다. 나아가 집단원들이 서로의 작업 과정을 공유하고 대화함으로써, 추가적인 정서적 처리와 다양한 관점의 고려가 자연스럽게 이뤄진다.

아만다의 숲, 타비타의 뇌, 그리고 안드레아의 부서진 배

[그림 7-1]과 [그림 7-2]는 환자가 표현한 마음의 풍경을 보여 준다. 아만다는 울창한 정글을 그리면서, 그 안에서 길을 잃고 압도당하며 자주 두려움을 느낀다고 고백했다([그림 7-1]). 글쓰기 활동에서 다른 집단원들은 숲의 풍부한 생명력과 나무를 휘감은 덩굴에 주목했다. 그리고 '이 풍경 속에 내가 직접 들어간다면, 경외감이나 불확실함, 심지어 방향 감각을 잃는 듯한 느낌이 들 것 같다'고 상상했다. 또한 이 정글에 어떤 생명체들이 살고 있을지 궁금해하면서, 울창한 수풀 속에 숨어 있을지 모르는 무언가에 대한 두려움도 표현했다. 한 구성원은 덩굴이 뇌의 신

그림 7-1 아만다의 내면 풍경

경망을 떠올리게 한다고 말하며, 이 풍경을 복잡하고 정교하게 느껴진다고 했다. 아만다는 동료들이 자신이 의도했던 감정과 비슷한 심상을 언급해 주어, 이해받는 기분이 들었다고 밝혔다. Jon Allen은 자주 한 환자와의 일화를 예로 드는데, 그 환자에게 "마음은 때로 무서운 곳이 될 수 있어요."라고 말했더니, "네, 저도 혼자서는 그곳에 들어가고 싶지 않아요."라고 답했다고 한다. 정신화 기반 미술치료(MBAT)에서 미술치료사와 환자는 때로 위험할 수도 있는 '마음의 풍경'을 함께 탐험한다.

다음 예시에서 타비타는 콜라주를 활용해 자신의 뇌를 여러 구역으로 나누어 표현했다([그림 7-2]). 이 작품을 본 다른 집단원들은 각각의 영역이 분절되어 있다는 점에 호기심을 보였다. 타비타는 전기경련치료(ECT) 이후로 기억력이 저하되고, 그로 인해 정신이 조각난 듯한 느낌을 받는다고 설명했다. 그녀가 표현한 머

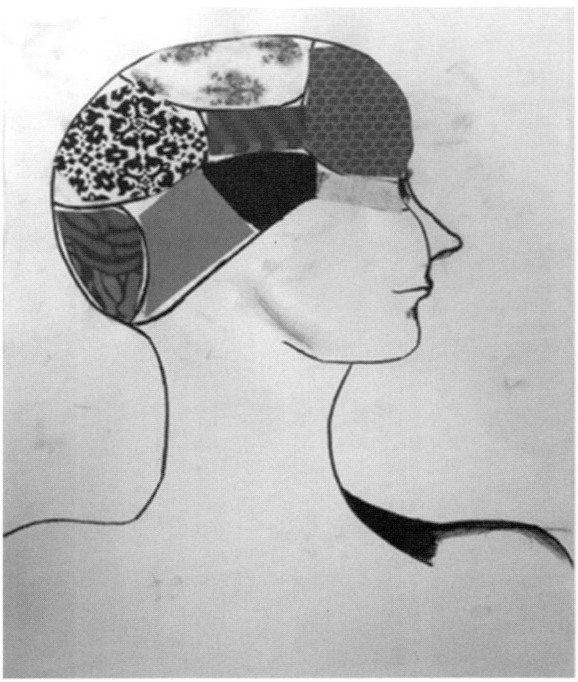

그림 7-2 타비타의 내면 풍경

릿속의 다채로운 영역들은 현재로서는 쉽게 접근하기 어려운 기억들을 상징하고 있었다.

안드레아는 돛대가 부러진 배를 그렸다([그림 7-3]). 그녀는 배가 움직이지 못하고 정체되어 있다고 설명하며, 바다 자체가 압도적이지는 않지만 부서진 돛대 때문에 배가 그곳에 고립되어 있다고 말했다. 밤 풍경에 대해서는 아름다우면서도 동시에 불길하다고 했는데, 주변에 아무도 없고 어떻게 빠져나갈지 몰라서라고 했다.

안드레아는 비슷한 경험이 없는 이들과 교류하기 어렵다고 토로하면서, 자신의 우울증과 최근 자살 시도를 언급했다. 그녀의 그림은 평화롭고 불편함이 없는 장면으로 묘사되었다. 안드레아와 동료들은 모두 갇힌 느낌, 정체된 느낌, 고립된 느낌에 대해 함께 정신화하기를 실천했다. 한편, 동료들은 그 상황이 두렵게 느껴질 수도 있지 않느냐고 물었지만, 안드레아는 "사실, 그렇게 끔찍한 곳은 아니에요."라고 답했다.

그림 7-3 안드레아의 내면 풍경

밥과 글렌다의 작품에 대한 글쓰기 반응

[그림 7-4]부터 [그림 7-7]까지는, 미술 작업 뒤에 정신화하기 과정을 심화하는 방법으로 자주 사용되는 글쓰기 활동을 보여 준다. 이는 각 작성자가 다른 이들의 글을 보지 못하도록 종이를 접거나 뒤집어, 각자 독립적으로 반응하게 함으로써 이루어진다. 그 덕분에 작품 제작자는 개별 관점을 분리해 볼 수 있으며, 동시에 공통된 주제가 있는지도 확인할 수 있다.

[그림 7-4]에서 밥은 얼굴 없는 머리를 지그재그 선이 관통하는 커다란 인물을 연필로 그렸다. 머리는 일종의 기계식 지지장치에 의해 지탱되고 있다. [그림 7-5]는 집단 글쓰기 과정의 예시로, 맨 위에는 밥이 쓴 글이 있고, 이어서 동료들과 두 미술치료사의 반응이 기록되어 있다.

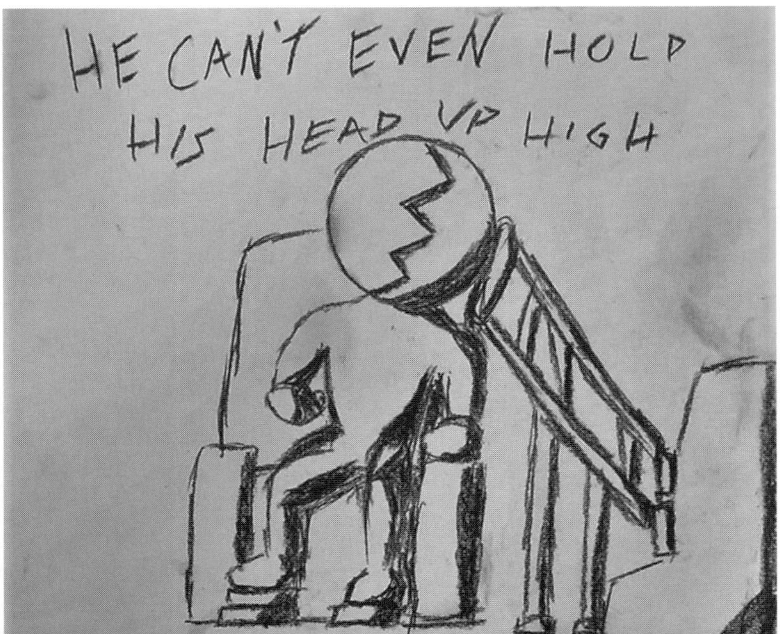

그림 7-4 밥의 마음 그림

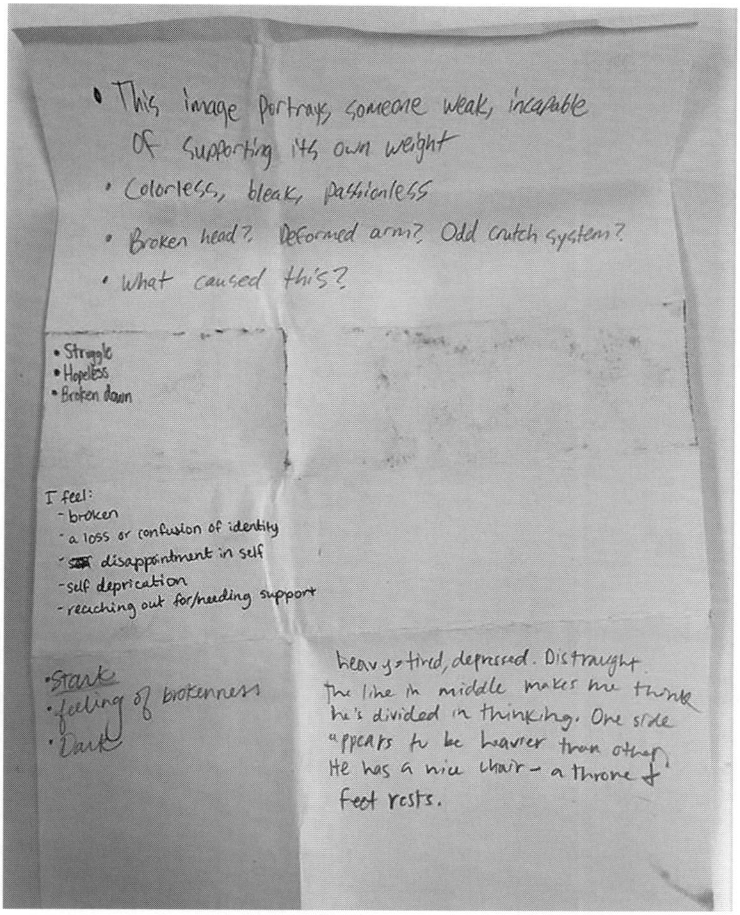

- This image portrays someone weak, incapable of supporting its own weight
- Colorless, bleak, passionless
- Broken head? Deformed arm? Odd crutch system?
- What caused this?

- Struggle
- Hopeless
- Broken down

I feel:
- broken
- a loss or confusion of identity
- disappointment in self
- self deprication
- reaching out for/needing support

- Stark
- feeling of brokenness
- Dark

heavy, tired, depressed. Distraught. The line in middle makes me think he's divided in thinking. One side appears to be heavier than other. He has a nice chair – a throne & feet rests.

그림 7-5 **밥의 마음 그림에 대한 성찰적 글쓰기**

밥의 글: 이 이미지는 스스로의 무게를 버티지 못하는 약한 사람을 묘사해요. 무채색이고, 음울하며, 열정이 없는 느낌이에요. 부서진 머리? 기형적인 팔? 이상한 지지 체계. 도대체 무엇이 이런 상태를 야기했을까요?

동료 1: 고군분투, 절망감, 무너짐.

치료사 1: 부서짐, 정체성 상실 또는 혼란, 자기 비하, 지지를 요청하거나 필요로 함을 느껴요.

치료사 2: 삭막함, 부서짐, 어두움.

동료 4: 무겁고 피곤해 보이며, 우울감이 느껴져요. 상당히 괴로워 보이네요. 가운데 선 때문

> 에 생각이 양분돼 있다는 인상을 받아요. 한쪽이 다른 쪽보다 더 무거워 보입니다. 그래도 좋은 의자를 가지고 있네요. 마치 왕좌와 발 받침 같은 느낌이 들어요.

[그림 7-6]은 글렌다가 자신의 마음을 도서관으로 표현한 그림이다. [그림 7-7]은 이 같은 집단 글쓰기 과정의 또 다른 예시를 보여 준다.

그림 7-6 글렌다의 마음 그림

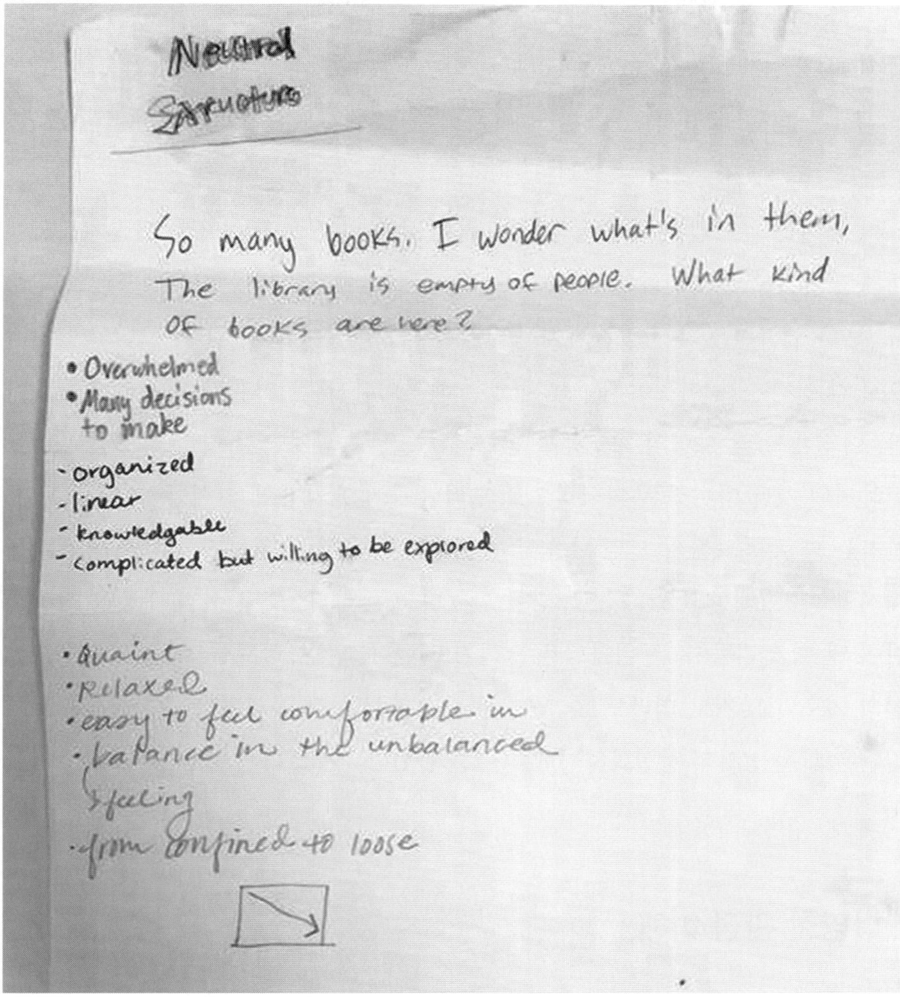

그림 7-7 글렌다의 마음 그림에 대한 성찰적 글쓰기

글렌다의 글쓰기: 중립적, 구조적.

동료 1: 책이 정말 많네요. 그 안에 무슨 내용이 들어 있을지 궁금해요. 도서관에 사람이 한 명도 없어요. 이곳에는 어떤 종류의 책들이 모여 있을까요?

동료 2: 뭔가 압도적인 느낌이 들어요. 결정해야 할 것도 많은 것 같아요.

치료사 1: 체계적이고 선형적이며, 지식이 풍부해 보이네요. 복잡해 보이지만 탐색해 볼 만한 의지가 느껴져요.

치료사 2: 소박하면서도 편안해 보여요. 쉽게 안락함을 느낄 수 있을 것 같네요. 불균형 속에서 균형을 이루고, 제한된 상태에서 더 자유로운 상태로 나아가는 느낌이 들어요.

이 예시는 글쓰기 과정을 통해 집단원 각각이 다른 모든 동료와 미술치료사에 대해 명시적으로 정신화하기(mentalizing)를 실천할 수 있다는 사실을 잘 보여 준다. 모든 구성원은 자신의 관점에서 감상을 적거나 질문을 던진다. 그리고 최종적으로 각 창작자가 '이것이 내게는 적합한 해석이다, 혹은 아니다'를 스스로 결정한다. 이렇게 여러 사람의 피드백을 받을 수 있으니, 환자는 자신이 의도적으로 표현하려던 것뿐 아니라 무의식적으로 드러난 주제도 새롭게 인식할 수 있게 된다. 환자는 때로 동료들의 서면 반응이 자신의 감정을 잘 반영하거나 새로운 시각을 제시할 때 '이해받고 있다'는 느낌을 받는다고 말한다. 또 정서적 내용을 정확히 짚어 낼 때 놀라움 혹은 취약함을 느끼기도 한다. 반면, 동료들의 해석이 작가 본인의 의도와 맞지 않더라도, 이를 계기로 호기심을 갖고 설명을 주고받음으로써 집단은 더욱 명시적 정신화하기에 참여하게 된다.

다양한 관점 이해

정신적 유연성은 정신화하기의 중요한 요소로서, 여러 관점을 인식하고 수용하는 능력을 포함한다. 효과적인 정신화의 특징 중 하나가 조망수용인데, Asen과 Fonagy(2012, p. 110)에 따르면, "조망수용은 동일한 현상이나 과정을 서로 다른 시각에서 바라보면 전혀 다르게 보일 수 있다는 사실을 인정하는 것이며, 이는 각 개인이 지닌 고유한 경험과 역사를 반영한다." 환자가 한 사건이 사람마다 다르게 받아들여질 수 있음을 수용하게 되면, '내 감정이 타인도 똑같이 느끼는 감정'이라는 가정에서 벗어날 수 있다. 어떤 환자에게는 이러한 관점 전환이 매우 어렵다. 그들은 흔히 "타인도 나와 같이 생각하고 느낀다."는 믿음을 전제로 살아왔기 때문이다. 타인의 정서 상태를 자기 마음대로 확신해 버리는 태도는 많은 성격장애 환자의 대인관계 갈등 원인이 되기도 한다. 정신화 집단에서는 이러한 고정관념을 그대로 받아들이기보다, 자기와 타인을 구분하는 훈련을 한다. 각자의 관점은 모두 타당하며, 이 차이를 좀 더 깊이 파고들어 그것이 과거와 현재의 어떤 경험과 연관되는지를 탐색한다. 치료사는 대안적 관점을 수용하는 태도를 직접 보여 줌으로써, 환자에게 이를 시범 모델로 제시한다. 정신화하는 치료사는 타인의 마음에 대해 끊임없이 열린 호기심을 유지하고, 이를 통해 서로 간의 이해를 조정 및 재구성하고 궁극적으로 발전시킨다(Allen et al., 2008; Asen & Fonagy, 2012; Bateman & Fonagy, 2016).

미술 작업 주제: 조각상 그리기

다음 미술 작업 지침인 '조각상 그리기'(〈표 7-2〉 참조)에서는 다목적실을 나와 야외로 이동한다. 집단원들은 야외 중정에 설치된 기하학적 금속 조각상을 그리기 위해 주변에 둘러앉는다. 다양한 종류의 목탄(압축목탄, 덩굴목탄, 목탄 연필), 지우개, 종이, 드로잉 보드 등 다양한 재료가 제공된다. 환자는 치료사의 시선이 닿는 범위 내라면 어디든 편한 곳에 앉을 수 있다. 어떤 이들은 조각상 근처의 보도나 벤치에 앉고, 다른 이들은 나무 그늘이나 조금 떨어진 잔디 언덕을 택한다. 텍사스 특유의 강렬한 더위 탓에 대체로 빠르게 그림이 완성되지만, 그 후 진행되는 대화는 시간이 좀 더 걸리는 편이다.

다시 다목적실로 돌아오면, 완성된 그림들을 화이트보드에 붙여 두고 잠시 조용한 관찰 시간을 갖는다. 이어서 치료사는 집단원에게 여러 그림 간의 유사점과 차이점을 찾아보도록 유도하기도 하고([그림 7-8] 참조), 특정 환자에게 자기 작품이 아닌 다른 사람의 그림을 골라 설명해 보게 요청하기도 한다. 이때는 작품을 만든 이가 직접 자신의 의도와 과정을 밝히기 전에, 먼저 다른 집단원들이 해당 그림에 대해 서로 질문과 소감을 나누도록 권한다. 이 과정을 통해, 환자는 개인이 처한 과거와 현재의 경험 및 정신 상태가 관점 차이에 어떤 영향을 주는지 살펴보게 된다. 또 조각상을 바라보는 위치나 재료 활용 방식, 그림의 크기 · 비율 · 시점 같은 요소들도 작가의 결정에 어떤 영향을 미쳤는지 살펴보며 '왜 이 사람은 이렇게 그렸을까?'를 탐색한다. 그렇게 함으로써 똑같은 대상도 전혀 다른 방식으로 이해하고 해석할 수 있음을 체감하고, 이를 대인관계 상황에서의 주관적 차이로 연결하는 법을 배우게 된다.

표 7-2 ● 조각상 그리기

설명

- 집단원들은 중정에 있는 조각상 주위에 모여, 그 조각상을 관찰하면서 그림을 그린다. 사용 가능한 재료는 목탄, 연필, 종이로 제한한다.
- 작업을 마친 뒤, 다시 다목적실로 돌아와 완성된 그림들을 화이트보드에 붙인다.
- 이 활동은 미술 작품에 대한 '평가'나 '비평'이 목적이 아니다. 대신, 작품을 통해 서로를 정신화하고, 각 이미지가 작가에 대해 무엇을 말해 주는지, 작가가 무엇을 표현하려 했는지를 생각해 보는 데 초점을 둔다.

논의/성찰 질문

- 각 이미지가 전달하는 바는 무엇인가? 작가는 어떤 감정을 느꼈을 것 같은가? 이 이미지가 작가에 대해 보여 주는 점은 무엇인가?
- 동료가 내 이미지를 보고 제시하는 시각을 들었을 때 어떤 기분이 드는가? 혹시 추가로 설명하거나 명확히 하고 싶은 점이 있는가?
- 재료와 주제가 제한된 상태에서 작업해 본 경험은 어땠는가?

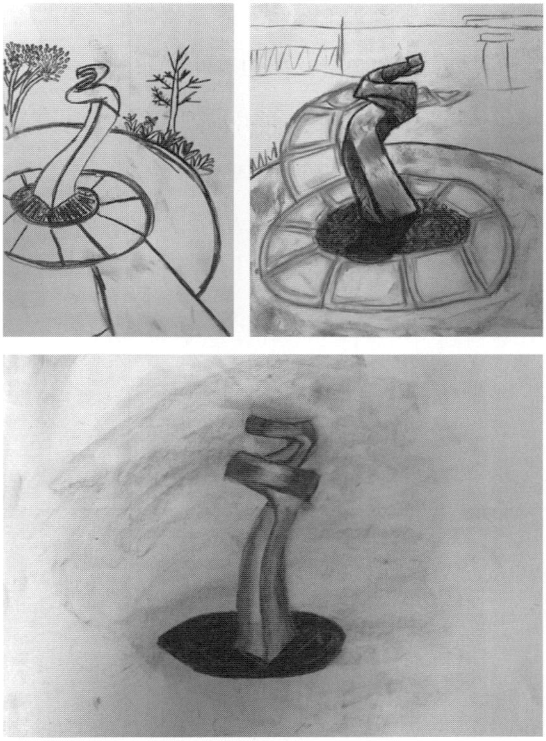

그림 7-8 조각상 그리기의 예시

미술 작업 주제: 반응 작업

다양한 시각을 이해하는 데 도움이 되는 두 번째 미술 작업 지침(〈표 7-3〉 참조)은 인지도나 양식이 서로 다른 화가들의 기성 작품을 활용한다. 우리는 약 30여 점의 이미지를 엄선했는데, 빌렘데 쿠닝의 〈여인 I〉이나 구스타프 클림트의 〈키스〉부터 뱅크시 엽서, 왕게치 무투의 콜라주 이미지에 이르기까지, 추상, 구상 작품을 모두 망라하는 소형 판화, 박물관 엽서, 인쇄 사진 등이 포함된다. 테이블 위에 다양한 이미지를 펼쳐 놓고, 환자에게 "여러분이 어떤 이유로든 '눈에 띈다'고 느끼는 작품을 골라 보세요."라고 권유한다. 우리는 다음과 같이 설명한다.

> 이미 익숙한 작품일 수도 있고, 어떤 감정을 떠올리게 하거나 특별한 연상을 불러 일으킬 수도 있습니다. 작품을 골랐다면, 그 이미지에 대한 여러분만의 미술적 반응을 만들어 보세요. 원작을 그대로 재현하려는 게 아니라, 그 작품이 불러일으키는 느낌에 반응하는 것이 핵심입니다. 비슷한 색이나 형태, 재료를 써도 좋지만 무엇보다 여러분이 그 작품에서 인상 깊게 느낀 부분이나 매료된 지점을 표현해 보세요.

작업이 끝난 뒤, 환자는 자신이 만든 작품을 원작 옆에 나란히 놓고 전시한다. 그 후 치료사와 모든 집단원이 테이블 주위를 천천히 돌아다니며 각 작품을 감상

● 표 7-3 ● 반응 작업

설명

- 환자에게 다양한 미술 작품 인쇄물을 제시하고, 개인적으로 마음이 끌리거나 특별히 연관성을 느끼는 작품을 하나 고르도록 안내한다. 이는 특정 기억이나 감정, 호기심을 불러일으키는 경우 또는 이미지 내의 특정 요소와 자신을 동일시하는 경우 등을 포함한다.
- 선택한 원작을 통해 떠오른 감정이나 생각을 주제로 반응 작품을 만든다.
- 반응 작업은 원작을 그대로 복제하는 활동이 아니라, 원작에서 인상적인 색감, 움직임, 형태 같은 요소를 참고하되, 주로 유발된 감정에 반응하는 것이 핵심임을 설명한다.
- 완성된 작품은 원작 옆에 전시하고, 집단원들은 각 세트를 돌아보며 관람한다. 이후 함께 대화를 진행한다.

논의/성찰 질문

- 어떤 방식으로 미술 작품 인쇄물을 선택했는가?
- 원작을 보면서 어떤 감정, 기억, 질문, 혹은 생각이 떠올랐고, 이것을 반응 작업에 어떻게 담아내기로 했는가?
- 동료의 작품을 보며 어떤 느낌이나 반응이 드는가?
- 내 작품에 대해 동료가 제시한 시각을 듣는 것은 어땠는가? 더 분명히 설명하거나 덧붙이고 싶은 점이 있는가?

한다. 대화 시간에는, 원작에 대한 각자의 첫인상이나 해석, 무엇이 환자의 시선을 사로잡았는지, 그리고 그것이 결과물에 어떻게 담겼는지를 나누도록 독려한다. 이처럼 다양한 이미지와 개별적 반응을 나란히 살펴보는 과정은, 사람들이 서로 다른 시각을 갖고 있음을 두드러지게 보여 주고, 호기심과 탐구심을 불러일으켜 정신화하는 능력을 향상하는 데 큰 도움을 준다.

크리스티의 '부유하는 인물'

스무 살 환자인 크리스티는 케이틀린 허드(Caitlin Hurd)의 부유하는 인물 그림을 선택하고, 그 작품에서 느낀 감정을 기반으로 반응 작업을 제작했다([그림 7-9]). 그녀는 이 그림이 무감각한 상태를 표현한다고 느꼈으며, 수동적으로 삶을 흘려보내는 자신의 모습을 반영한 것 같다고 설명했다. 집단원들은 그림 속 뚜렷하지 않은 얼굴에 주목하며 다양한 의견을 나누었다. 한 환자는 "이 인물이 자기 정체성을 잘 모르는 상태를 상징하는 것은 아닐까요?"라고 물었다. 또 다른 환자는 인물이 갇혀 있는 듯 보이고, 그림 일부가 사라지는 듯한 느낌이 있어 '누군가를 잃는 경험'을 표현한 것일 수도 있다고 했다. 또 다른 환자는 얼굴에 비해 인물의 몸과 머리 주변 선이나 표시에 강한 '에너지'가 느껴지는 점에 주목하며, 겉으로 보이는 모습보다 내면에서 더 많은 일이 일어나고 있는 건 아닐지 궁금하다고 했다. 다른 한 명은 배경이 단순하게 처리된 점을 들어 '이 인물이 소속감을 충분히 느끼지 못하는 상태'를 반영하는 것이 아닐까 하는 의견을 제시했다. 그 결과, 집단원들은 '얼어붙은, 갇힌, 정지된, 알 수 없는, 불확실한, 혼란스러운, 고독한, 두려운' 등의 감정을 상상해 보았다고 말했다. 크리스티는 자신의 반응 작품을 설명하며, '지금까지 가족이 원하는 대로 살아왔고, 스스로 결정하기보다 타인을 위한 삶을 살았다'는 점을 털어놓았다.

크리스티가 겪는 주요 문제는 불안정 애착(insecure attachment)에서 비롯된 경우가 많았다. 그녀는 대인관계를 위협적이고, 타인들을 통제적 · 불신적 · 비판적

그림 7-9 크리스티의 반응 작업

으로 여기기 쉬웠다. 통제당하는 느낌에 대한 분노는 종종 충동적이고 역기능적인 대처 행동으로 이어졌고, 위험한 상황에 놓이게 되면 가족과 지지체계는 그녀를 지키기 위해 더욱 통제하려 들었다. 그 결과, 크리스티는 순종적인 '착한 아이'가 되거나 완전히 반항하는 양극단을 오가게 된 것이다. 이번 작품에 나타난 인물의 모습은, 마치 멈춰 있는 듯한 무기력함을 잘 드러낸다. 또한 크리스티는 수치심과 무가치함을 크게 느껴 타인에게 속내를 잘 드러내지 못했는데, 그러한 과거와 현재의 경험이 이번 원작 선택과 해석 과정에도 큰 영향을 미친 것으로 보인다.

제8장

치료와 그 이후의 정신화하기

이 장에는 핵심 문제, 행위주체성, 그리고 치료 과정 및 치료 이후에도 희망을 유지하는 것과 관련된 미술 작업 방안이 담겨 있다. 여기서는 각 개념을 살펴보고, 이에 상응하는 미술치료 지침을 설명하며, 환자가 만든 작품 사례와 대화 내용을 함께 제시한다.

치료를 위한 핵심 문제 구상

핵심 문제란 무엇인가

단기치료의 주요 목표 중 하나는, 환자가 정체 상태에 머무르게 만드는 요인에 대한 실질적 공식화(formulation)를 수립하는 것이다. 핵심 문제는 이러한 근본적 장벽을 이해하는 데 유용한 개념이다. 독립을 시도하다 실패한 초기 성인들의 경우, 성인 역할로 진입하려는 과정에서 이 장벽을 밝혀내는 작업이 특히 도움이 된다. 교육 집단에서는 진단과 핵심 문제를 명확히 구분한다. **진단**(diagnose)은 정신의학적 증상을 분류하기 위해 사용되는 약식 표현으로, 임상가들 간 의사소통에 유용하다. 반면, **핵심 문제**(core issue)는 증상을 일으키는 동인(drivers)으로 설명되며, 진단보다 훨씬 개별적이고 서술적이어서, 진단만으로는 놓치기 쉬운 개인의 복합적 상황과 미묘한 차이를 포착하는 데 도움이 된다.

정신화하기 치료 과정은 협력적 작업을 통해 문제 상황을 서사적으로 공식화하고 발전시키는 것을 목표로 한다. 환자는 이 공식화의 중심에 있으며, 치료팀과 함께 공동으로 만들어 간다. 예컨대, 컴퍼스 프로그램 환자는 자기 관점, 관계 및 타인 관점, 정서 관리, 외상 경험, 성공과 실패 경험, 그리고 치료 참여에 관한 질문들을 숙고하도록 권장받는다(〈표 8-1〉 및 〈표 8-2〉 참조). 이러한 질문들은 개인치료나 가족치료에서 깊이 다뤄질 뿐 아니라, 밀리유 치료(milieu therapy)의 중요한 축을 이루는 동료 간 대인관계 상호작용 속에서도 자연스럽게 드러난다. 이를 통해 환자는 내적 · 외적 장벽을 인식할 기회를 갖게 된다.

환자가 작성한 핵심 문제 목록은 치료팀에 제시되어, 공식화에 반영된다. 이후 환자에게 이를 검토 · 수정하도록 하여, 정신화 접근법이 실제로 어떻게 작동하는지 시범을 보인다. 핵심 문제 목록은 겉보기에 해결 불가능해 보이던 문제들을 더 관리 가능한 치료 단위로 쪼개 준다. 그 결과, 환자와 치료자 모두 치료 관련 문제를 체계적으로 정리하고, 명확한 목표에 집중할 수 있다. 또한 공식화는 환자가 그 목표에 도달하도록 돕는 치료의 구체적 측면들을 명시적으로 연결해 준다(Allen et al., 2012; O'Malley, 2018).

● 표 8-1 ● 핵심 문제: 고려할 질문들

자기 관점	• 나는 자신을 어떻게 바라보는가? 스스로를 얼마나 잘 알고, 이해하며, 수용할 수 있는가? • 내 안에 어떤 핵심 신념이 존재하는가? • 나 자신과 관련한 두려움은 무엇인가?
관계/ 타인 관점	• 나는 타인을 어떻게 보고 있는가? 타인에게 알려지고, 이해받고, 수용된다고 느끼는가?

	• 타인을 신뢰할 수 있다고 여기는가? 아니면 일반적으로 타인을 도움을 줄 수 있는 존재로 보는가? 아니면 타인이 내 요구를 충족시킬 수 있는가? • 다른 사람들에 대해 갖는 핵심 신념은 무엇이며, 관계에 관해 품고 있는 두려움은 무엇인가?
정서 관리	• 나는 감정과 어떤 관계를 맺고 있는가? • 감정을 무감각하게 만들거나, 억압하거나, 회피하려고 하는가? • 감정이 너무 강해 스스로 통제하기 어렵다고 느끼는가?
외상 경험	• 나의 기능이나 자기 · 타인에 대한 관점에 영향을 준 트라우마를 경험했는가? • 그 트라우마가 남긴 정서적 영향은 무엇이며, 여전히 어떤 방식으로 내게 작용하고 있는가?
성공과 실패 경험	• 나는 내 삶에 변화를 만들어 낼 수 있다고 느끼는가? • 결정을 내릴 만한 행위주체성과 자율성을 갖추고 있다고 보는가? 자립을 시도할 때 독립성을 빼앗기거나 버림받을 것 같아 두렵지는 않은가? • 문제를 해결하기 위해 적극적으로 시도하는가, 아니면 아무것도 하지 않는 편이 더 쉽다고 느끼는가? • 어느 정도 성공을 경험한 뒤 자기 파괴적 행동을 보인 적은 없는가?
치료 참여	• 내가 치료를 받는 동기는 무엇인가? 스스로 원해서인가, 아니면 타인이 원하는 것인가? • 치료가 실제로 도움이 될 것이라는 희망이 있는가? • 과거 치료 경험이 지금의 치료 참여에 어떤 영향을 미치고 있는가? • 전반적으로 치료가 어떻게 작용하는지에 대해 혼란을 느끼지는 않는가?

● 표 8-2 ● 팸의 핵심 문제[1]

자기 관점	• 팸의 초기 가족 환경은 불안정 애착 유형을 형성하는 데 기여했을 가능성이 있다. 그녀는 양육자를 정서적으로 신뢰하거나 접근하기 힘든 존재로 경험했으며, 그로 인해 스스로를 친밀한 관계 맺기에 부적합한 사람이라 여겼을 수 있다.

1) 명확성을 위해 표 형식으로 제시했으나, 실제 임상에서는 목록 또는 서술형으로 환자에게 제공될 수 있다.

	• 수치심은 팸의 부정적 자기 인식과 낮은 자신감을 초래한다. 팸은 자신이 결코 충분히 훌륭해질 수 없다고 느끼며, 이 때문에 내면을 타인과 나누거나 상호작용하기를 어려워한다.
관계/ 타인 관점	• 불안정 애착 유형으로 인해, 팸은 타인을 신뢰하고 관계에서 안전하다고 느끼는 데 어려움을 겪는다. • 팸은 친밀한 관계를 오래 유지하기 어렵다. 버림받거나 거부당할 것 같아 두려워하고, 감추고 싶은 약점을 들키기 전에 먼저 타인을 거부하려는 경향이 있다. 그 결과, 고립감과 외로움을 더욱 깊이 느낀다.
정서 관리	• 팸이 가족에게 통제받는다고 느낄 때, 분노와 충동적 행동으로 대응한다. 이는 부적응적 대처 방식을 악화시키고, 가족이 그녀를 더 통제하려 드는 악순환을 불러온다. • 사람들이 안전하게 느껴지지 않고 감정을 조절하기 어려울 때, 팸은 물질(약물, 알코올 등)에 의존해 스스로 위안을 얻으려 한다. • 감정을 인지하고 표현하기 어렵다고 느끼며, 이 때문에 타인과 단절된 느낌이 심화된다.
외상 경험	• 초기 아동기에 충분히 충족되지 않은 애착 욕구 외에도, 팸은 최근에 성적 외상(성폭력 피해)을 경험했다. 물질 사용 상태에서는 이런 사건이 재발할 위험이 커진다. 물질 사용은 어려운 감정을 회피하는 수단이 될 수 있지만, 결국 팸의 안전을 위협하고 수치심을 한층 더 강화한다.
성공과 실패 경험	• 팸은 완벽주의 성향으로 인해 자주 지연행동과 회피를 보인다. 이러한 부적절감은 과제 시작이나 수업 참여, 대인관계 형성 등에 부정적 영향을 미친다. 그럼에도 팸은 고등학교를 졸업하고 원하는 대학에 입학해 3학기를 마쳤다. 그녀는 학위를 취득하겠다는 분명한 동기를 갖고 있다.
치료 참여	• 팸은 근면하고 창의적이며, 치료 전반에서 정직과 협력적 태도를 유지한다. 변화에 대한 의지와 동기를 보여 주기도 한다. 타인과 정서적으로 이어지는 데는 어려움을 겪지만, 또래들은 팸을 치료 환경에서는 리더이자 역할 모델로 인식하는 듯하다.

미술 작업이 핵심 문제를 명확히 하는 데 어떻게 도움이 되는가

앞서 언급했듯, 정신화하기 이론 틀에서는 미술 작품을 진단 도구로 사용하지 않는다. 정신화 기반 치료(MBT) 또한 작품의 서사적 내용보다 정신화 과정에 초점을 두는 경향이 있다(Bateman & Fonagy, 2012a). 그러나 단기 치료 환경에서는 진단적 공식화가 특히 중요하므로, 어느 정도 내용도 살펴볼 필요가 있다. 정신화하는 과정은 환자와 치료팀이 협력해 포괄적 공식화에 도달하는 핵심 수단이다. 목표는 환자의 고유한 경험과 치료팀이 바라보는 환자의 모습을 함께 통합해 이해하는 것이다.

정신화하기는 수학 방정식이 아니라 예술에 가깝다. 적절한 공식화를 마련하는 데는 시간과 노력이 필요하다. Allen 등(2012, pp. 190-191)은 "올바른 초점을 찾기 위한 알고리즘은 없다. 정신화하기의 초점은 환자와 치료사가 함께 올바른 답에 가까워질 가능성을 높이는 데 있다."라고 설명한다.

이와 마찬가지로, 미술치료 집단은 환자와 치료자가 협력하여, 환자에게 알맞은 공식화를 발전시킬 수 있는 하나의 통로가 된다. 미술치료는 환자가 자신의 내면을 안전하게 탐색하고, 이를 타인과 공유하도록 돕는다. 환자는 감정, 생각, 환상을 시각적으로 외재화하고, 상징적으로 다루면서 처리한다. 이는 컴퍼스 프로그램의 많은 청년에게 특히 유용하다. 일부 환자는 다른 치료 영역에서 충분히 문제를 다루지 못해 정신화 기반 집단미술치료에 의뢰되기도 한다. 미술치료는 이들이 점진적으로 딜레마를 표현하고, 시각적으로 풀어 나가도록 돕는다. 또한 작업 과정에서 드러나는 정신화하기의 결핍을 파악해 추가 개입을 모색할 수도 있다.

미술 작업 주제: 정체된 상태

정신화 기반 집단미술치료에서는 핵심 문제에 초점을 맞춘 여러 가지 미술 작업 지침을 제시한다. 그중 하나가 **정체된 상태**를 표현하는 지침이다(〈표 8-3〉 참조). 정신화 기반 집단미술치료에서 환자는 자신이 정체되었다고 느끼는 상태를 시각적으로 표현하도록 초대받는다. 작업 시간의 대부분은 이 과제에 할애된다. 마무리 단계에 이르면, 이미 완성한 이미지를 약간 덜 정체된 느낌으로 바꿔 보라는 요청을 받는다. 예를 들어, 무엇인가를 새로 추가하거나 일부를 지우거나, 새로운 재료를 사용해 볼 수 있다는 제안을 받는다. 이미지를 수정하기 부담스러운 환자는, 시간 여건을 고려해 새로운 이미지를 간단히 만들어 보는 대안을 선택할 수도 있다. 이후 환자는 자신이 만든 작품을 집단원들과 함께 살펴보며, 원본 이미지와 수정 과정을 설명한다.

● 표 8-3 ● 정체된 상태

설명
• 정체되어 있다고 느끼는 상황(장소)을 시각적으로 표현한다. • 그 이미지를 조금 덜 정체된 느낌으로 수정해 본다.
논의/성찰 질문
• 이미지를 만드는 과정은 어땠는가? 무엇으로 시작해 어떤 부분을 바꾸었는가? • 작품을 수정하라는 요청을 받았을 때 어떤 느낌이었는가? • 무엇을 추가하거나 제거할지 어떻게 결정했는가? • 완성된 이미지를 보는 지금, 어떤 감정이나 생각, 질문이 떠오르는가?

잭의 정체된 상태

이 미술 작업 지침은 핵심 문제를 드러낼 뿐 아니라, 환자의 정신화하는 능력과 그 결핍을 확인하게 해 준다. 예를 들어, [그림 8-1]은 잭이 표현한 '정체된 상태'를 보여 준다. 먼저, 잭은 약을 입 안에 투여하는 손과 장(腸)을 통해 떨어지는 알약을 그렸다. 이어서 눈물 흘리는 눈과 피가 흐르는 심장을 그렸으며, 그림 하단의 검은 심연(深淵)은 알약, 눈물, 피를 받아들이는 '수용체'로 표현했다. 잭은 "아무것도 효과가 없다."라고 말하며, 고통을 완화해 보려는 시도가 헛되게 느껴져 정체 상태에 있다고 설명했다. 이미지를 수정해 보라는 요청을 받자, 잭은 장 튜브의 끝에 마개(코르크)를 그렸다. 그다음 심장에 반창고를 붙였지만, 출혈 부위를 제대로 덮지는 못하는 모습이었다. 마지막으로, 작은 요정을 추가했는데, 잭은 이 요정이 눈을 감싸안고 키스해 "상황을 나아지게 만드는 존재"라고 말했다.

토론 시간에 잭은 문제를 해결하기 위해 '빠른 해결책'을 찾으려는 경향이 있다고 인정했다. 이는 종종 치료 과정에서 약물 추구 행동으로 이어지곤 했다. 일부 집단원은 잭에게 공감했고, 외부적 해결책에 대해 호기심을 보였다. 잭은 고통을 덜기 위해 취한 행위들이 결국 무의미했다며, 알약은 심연으로 떨어지고 요정은 실재하지 않으며, 반창고도 제구실을 못한다고 부연했다. 한 집단원은 "알약을 들고 있는 손은 누구의 손인가요?"라고 물었고, 또 다른 이는 요정의 의미에 관심을 가졌다. 잭은 요정을 **마법적 사고**의 표현이라고 설명하며, 자신의 노력 없이도 상황이 저절로 좋아질 수 있다는 비현실적 믿음이 있었다고 했다. 그 결과, 이미지를 수정할 때 외부적 존재(손, 요정)에게 문제 해결을 맡기려 한 것이다. 이러한 잭의 그림은 목적론적 사고를 보여 주는데, 이는 정신 상태를 모두 물리적 행동이나 가시적 결과로 환원하려는 비정신화 모드의 특징이다. 예컨대, '내 전화를 안 받으면 나를 사랑하지 않는 것' '날 부딪쳤다면 날 해치려는 의도가 있는 것' 혹은 이 사례처럼 '반창고, 요정의 키스, 의사의 약'만 있으면 모든 게 해결된다고 보는 식이다.

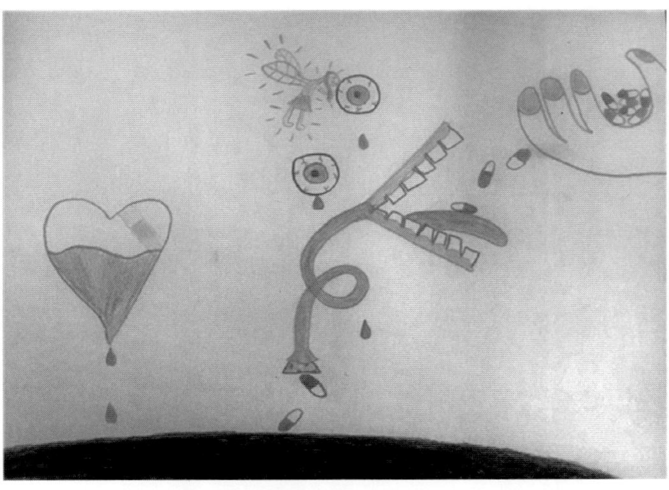

그림 8-1 잭의 정체된 상태

집단원들은 잭의 이미지에 나타난 분절화로 관심을 돌렸다. 분리된 신체 부위, 떠다니는 눈과 입, 심장, 출처를 알 수 없는 손 등을 보며, 이 요소들이 온전한 인물이나 형태와 연결되지 않은 점에 의문을 가졌다. 이에 대해 잭은 별다른 생각을 해 본 적이 없다고 답했지만, 어쩌면 스스로와 얼마나 단절되어 있는지 반영한 것 같다고 언급했다.

이 그림은 치료를 시작하고 몇 주가 지난 뒤 완성된 것으로, 잭은 치료 과정에서 자신의 책임을 자각하게 되었다고 했다. 그러나 강렬한 정서적 고통을 느낄 때는 이를 기억하기 어려워, 곧바로 해결책을 요구하기 쉽다고 말했다. 잭은 고통을 줄이기 위해 빠르게 행동해야 한다는 긴박감과, 자신의 고통을 인정받기 위해 외부적 행동에 크게 의존하는 모습을 어느 정도 인식하고 있었다. 그의 작품은 대인관계 맥락에서 정신화하는 능력을 방해하는 목적론적 사고의 어려움을 더욱 부각하는 것처럼 보였다.

정신화 기반 집단미술치료는 환자가 '함께 생각하기'를 실천할 수 있는 장을 제공한다(Allen et al., 2012, p. 187). 이는 작품을 보고 토론에 참여하는 이들의 호기심과 질문을 통해 자연스럽게 구현된다. 명확화하고 물어보는 과정은 협력적 성찰의 분위기를 형성하며, 비정신화 상태를 해소하는 데 도움을 준다. 잭의 이미지는 작품과 그 설명 속에 담긴 잭의 경험을 상상하는 과정에서, 집단원들이 수많은 질문을 던지도록 이끈 듯했다. 집단의 호기심은 잭 스스로도 자신의 작품에 더 깊이 관심을 갖도록 만들어, 그의 정신 상태와 핵심 문제를 성찰하는 데 기여했다. 아울러 잭은 자신의 고통을 다루는 방식이 외부 지향적이고 행동 중심적이라는 점, 그리고 그 근본 원인을 살펴볼 기회를 얻게 되었다.

미술 작업 주제: 무엇이 방해가 되는가

두 번째 미술 작업 지침(〈표 8-4〉 참조)은 환자에게 '무엇이 방해가 되는가?'라는 질문에 응답하도록 요청함으로써 문제와 장벽을 식별할 수 있게 돕는다. 토론 시간에는 집단원들이 '이미지 속에 내가 실제로 들어간다면 어떨까?' '이미지 속 나무나 구석에 있는 인물이 된다면 어떤 느낌일까?'와 같은 방식으로 상상해 보도록 권한다.

● 표 8-4 ● 무엇이 방해가 되는가?

설명
• 미술 재료를 활용해 '무엇이 방해가 되는가?'라는 질문에 대한 시각적 표현을 만든다. • 내적 · 외적 요인이 만들어 낸 과거와 현재의 장애물을 떠올리고 탐색한다.
논의/성찰 질문
• 이미지를 만드는 과정은 어땠는가? • 동료의 의견을 듣고, 그들의 작품을 보는 느낌은 어떠한가? • 이 이미지 속 _____(이)라면 어떤 기분일 것 같은가? • 지금 이 작품을 바라보면서 어떤 감정, 생각, 혹은 질문이 드는가?

브랜든의 장벽

브랜든은 대학 진학에 실패하고 가족과의 갈등이 지속되어 컴퍼스 프로그램에 참여하게 된 초기 성인 환자이다. 그는 정신적 유연성이 부족하고, 직원들과 다른 환자에 대해 상당히 대립적이고 평가절하하는 태도를 보였다. 치료팀의 초기 인상은, 브랜든이 자기애적 방어기제를 사용해 타인과 의미 있는 관계를 맺는 데 큰 어려움이 있다는 것이었다.

이후 브랜든은 정신화 기반 집단미술치료에 의뢰되어, 해당 미술 작업 제안에 대한 자신만의 작품을 공유했다([그림 8-2] 참조). 그는 평소처럼 풍자적인 방식으로 이미지를 설명했는데, 약간 비꼬는 농담을 섞어 순무의 남근적 특징과 물 호스의 배치에 주목했다. 브랜든은 그림 속에서 비정상적으로 큰 순무밭에 물을 주려

하지만, 호스가 너무 짧고 물도 충분히 나오지 않아 자신이 '제대로 준비되지 못한 상태'라고 느꼈다고 말했다.

처음에는 몇몇 집단원이 농담에 동참했지만, 웃음이 사그라지자 브랜든은 자신의 깊은 부적절감을 꺼내 놓으며 취약한 면을 드러냈다. 그는 스스로 '어떻게 자신의 길을 방해하고 있는지' 솔직하게 이야기했다. 동료들은 브랜든이 집단에서 자신감 있고 확신에 찬 모습을 보여 왔기에, 그가 부적절함을 느낀다는 사실을 전혀 몰랐다고 피드백했다. 집단 토론에서는 브랜든이 고통스러운 감정과 타인으로부터 거리를 두기 위해 유머와 풍자를 사용한다는 점이 더욱 부각되었다. 브랜든은 집단이라는 관계적 맥락 속에서 이러한 어려움을 이해하기 시작했다.

[그림 8-2] 무엇이 방해가 되는가?

행위주체성

행위주체성(agency)은 컴퍼스 프로그램의 모토 가운데 하나이다. 매주 열리는 공동체 회의에서, 직원과 환자는 함께 원형으로 앉아 정보를 교환하고 공동체의 안건을 논의한다. 이 환자 주도 회의의 시작에 컴퍼스 프로그램 모토인 ARCH, 즉 **행위주체성**(Agency), **존중**(Respect), **연민**(Compassion), **정직**(Honesty)을 낭독한다. 직원과 환자 모두가 자주 강조하는 것은 '치료에서 행위주체성을 가지라'는 것이다.

행위주체성이란 자신의 행동에 대해 책임질 수 있는 능력을 말한다. 이는 독립적으로 결정하고 선택하며, 원하는 목표나 목적을 향해 행동을 시작할 수 있는 역량을 포함한다. 개인이 응집력 있는 자기감을 유지하면서 선택을 하고, 그 선택에 대해 책임질 수 있을 때 행위주체성이 발휘된다고 할 수 있다(Allen et al., 2003; O'Malley, 2018). 치료 맥락에서 환자가 치료 과정에 적극적으로 참여하려는 태도를 보인다면, 그것이 곧 행위주체성의 한 예이다. 그들은 자신의 행동을 돌아보고, 문제에 대한 자신의 기여를 인정할 의지를 가진다. 이는 단지 치료에 '출석'만 하면 효과가 있을 거라 믿는 태도와 대조된다.

일부 환자는 전지전능하고 자비로운, 마치 '마법 커튼 뒤의 마법사' 같은 치료자가 모든 치료를 알아서 해 줄 것이라는 수동적인 사고방식을 가지고 컴퍼스 프로그램에 들어온다. 반면, 치료팀이 무능하고 별 도움이 되지 않는다고 생각하며 '스스로도 충분히 할 수 있다'고 믿는 환자도 있다. 두 관점 모두 치료에 이롭지 않다. 우리의 목표는 협력이며, 정신화하기가 이를 달성하는 핵심 수단이다. 정신화하기는 행위주체성을 요구하고 촉진한다. 이는 곧 정체성과 자기 인식의 토대를 이룬다. 또한 정신화하기는 사건이 단지 사람들에게 수동적으로 일어나는 것이 아니라, 사람들이 자신의 행동에 대한 주인의식과 변화를 이끌어 낼 능력을 가지고 있다고 본다(Allen et al., 2003). 우리는 치료에서 행위주체성을 권장함으로써, 환자가 공동 책임감을 느끼고 자신의 기여가 최종 결과에 가치 있고 영향력 있다고 믿기를 바란다.

초기 성인기의 행위주체성

청소년기에서 성인기로 넘어가는 과정은 많은 청년에게 어려운 과업이다. 여기에 정신의학적 장애나 물질 남용이 더해지면, 성인 역할을 성공적으로 수행하기가 더욱 힘들어진다. 이는 컴퍼스 프로그램에 참여하는 많은 환자가 직면하는 현실이다. 이들은 마치 성인기로 가는 고속도로에서 출구를 놓쳐, 통합적이고 응집력 있는 자기감을 얻지 못한 채 계속 맴도는 순환 고속도로에 갇혀 있는 것처럼 보이기도 한다. 때로는 변화를 이끌 주체로서의 자기 이미지를 유지하지 못한다. 대체로 이들은 애착 문제를 가지고, 부모와 매우 의존적이고 밀착된 관계를 맺는다. 그 결과, 분노, 원망, 낮은 자신감, 반항적 행동 같은 현상이 흔히 나타난다. 초기 성인기에 청년은 자율성을 획득하는 과정에서 갈등을 겪으며, 동시에 다양한 관계 맥락 속에서 새로운 연결을 형성하거나 기존 연결을 재정립해야 한다(Poa, 2006).

미술치료에서의 행위주체성

미술 작업은 환자가 사용할 재료와 적용 방법을 스스로 결정해야 하므로, 행위주체성을 기를 수 있는 기회를 제공한다. 미술치료는 언어적 표현만으로는 얻기 어려운 방식으로 행위주체성과 통제감을 부여할 수 있다. 어떤 환자는 자신의 딜레마를 이야기로 풀어낼 때, 스스로를 무력한 희생자나 주어진 역할을 수행하는 존재로만 인식하게 될 수도 있다. 반면, 자신이 타인에게 막강한 영향력을 행사할 수 있다고 여기는 경우도 있다. 그러나 미술치료 상황에서는 타인에게 큰 부담을 주지 않으면서도, 자신이 만들어 가는 작품에 대한 통제권을 행사한다. 미술 창작 활동은 환자로 하여금 자신의 경험을 반영한 미술 작품을 제작함으로써 창작자로서의 정체성을 강화한다.

또한 미술 작품은 2차적 표상으로서, 현실 그 자체가 아니라 현실에 대한 하나의 해석 혹은 재구성으로 발전한다. Springham과 Huet(2018, p. 5)은 이를 미술 작품의 '마치 ~인 것 같은(as if)' 특성이라 부르며, "현실과 분리됨으로써 실제 현실을 훼손할 것이라는 공포 없이 가능성을 상상하는 변화가 가능해진다."라고 설명한다. 이런 방식으로, 미술치료 집단의 환자는 미술 재료를 통해 일종의 '현실 놀이'를 시도할 수 있다. 어려운 상황에서 한 발 물러나 문제를 바라보면서, 결과에 대한 두려움 없이 다양한 시나리오를 상상해 볼 수 있는 것이다.

예컨대, 자기 안에서 행위주체성을 찾기 어려웠던 환자 톰은 집단미술치료에서 더욱 현실적인 행위주체성을 경험했다. 언어로 자신의 딜레마를 설명할 때, 톰은 스스로를 무력하고 부적절하며 수동적인 존재로 여기거나, 혹은 타인에게 과도한 영향을 미칠 수 있다고 여기는 양극단의 태도를 보였다. 이는 어려서부터 부모가 그에게 '너는 혼자 아무것도 못 해' 혹은 '너는 뭐든지 할 수 있어.'라는 상반된 기대치를 심어 준 탓이었다. 미술치료에서는 톰이 부모나 타인의 시선을 크게 의식하지 않고, 자신이 만드는 창작물을 직접 통제하며 결정을 내릴 수 있었다. 그는 현실을 가지고 놀고, 통제력을 잃을까 두려워하지 않으면서 감정을 표현할 수 있었다. 이러한 미술치료 공간의 안전성이 환자에게 행위주체성을 직접 체험해 볼 수 있는 기회를 제공한다.

미술 작업 주제: 삶을 책으로

행위주체성에 중점을 두는 미술 작업 주제는 〈표 8-5〉에 요약되어 있다. 이 정신화 기반 집단미술치료에서 환자는, 자신의 인생 이야기를 책 한 권으로 가정해 책 표지를 디자인해 보라는 요청을 받는다.

● 표 8-5 ● 삶을 책으로

설명
• 자신의 삶을 한 권의 책이라고 상상한다. 주인공(자신)의 강점과 취약점, 그리고 책의 주요 주제와 갈등을 반영하는 제목을 정한다. 미술 재료를 활용해 책 표지를 만든다. • 독자의 흥미를 유발하기 위해, 책 뒷면에 들어갈 간략 소개문을 작성한다.
논의/성찰 질문
• 이미지를 만들 때 어떤 과정을 거쳤는가? • 당신의 책 표지는 어떻게 당신의 경험을 반영하는가? • 동료의 책 표지를 보고, 그 사람이 어떻게 보였는가? • 책의 장르(예: 스릴러, 로맨스, 서스펜스, 모험, SF)는 무엇인가? • 이 이야기가 실제가 된다면, 그 속에서 살아가는 느낌은 어떨 것 같은가?

다음 사례들은 이 과제에 대한 환자의 반응을 보여 준다.

조와 쉴라의 책 표지

조가 만든 책의 제목은 『한번 시도해 봐… 아니면 말고』였다. 표지에는 어두운 방에서 침대에 누운 채 바깥세계를 상상하는 인물이 그려져 있다([그림 8-3] 및 [그림 8-4] 참조). 그의 책 소개문은 다음과 같다.

> '**한번 시도해 봐…… 아니면 말고**'는 현대 소설의 획기적인 작품이다. 1990년대 초반부터 현재까지의 플로리다를 배경으로, 자기 정체성을 찾기 위해 분투하는 한 청년의 삶을 세밀하게 그려 낸다. 오락성은 거의 없다시피 한데, 어떻게 출판되고 인정받았는지는 미스터리이다.
>
> "취침 전에 읽기에 딱 좋은 책 — 잠들기 완벽함." —『뉴욕 타임스』

"공감하기 무척 어렵지만, 복수하고 싶은 상대에게라면 추천하고 싶다." —『마이애미 헤럴드』

"끝까지 읽을 필요도 없다. 첫 장만으로도 삶의 가치를 조금 더 소중히 느끼게 될 것이다." —『뉴요커』

퓰리처 상 수상작

오프라 북클럽 선정

저자 소개

……플로리다에 거주하며, 이 소설의 주인공처럼 방황과 좌절 사이를 헤매고 있다. 고양이 두 마리를 키우고 있다.

조는 무엇을 할지, 시도할지, 행동할지를 두고 양가성의 딜레마를 겪고 있었다. 그의 책 표지를 둘러싼 집단 토론에서는, 많은 초기 성인에게 내재하는 실패와 성공, 행위주체성과 무력감 사이의 긴장이 드러났다. 동료들은 비하적인 서평과 수상 경력 간의 뚜렷한 대조에 주목했다. 이는 조가 성공과 완벽을 추구하면서도 목표를 향해 행동하지 못하는 모순에 대한 논의로 이어졌고, 그 모순이 그가 정체 상태를 벗어나지 못하는 핵심 이유로 지목되었다.

그림 8-3 조의 삶을 책으로: 앞 표지

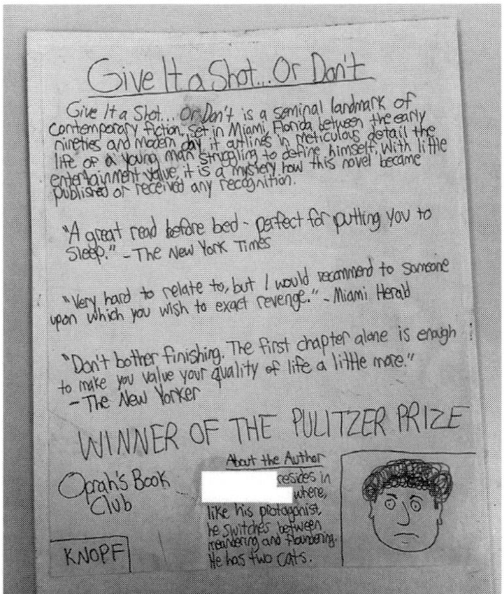

그림 8-4 조의 삶을 책으로: 뒤 표지

한편, 쉴라는 자신의 생애 이야기를 담은 책 표지를 만들었다. 제목은 '타자(The Other)'였고, 우측 하단에 작은 글씨로만 적힌 백지 형태였다. 그녀는 집단에서 스스로를 '알 수 없는 타자'로 인식한다고 설명했다. 집단원들은 이미지에 보이는 넓은 공백과 단순한 글자 배치에 주목했다. 쉴라는 가족과 지역사회 내 종교적·인종적·성적 정체성 때문에 자신이 소외감을 느껴 왔음을 털어놓았다. 또 새로 만나는 사람들에게 자신을 많이 드러내지 않고, 일부러 '백지 상태'로 보이려 한다고 했다. 쉴라는 이 공백이 타인으로 하여금 마음대로 투사하고 대개는 부정확한 가정을 하도록 만든다는 사실을 인식하고 있었다. 그 때문에 오해받고, 더 고립된 기분을 느낀다는 것이다.

희망 유지

치료에서 희망이 차지하는 역할에 대한 우리의 이해는, 이 주제에 대해 폭넓게 저술한 Jon Allen의 작업에 크게 의존한다. 실제로 자살 시도 직후이거나 심각한 외상을 겪은 역사가 있고 원하는 수준으로 기능하기 어려운 상태에서 치료를 받으러 오는 환자도 많다. 이들에게 '희망'이란 개념은 낯설게 느껴질 수 있으나, 희망에 관해 논의할 기회를 마련함으로써 환자가 단순히 얼마나 포기했는지를 넘어서는 것들을 드러내기도 한다. 그들은 깊은 절망과 불확실성 속에서도 회복력의 가능성을 보이거나, 이전까지 인식하지 못했던 동기를 드러낸다.

초기 성인기는 흔히 가능성의 시기로 여겨져 미래에 대한 낙관과 희망으로 가득 차 있다고 한다(Arnett, 2000b). 그러나 정신건강 문제로 어려움을 겪는 초기 성인들은 이와 다른 경험을 할 수 있다. 그들이 느끼는 절망감은 보통 문제가 영원히 지속될 것이라는 확신에서 비롯되어, 새로운 가능성을 보지 못하게 한다. 성인 역할을 수행하거나 사회적 공간에 적응하는 데 성공 경험이 거의 없는 이들은, 미래 전망이 더욱 좁아질 수 있다. 따라서 희망이라는 주제는 이들에게 특히 유의미하며, 새로운 시각을 제시하고 이전에는 보이지 않던 잠재력을 인식하도록 돕는다.

Allen(2013)은 **희망**(hope)과 **소원**(wish)을 구별하는 것이 중요하다고 말한다. "소원하는 것은 쉽지만, 희망을 지속하기는 어렵다. 소원은 비현실적일 수 있지만, 희망은 그래서는 안 된다. 소원은 수동적인 것이지만, 희망은 능동적이다. 소원은 현실 도피의 방편이 될 수 있으나, 희망은 현실에 직면하는 과정을 포함한다"(Allen, 2013, p. 246). 소원은 종종 욕망의 대상에 머무르지만, 희망은 그 범위를 넘어선다. 또한 희망은 낙관주의와도 다르다. 왜냐하면 낙관주의는 "외상으로부터 치유되는 과정에서 종종 요구되는 것들을 제대로 담아내기에는 너무 가벼운 단어"이기 때문이다(Allen 2013, p. 247).

미술 작업 주제: 희망 유지

우리는 미술 작업이 희망을 향한 움직임을 촉진한다고 믿는다. 정신화하기와 희망의 상상적 특성은 미술치료에서 물리적 과정이 된다. 환자는 희망을 담은 작품을 만들기 위해 상상력을 활용하고, 가능성을 시각적으로 표현하기 시작해야 한다.

희망 유지 집단(〈표 8-6〉 참조)의 시작에서는, 치료에 있어 희망이 지닌 의미를 함께 논의한다. 희망이란 불확실성 속에서 나아가기 위한 행위주체성, 두려움과 의심을 견디는 능력, 현실적인 기대, 그리고 다른 미래를 상상하고자 하는 의지를 포함한다. 애착 관계는 **차용된 희망**(borrowed hope)의 원천이 된다. 가족, 친구, 치료자로부터 전해지는 희망은 절망 상태에 놓인 환자를 지탱한다. 우울증이라는 필터가 현실적 미래를 가려 버릴 때, 가까운 이들은 환자가 보지 못하는 것을 대신 볼 수 있기 때문이다(Allen 2013; Groat & Allen 2013). 이 정신화 기반 집단미술치료에서 환자는 자신을 대신해 희망을 품어 주는 사람을 떠올려 본다. 또한 희망에는 언제나 어느 정도 의심이 뒤따른다는 사실을 인정하며, 무엇이 스스로에게 희망을 불러일으키는지를 논의한다. 그런 뒤, 환자는 희망의 이미지를 만들어 보도록 요청받는다.

● 표 6-6 ● 희망 유지

설명
• 집단에서 희망에 대해 논의하고, 이를 실용적으로 정의한다. • 참가자들은 희망을 반영하는 이미지를 만든다. • 원한다면 작품에 대한 성찰적 글쓰기를 추가로 진행할 수 있다. • 이후 작업물을 공유하고 논의하면서, 이미지 속 공통된 주제를 파악한다.
논의/성찰 질문
• 희망을 주제로 이미지를 만드는 과정은 어땠는가? • 희망을 어떻게 시각화했는가? • 동료의 이미지를 볼 때 무엇과 연결되는가? 어떤 유사점과 차이점이 있는가? • 자신의 이미지를, 그리고 동료의 이미지를 보며 떠오르는 생각이나 감정은 무엇인가? 작품이나 성찰적 글쓰기를 볼 때 느끼는 것은 어떠한가?

켈리의 빛주머니

우리는 종종 환자가 치료 과정에서 만든 눈에 보이는 미술 작품을 통해 희망이 어떻게 형성되는지 확인한다. 켈리는 몇 달간 입원 치료를 받은 뒤 마지막 정신화 기반 집단미술치료에서 자신의 최종 작품([그림 8-5] 참조)을 다음과 같이 설명했다.

켈리: 지금까지 이 어두운 부분들은 전부 두려움과 절망을 나타내요. 오랫동안 내가 느껴온 감정이죠. 하지만 최근에는 살아 있음을 느끼거나, 조금 더 가벼워지는 순간 같은 빛의 주머니들이 나타났어요. 물론 여전히 두려움과 절망, 갇힌 느낌에 둘러싸여 있긴 해요. 그래도 전혀 빛이 없는 것보다는 낫죠. 지금 내가 치료에서 깨달은 점은, 두 가지가 동시에 존재할 수 있다는 거예요. 두려워하면서도 희망을 품을 수 있고,

무섭지만 그래도 뭔가 해 볼 수 있어요. 그러니까 두 가지 감정이 함께 있을 수 있다는 거죠.

치료사: 그 '가벼워지는 순간'을 느낄 때는 어떤 기분인가요?

켈리: 너무 오랫동안 두려움과 절망만 느껴 왔으니까, 그게 아닌 다른 감정을 느끼는 순간들이 훨씬 두드러지고, 더 좋게 느껴져요. 그 감정들을 아주 오래 잊고 지냈거든요. 어쩌면 이 모든 게 가치 있다는 걸 깨닫기 위해, 실제로 그런 경험이 필요했을지도 몰라요. 전에는 그냥 힘겹게 존재하기 위해 버티고 있었다면, 이제는 내가 원해서 존재하려고 노력하는 거예요.

그림 8-5 켈리의 희망

이처럼 절절한 켈리의 발언은 평소 경직된 사고를 보이던 그녀에게는 좀처럼 쉽게 나오지 않는 것이었다. 켈리는 자신이 이분법적(흑백) 사고를 지녔음을 일찍

이 인정했고, 때로는 절망의 심연으로 빠져 주위 사람들을 끌어들이기도 했다. 그러나 이번 작품에서 묘사한 '가벼움'은 그 자체로 큰 변화였다. 이는 사고의 전환과 함께 정신적 유연성을 향해 나아가는 모습을 보여 준 것이었다.

조력자를 위한 희망

치료사 역시 희망을 유지해야 한다. Karl Menninger는 '적정량의 희망을 자극하는 것'의 중요성을 강조하며, "희망이 지나치면 자만으로 이어져 재앙을 부르고, 부족하면 절망하게 되어 쇠퇴로 이어진다."라고 말했다(Allen, 2003, p. 247).

> 나는 컴퍼스 프로그램에서 일하던 첫해, 울음이 터져 나오는 상황 속에서 진행된 슈퍼비전 회의를 생생히 기억한다. 당시 업무와 내 역할에 대해 불확실함을 느꼈고, 압도적인 무력감에 빠져 있었다. 그래서 슈퍼바이저에게 "너무 힘들어요. 절망감이 전염되는 것 같아요."라고 말했던 기억이 난다. 그러자 슈퍼바이저는 내 말을 주의 깊게 듣고, 휴지와 지지를 건넨 뒤 잊기 어려운 질문을 던졌다. "쿨라, 당신의 기대는 무엇인가요?" (개인적 성찰)

이 질문은 현실적이면서도 희망을 놓지 않아야 하는 치료사의 과제를 가리킨다. 여기서 내가 느낀 압도감은, 도움을 주고 싶고, 알고 싶고, 빠르게 변화를 일으키고 싶은 욕구에서 비롯되었다. 우리는 이러한 전능감이 신입 치료사에게 흔히 나타나며, 경험 많은 치료사 역시 각 환자에 대해 적절한 기대를 설정하는 데 여전히 어려움을 겪을 수 있다고 생각한다. Allen(2013, p. 248)은 이렇게 썼다.

> 얼마나 기대해야 할지를 아는 것은 결코 쉽지 않다. 특히 환자가 자살적 절망을 표현할 때, 희망을 키우는 것은 가장 어려운 과제이다. …… "지쳤어요." "포기하고 싶어요." "더는 싸울 수 없어요." "끝내고 싶어요." 같은 말을 나는 얼마나 자주 듣

> 는지 모른다. 그럴 때마다, 예전에 비슷한 감정을 느꼈지만 포기하지 않고 버텨 냈으며 결국 그 선택을 기뻐했던 환자를 떠올린다. 이 경험이 내가 환자의 포기하고 싶은 마음에 동조하지 않도록 막아 준다.

초기에는 투쟁에서 벗어날 길을 찾아낸 환자의 사례를 거의 떠올리지 못했다. 더 정확히 말하면, 그러한 사례를 인정하고 중요하게 여기는 일의 가치를 충분히 깨닫지 못했다. 희망에 대해 논의하다가 혹여 절망의 판도라 상자를 열게 되지 않을까 두려워, 이야기를 꺼리는 경우가 많았기 때문이다. 그 결과, 우리의 절망감은 환자의 절망을 그대로 반영하게 되었고, 우리 역시 함께 절망에 갇혀 해결책을 상상하기 어려웠다. 그러나 서로 그리고 동료, 슈퍼바이저들과 논의하면서, 우리는 환자뿐 아니라 우리 자신에게도 합리적인 기대를 갖기 시작했다. 치료사로서 우리는 환자에게 타인에게서 희망을 빌려 오라고 권유한다. 그러나 정작 우리 자신 또한 그러한 도움이 필요하다는 사실을 얼마나 자주 잊는지 모른다.

희망에 대한 글쓰기(그리고 나아가기)

때로 우리는 환자에게 희망을 주제로 글을 써 보기를 제안한다. 예컨대 과거 환자가 남긴 글에는 다음과 같은 내용이 있다.

> 희망.
> 어둠 속에서도 빛이 있다
> 절망이 없는 상태
> 백만 가지 의미를 담은 네 글자 단어
> 일종의 이론 같은 것
> 실체가 있지만 덧없는 것

그래, 나는 이 단어가 좋다
희망은 나를 구했다
지독한 파괴력을 지닌 악당
곧 나 자신에게서.

희망은 광활한 가능성의 공간이다. 지구에만 머무르지 않고, 당신이 볼 수 있는 만큼 멀리 퍼져 나간다. 비록 저 먼 어둠 속에서 길을 잃었다 해도, 여전히 당신 주변에는 희망의 불빛이 반짝이고 있다. 그 불빛은 공허를 뚫고 빛나는 등대처럼 당신에게 닿으려 손짓하고, 더 나은 존재로 가는 길을 약속하며 끝없어 보이는 어둠을 헤치고 나아가라고 부른다(이에 대응하는 이미지는 4장 [그림 4-6] 참조).

희망은 작고 덧없다.
희망은 땅에 두 발을 딛고 있다.
희망은 비를 막아 주지 못하지만, 그래도 빗속을 견딘다.
희망은 경고 신호를 읽는다.
희망은 오른쪽을 보고, 왼쪽도 본다.
희망은 조용히 앞으로 걸어간다.

정신화 기반 집단미술치료의 한 환자는 희망을 표현하는 추상화를 그렸다. 커다란 종이에 다양한 톤의 파란색 물감을 섬세하게 채워 넣었는데, 작업 시간 내내 고개를 들지 않은 채 종이, 물감, 붓에만 몰두했다. 그리고 집단 토론 중에 다음과 같은 성찰적 글을 나누었다.

희망은 연약한 존재, 푸른 물의 웅덩이.
때로는 가득 차 흘러넘쳐 아낌없이 나눌 수 있고.
또 다른 때는 광활한 깊은 구덩이에 몇 방울뿐.

오늘, 희망은 충분하다.
안에서, 그리고 밖에서 끌어온다.
깊은 내면 어딘가에 숨겨 둔 비축분처럼.
가뭄에 대비하여.

이 글은 치료 과정에서의 희망을 멋지게 요약한다. 즉, 비축분을 쌓고, 연결을 경험하며, 이해하고 이해받는 순간을 쌓아 가고, 혹시 모를 '가뭄'에 대비해 서로를 돕고 보살피는 것이다. 우리 모두가 이처럼 희망을 주고받을 용기를 갖기를 바란다.

제9장

이미지의 삶

집단치료 이후에도 이미지는 계속 살아 있다. 미술치료에서 만들어진 작품은 치료의 다른 영역에서 다시 떠오르곤 하며, 이는 치료팀에 유용한 통찰을 제공하고, 환자에게는 귀중한 보조 수단이 되며, 정신화 과정을 강력하게 촉진한다. 환자는 자신의 작품에 대한 완전한 소유권을 갖지만, 치료가 시작될 때 이 작품이 치료 기록의 일부가 된다는 사실은 미리 고지된다. 환자의 작품은 치료팀 회의, 임상 회진, 진단 회의 등에서 논의될 수 있으나, 이를 제시하기 전에는 대개 환자에게 구두 동의를 구한다. 또한 환자는 직접 작품을 공유하거나, 개인치료, 팀 회진, 가족치료 등에 작품을 가져가기를 요청할 수 있다.

작품은 잠긴 방 안 잠긴 서류함의 문서철에 보관되므로, 환자는 작품을 가지고 나가기 위해 사전에 요청해야 한다. 이때 미술치료사는 환자의 의도를 물어볼 기회를 갖는다. 대부분의 환자는 "팀원이나 가족이 이 이미지를 보면 내 경험의 특정 측면을 더 잘 이해할 수 있을 것 같다."라고 말한다. 미술치료사가 작품을 개인치료나 가족치료 회기에 가져가도록 권장하는 경우도 있는데, 이 또한 어디까지나 환자의 선택이며, 미술치료사는 그 이유를 투명하게 설명한다. 보통 환자는 작품이 자신의 경험을 들여다볼 수 있는 창을 제공하고, 대화를 촉발할 수 있다는 점을 인식하게 된다. 이는 환자가 팀과 경험을 공유하는 과정을 더욱 투명하게 만들어 주는데, 예컨대 언어로 표현하기 어려운 감정의 강도를 작품을 통해 전달할 수 있다.

이 장에서는 이미지가 치료팀 상호작용(예: 팀 회의, 임상 회진, 진단 회의)과 가족치료, 개인치료 등 치료의 다른 영역에서 어떻게 다시 부각되는지를 살펴본다. 먼저, 정신화하는 치료팀의 특성과 기능을 검토한다.

정신화하는 치료팀

응집력이 있고 원활한 운영을 위한 정신화하는 치료팀의 필수 특성으로는 목적의 공통성, 자신과 타인에 대한 존중, 치료 계획의 수립 및 준수, 건전한 팀 사기 유지, 그리고 효과적인 리더십 등이 꼽힌다. 또한 팀원 간의 정기적 소통, 목표 설정 과정에서의 유연성, 팀원 간 일관성 유지도 중요하다(Bales & Bateman, 2012; Bateman & Fonagy, 2016; Bateman & Krawitz, 2013).

Karterud와 Bateman(2012, pp. 83-84)은 성격장애 환자 치료에 팀 접근법을 적용할 때 나타나는 여러 이점과 어려움을 강조한다.

> 정신화 기반 치료(MBT)는 팀 접근법을 취하며, 치료가 어려운 경계성 환자가 보통 치료의 여러 측면에서 여러 명의 치료사와 관계를 맺는다는 사실을 인정한다. 팀 접근법의 장점은 막중한 책임과 역전이를 여러 사람이 분담하고, 복잡한 문제에 대한 다양한 관점이 서로를 보완하고 풍부하게 만든다는 것이다. 위험한 점은, 서로 다른 치료자들 간의 상이하거나 경쟁적인 관점들이 환자의 내면 드라마를 파괴적으로 재현해 내는 가능성을 높일 수 있다는 것이다. 따라서 정신화 기반 치료(MBT) 형식은 치료사들이 동일한 이론적 입장을 공유하고, 치료사 간에 빈번한 정보 교환을 위한 절차가 마련되어 있어야 한다는 것을 전제로 한다.

이 장에서는 팀 상호작용에서 정신화하는 능력을 높이는 데 있어 미술 작품이 어떤 역할을 하는지에 초점을 맞춘다. 환자의 미술 작품이 팀 회의, 임상 회진, 진단 회의 등에 제시될 때, 이는 팀의 사고를 하나로 모으는 초점이 되어 환자 이해를 통합하고, 팀의 응집력과 단합을 촉진한다. 팀원들이 환자의 미술 작품을 볼 때는 환자의 관점을 새롭게 혹은 다시 마주하게 된다. 작품을 감상하는 것은 공감적 경험이며, 공감 피로에 직면한 상황에서도 공감을 북돋우는 역할을 한다.

팀 회의에서의 미술

메닝거 클리닉에서는 매주 환자의 치료 경과, 목표, 안전 문제 등을 논의하기 위해 치료팀이 모인다. 각 전문 분야 담당자들이 참석해 환자와의 경험을 공유한다. 이때 팀 회의에서 환자의 미술 작품을 검토하면, 팀원들은 대체로 미술이 공감과 이해를 촉진한다는 데 의견을 같이한다. 특히 환자에 대한 혼란스러운 느낌이 지속될 때, 미술 작품은 팀의 인식을 명확히 하는 데 도움이 된다. 환자는 팀원마다 서로 다른 면을 보일 수 있지만, 전체 팀이 한 작품을 함께 본다면, 동일한 '창'을 통해 환자를 바라보게 된다.

예를 들어, 데미언은 임상 회진에서 조기 퇴원과 낮은 수준의 치료로 전환할 준비가 되었다고 팀에 알렸다. 이는 퇴원 후 거주형 치료 센터로 연계해 치료 과정을 이어 가라는 팀의 권고와는 상반된 결정이었다. 치료팀은 당혹스러움을 느꼈지만, 그 불편함의 정확한 원인을 구체적으로 짚어 내기는 어려웠다. 팀 회의에서도 이 불편감은 마치 '원치 않는 손님'처럼 자리를 잡고 있었으나, 아무도 그것에 대해 뚜렷하게 이름 붙이거나 말로 표현하지 못했다. 이는 겉보기에는 데미언이 치료 과정을 성실히 따르는 듯 보였기 때문일 것이다.

데미언의 이러한 '표면적 모습'은 그의 입원 마지막 주에 무너졌다. 그는 집단치료 참여를 점차 줄이면서도 정신화 기반 집단미술치료 등 일부 프로그램에는 선택적으로 참석했다. 마지막 미술치료 회기에서, 종이 중앙에 자신을 크게 그린 뒤 그 위에 "하지 마."라고 말하는 작은 인물을 떠 있게 표현했다. 그림의 한 면은 밝고 다른 한 면은 어두웠으며, 어두운 쪽에는 약물, 알코올, 약물 도구 등을 그려 넣었다. 작품을 설명하며 데미언은 "마치 내 몸 밖에서 재발이 일어나는 걸 지켜보는 기분인데, 막을 방법이 전혀 없다."라고 털어놓았다. 집단 동료들은 그를 지지하고, 그림 속 두 인물 중 하나가 되었을 때 어떤 느낌일지 함께 성찰해 보도록 권유받았다. 여기서 집단은 좌절감, 절망감, 통제력 부족 같은 감정을 중심으로 정신화하기를 진행했다. 한 동료는 어두운 면이 이미 더 많은 공간을 차지하고 있어, 사실상 그 어두운 쪽이 이긴 것처럼 보인다고 했다. 이에 집단원들은 데미언의 무력감에 공감하고 궁금증을 표하며, 여러 사람이 진심 어린 우려를 드러냈다.

미술치료사는 이러한 집단의 우려를 반영해, 데미언에게 이 작품을 치료팀과 직접 공유해 보라고 권유했다. 그러나 데미언은 스스로 내보이는 것을 거부했으나, 미술치료사가 대신 그림을 팀에 전달하는 것에는 동의했다. 이 그림은 곧 팀 회의에서 소개되었는데, 마침 회의 주제가 데미언의 갑작스러운 퇴원 결정이었다. 그제야 '원치 않는 손님' 같았던 불편감이 '임박한 재발'이라는 구체적 위험으로 명명되었다. 치료팀과 데미언의 부모는 그에게 우려를 표했지만, 궁극적으로 데미언이 자신의 결정에 따른 결과를 직접 경험해야 한다는 판단 아래 그의 선택을 지지하기로 합의했다. 이후 데미언은 곧바로 퇴원하였고, 며칠 후 재발을 겪었다.

이 사례에서 미술 작품은 팀이 환자를 어떻게 경험하는지를 시각화하는 보조 수단이었다. 팀원들이 각각 느끼던 막연한 불편감은 데미언의 그림으로 인해 그 실체가 가시화되었고, 이를 계기로 팀은 공개적으로 우려를 논의할 수 있었다. 데미언에게도 이 작품은 조기 퇴원과 재발 가능성에 대한 의구심을 처음으로 표출할 통로가 되었다. 그는 집단에서 자신의 불안을 구체적으로 이야기했으며, 미술치료 과정 자체가 그가 미처 인식하지 못했던 걱정과 두려움을 드러내게 했을 가능성이 크다. 또한 집단에서 공유된 내용이 치료팀에 전달될 것을 알고 있던 데미언은, 어느 정도 그 후의 진행 상황을 예상할 수도 있었다. 재발을 앞두고 느낀 데미언의 무력감은, 팀 역시 데미언의 조기 퇴원 결정에 대해 어쩔 도리가 없다는 그들의 무력감과도 맞닿아 있었다. 비록 작품이 즉각적인 결과를 뒤집지는 못했지만, 팀과 부모, 그리고 재발 뒤 다시 치료로 복귀할 용기를 낸 데미언에게 어느 정도 대비할 기회를 주었다.

임상 회진에서의 미술

임상 회진은 "정신화의 향연"으로 묘사되기도 한다(Allen et al., 2003, p.13). 환자는 치료 과정을 조율하고, 관찰한 내용이나 우려사항을 공유하며, 치료 계획에 참여하기 위해 치료팀 구성원들을 만난다. 각 구성원은 정신화 과정에 참여하기 위해 저마다 고유한 관점을 제시한다. 임상 회진은 이해와 오해가 모두 일어날 수 있는 장(場)을 제공하며, 이는 곧 정신화하기가 일어나는 무대를 형성한다. 정신화하는 관점에서, 팀원들과 환자는 다양한 관점과 가능성을 고려하고 공유된 이해에 이르기 위해 정신적 유연성을 발휘해야 한다.

사라는 치료를 시작한 지 2주가 지난 시점에, 임상 회진에 자신이 그린 그림을 가져가기로 결정했다([그림 9-1] 참조). 정신화 기반 집단미술치료에서 그녀는 건강한 생각 · 감정과 건강하지 않은 생각 · 감정을 각각 표현하는 네 개의 사분면을 그렸다. 왼쪽 상단 사분면은 건강한 생각을 나타낸 것으로, 격자 형태로 정돈되어 있고 질서, 응집력, 논리가 담겨 있다고 그녀는 설명했다. 오른쪽 상단 사분면은 건강하지 않은 생각을 반영했는데, 이 안에 그려진 나선형 문양을 사라는 서로 쌓이며 통제 불가능해지는 반추 사고(rumination)의 비유라고 설명했다. 왼쪽 하단 사분면은 건강한 감정을 나타냈으며, 어떤 감정이 다른 것보다 더 두드러지기는 해도 지나치게 압도적이지는 않다고 말했다. 오른쪽 하단 사분면은 건강하지 않은 감정을 표현했는데, 혼란스럽고 강렬하며, 이해하기 어려울 정도로 서로 섞여 있었다. 사라가 이 작품을 공유하자, 동료들은 사라가 이처럼 강렬한 생각과 감정을 내면에서 경험한다는 사실에 놀라움을 표했다. 왜냐하면 겉으로는 유쾌하고 차분하며 행복해 보였기 때문이다. 이에 사라는 다른 사람을 힘들게 하거나 부담을 줄까 두려워 어려움을 스스로 감춘다고 털어놓았다. 동료들은 또한 그림 전체가 깔끔하게 구조화되어 있음을 주목했는데, 혼란과 갈등 역시 사각형 틀 안에서 정리된 상태로 표현되어 있었다. 사라는 자신의 감정을 온전히 팀에 드러내지 못한다는 점을 인식하고, 이 그림을 임상 회진에 가져가고 싶다는 의사를 밝혔다. "제 팀이 이걸 봐 줬으면 좋겠어요. 그냥 이걸 보여 주면서 '이게 제 뇌예요!'라고 말하고 싶어요."

그림 9-1 사라의 건강한 및 건강하지 않은 생각과 감정을 나타내는 격자

사라는 다른 사람에게 오해받는 것을 자주 두려워했고, 이 작품은 팀이 자신의 경험을 더욱 잘 이해하는 데 도움을 줄 수 있다고 믿었다. 그녀는 부담이 될까 봐 걱정되어 정서적 어려움을 팀에 솔직하게 털어놓지 못하고 있었다고 인정했다. 이러한 역동은 팀을 난처하게 만들었다. 한편으로는 사라의 '내가 짐이 될 것'이라는 생각이 그녀의 투명한 소통을 가로막았고, 다른 한편으로는 팀이 그녀의 필

요를 제대로 파악하거나 예측하지 못하자 사라는 좌절감을 느꼈다. 나아가 치료가 시간 낭비가 될 수 있다는 우려까지 표했기에, 팀은 뭔가 중요한 부분을 놓치고 있다는 느낌을 받았다. 사라는 마음속 생각을 제대로 말하지 못해 오해를 낳았고, 대면 상황에서는 미소로 상황을 무마하려 하면서도 수동적이고 간접적인 방식으로 분노를 드러냈다. 이는 그녀와 소통하는 이들에게도 좌절감을 일으켰으며, 치료 외의 관계에서도 유사한 패턴이 보이는 듯했다.

그러던 중, 사라는 팀 임상 회진에 자신의 그림을 직접 가져가기로 결정함으로써 치료 안팎에서 '숨기는 행동'이 어떤 기능을 하는지 탐색할 수 있는 대화의 장을 열었다. 미술치료사들이 임상 회진에서 작품을 보여 주는 경험이 어땠는지 묻자, 사라는 '더 이해받는 느낌'이 들었다고 말했다. 말뿐 아니라 시각적으로 표현된 이미지를 함께 제시할 수 있어 한층 도움이 되었다고도 밝혔다.

사라는 여느 환자와 마찬가지로, 자신의 미술 작품에 대해 이해를 촉진하는 촉매로 여겼다. '그들이 볼 수만 있다면 내가 느끼는 일부를 느끼고, 결국 이해도 해 줄 것'이라는 사고방식이다. 실제로 불신이 환자의 개방적 의사소통을 막곤 하지만, 미술 작업은 신뢰를 재구축하는 하나의 방법이 될 수 있다. 사라의 도식적 이미지는 그녀가 이미 인지하면서도 팀과 공유하기 어려웠던 경험과 감정을 전달하는 보조 수단이 되었다. 이미지를 중심에 두고 논의함으로써 대화가 한층 원활해졌을 뿐 아니라, 사라가 품고 있던 감정도 강하게 환기되었다. 아마도 사라는 이미지를 통해 자신의 내면을 시각화하고, 집단의 정신화하는 과정을 경험함으로써 그러한 감정을 팀과 좀 더 편안하게 이야기할 수 있다고 느꼈을 것이다. 작품 자체가 내면을 공유하는 과정이었기 때문에, 그 작품을 팀에게 보여 주는 행위 역시 마음을 나누는 데 한결 도움이 되었을 것이다. 어찌 됐든, 사라의 그림은 그녀와 팀이 함께 바라볼 수 있는 구체적 대상이자 공통된 초점을 제공해 주었다.

진단적 공식화에서의 미술

치료 과정에는 정신의학적 장애를 명확히 하기 위해 다양한 분야의 전문가가 수행하는 여러 종합 평가가 포함된다. 진단 과정에 들어가기 전, 팀원들은 환자의 문제와 치료 경과에 대한 이해를 계속 갱신하고자 정보를 자주 교환한다. 이처럼 환자에 대한 이해는 여러 주에 걸친 치료와 평가를 통해 점진적으로 발전한다(Allen et al., 2003; The Menninger Clinic, 2014). 진단 회의는 공식 검토의 장으로, 예비 진단을 수립하고 환자와 함께 핵심 문제 목록을 작성하며, 향후 치료 방향을 제안한다. 이때 팀원들은 각자의 평가 결과와 견해를 공유해 환자와 그 문제에 대한 종합적인 그림을 형성한다. 또한 환자는 핵심 문제 목록을 작성하도록 요청받는데(Allen et al., 2012; O'Malley, 2018), 이는 스스로 원하는 방식으로 기능하지 못하게 만들고, 원하는 방향으로 전진하지 못하게 하는 요인들을 구체적으로 밝히는 작업이다.

미술 작품은 치료팀이 환자의 경험과 정신화 능력을 이해하는 데 도움이 되는 시각적 정보를 제공한다. 치료자의 역할은 환자의 시선으로 세상을 바라보고, 그 경험의 타당성을 인정하는 것이다. 미술 작품은 환자의 세계를 들여다볼 수 있는 창이 되어, 이 과정에 중요한 역할을 한다. 정신화하는 치료사의 핵심 목표는 환자를 이해하는 것이고, 미술은 이를 실현하도록 돕는다. 물론 미술 작품이 환자의 경험을 알리고, 설명하며, 강조하는 데 유용할 수 있지만, 여기서 강조하고 싶은 점은 미술치료가 정신건강을 증진한다는 사실이다. 우리의 임상 체계에서 미술 작품 자체를 정신질환 진단의 도구로 사용하지는 않는다.

진단 회의에서는 초기에 직접 참석하지 않는 환자의 경험을 미술이 가교 역할로 '중개'한다. 환자의 목소리가 타인의 보고나 관찰을 통해 걸러지는 대신, 미술 작품 그 자체를 통해 고스란히 전달되기 때문이다. 이는 환자의 정서적 경험을 물리적으로 드러내는 표현 수단이며(Wadeson, 2010), 환자가 감정적 유대감을 형성하고 자기 자신과 타인에 대한 이해를 높이는 데 기여한다. 마찬가지로 치료팀 역시 지적 분석을 넘어, 환자를 보다 깊이, 그리고 종종 더욱 공감적으로 이해할 수 있게 된다.

[그림 9-2]는 자해와 섭식장애로 어려움을 겪고 있는 환자의 부정적 자기 사고를 시각화한 것이다. 진단 회의에서 이 그림은 환자의 머릿속에서 끊임없이 터져 나와 그녀를 둘러싸는 부정적 자기 대화의 흐름으로 해석되었다. 환자는 자기 비판적인 생각에서 벗어날 수 없어 답답함을 느꼈고, 그 결과 대인관계가 저해되고 외부 환경과의 상호작용에도 지장이 생겼다고 설명했다. 진단 회의에서 팀은 인물의 머리에서 분출되어 주변에 장벽을 이루는 사고들, 그리고 얼굴을 가리는 손 때문에 바깥 세상을 볼 수 없게 된 모습에 주목했다. 이로써 팀은 문제의 심각성과 환자가 이에 압도되는 느낌을 구체적으로 파악할 수 있었으며, 환자가 이를 전적으로 회피하는 것은 아니라는 점도 확인했다. 해당 환자는 여러 면에서 소통하

그림 9-2 부정적인 자기 생각

고 협력하기가 쉽지 않았지만, 미술 작품이 핵심 문제들을 시각적으로 제시해 주면서 팀이 환자를 더욱 명확하고 정교하게 이해하도록 도왔다. 결과적으로, 팀은 '그녀가 아무 문제도 해결하려 하지 않는다'는 시각에서 '내적 · 외적 문제들에 압도되어 이를 마주하기조차 버겁게 느낀다'는 시각으로 전환했다. 실제로 미술 작품이 활용될 때 공감이 회복되는 상황을 자주 보게 된다.

병원 입원의 주된 목적 중 하나는 진단의 명확성을 포괄적으로 확보하는 것이지만, 이는 인식론적 경계심이 높은 환자가 관찰되고 평가되며 논의되는 과정에서 느끼는 두려움을 해소하지는 못한다. 한 환자는 정신화 기반 집단미술치료에서 진단 과정에 대한 불안을 그림으로 표현했다([그림 9-3] 참조). 이 그림에서 환자는 한 쪽에 치료팀을, 다른 한 쪽에 그 팀이 자신의 진단에 대해 논의하는 모습을 바라보는 자신을 그려 넣었다. 환자는 판단이나 동정, 낙인, 무시, 무효화 등에 대한 두려움을 강하게 호소했다. 치료를 시작한 지 얼마 안 되었기에, 이 작품은 진단 과정에서 실제로 어떤 일이 이루어지는지 명확히 설명할 기회를 열어 주었다.

그림 9-3 진단 회의 그림

모든 과정이 원활히 진행되고 건강한 작업동맹이 이루어지면, 환자는 팀과 함께 앉아 문제를 함께 살펴보게 된다.

다른 공간에서의 미술

정신화 기반 집단미술치료에서 시간이 부족할 경우, 환자는 치료의 다른 영역에서 미술 작품을 이어서 활용할 수 있다. 임상 회진이나 진단 회의처럼 다수의 팀원이 참석하는 자리에 더해, 환자는 개인 치료사나 가족치료 사회복지사, 또는 자신이 유대감을 느끼는 간호 직원 등을 만나 작품을 매개로 치료적 담론을 이어간다. 특히 개인치료는 환자가 미술 작품을 보다 깊이 탐색하기에 자연스러운 공간이다. 미술치료사가 아닌 일부 임상가는 환자의 작품에 대해 논의할 자신이 없다고 느끼는 것이 당연하지만 정신화적 관점은 그들에게 하나의 지침을 제공한다. 이미지에 대해 불확실함, 호기심, 열린 마음의 태도로 접근할 때, 생산적인 논의가 가능해지기 때문이다. 이들은 환자가 작품을 개인치료 회기로 직접 가져오려는 주도성을 보이는 것이, 그 작품이 환자에게 얼마나 중요한지를 반영한다고 이해한다.

미술치료 회기를 마친 뒤, 조안나는 개인치료사와 나눈 대화를 반영한 그림을 개인치료에 가져가길 원했다. 그녀가 자신의 작품을 돌려받았을 때, 치료사는 '작품을 보여 주니 어떤 느낌이었는지' 물었다. 조안나는 치료사에게 자신이 치료사와의 대화를 되새기고, 그 작업을 치료의 다른 영역에서도 이어 가고 있다는 것을 보여 줄 수 있어 기분이 좋았다고 말했다. 조안나에게 미술 작품은 치료의 여러 요소를 통합하는 기능을 했고, 치료사 역시 이를 통해 보다 생산적인 회기를 진행했다고 언급했다.

또 다른 환자인 캐시는 치료 기간 내내 가족 관계를 정신화하는 데 눈에 띄는 발전을 이루었다. 그녀는 갈등 속에서 자신의 역할을 파악하려 노력했고, 자신과 부모의 생각과 감정을 돌아보며 적극적으로 반성했다. 특히 아버지를 이상화하고 어머니를 평가절하하는 경향이 있음을 살펴보았는데, 이 '분열'은 미술치료에서 만든 가족 콜라주에 잘 드러나 있었다. 거기서 캐시와 아버지는 앞좌석에, 어머니는 뒷좌석에 배치되어 있었다. 집단미술치료에서 캐시는 "어머니가 그렇게 자주 화내신 게 당연해요! 우리 가족에서 문자 그대로 뒷좌석에 밀려나 있었으니까요!"라고 말한 적이 있다고 한다. 캐시는 이 콜라주를 가족치료사에게 가져가, 가족 역동을 더욱 깊이 탐색하고 싶다고 밝혔다.

미술, 공감의 촉진자

이 일을 수행하는 과정에서 우리는 공감 피로에 빠질 위험이 있다. 성격장애를 지닌 환자와 함께 일하는 치료자들은, 그 특유의 대인관계 결핍이 미치는 영향으로 인해, 소진 위험이 높아질 수 있다(Bateman & Fonagy, 2016). 우리는 공감 피로, 그리고 공감에 대한 능력과 관심의 감소 현상에 취약하다(Adams, Boscarino, & Figley, 2006; Figley, 1995). 환자의 고통을 어느 정도 짊어지는 만큼, 소진과 대리외상의 끊임없는 위협이 머리 위를 맴돌며 언제든 기습적으로 우리를 덮칠 수 있다.

선의의 임상가들조차 성격장애 환자가 보이는 특유의 행동 양식에 쉽게 분노를 표출할 수 있다는 사실은 생각보다 위협적이다. 환자의 내적 갈등이 행동으로 발현되는 것을 지나치게 개인적인 공격으로 받아들이고, 이에 반사적으로 반응하게 되는 상황 역시 여전히 당황스럽다. 정신화하기의 유용한 측면 중 하나는 **역전이를 살펴보는 것**이다(Bateman & Fonagy, 2012b). 우리의 반응이야말로, 환자에게 실제로 무슨 일이 일어나는지, 그리고 어떤 개입이 필요한지를 강력히 시사하는 지표가 되기 때문이다. 그러나 치료자가 소진 상태에 빠지면, 회피, 좌절, 짜증이 늘어나고 결국 공감을 잃을 수도 있다. Havsteen-Franklin(2016, p.148)은 "언어적 표현보다 이미지를 통해 더욱 쉽게 드러나는 자료에 치료자가 공감할 수 있다는 사실은, 어찌 보면 당연하다."라고 말한다. 우리 또한 미술 작품이 환자의 정서 상태에 대한 조율을 도와주고, 우리가 공감을 회복하도록 돕는 데 매우 유용하다는 데 동의한다. 미술 작품은 상황이 복잡해질 때, 우리의 정신화를 다시 집중하고 회복할 수 있게 하는 하나의 도구이다.

루스는 자주, 그리고 그럴 만한 이유가 있어서, '다루기 까다로운 환자'로 묘사되곤 했다. 실제로 그녀는 다양한 측면에서 치료에 큰 어려움을 보였다. 개인 치료사에게는 차갑고 적대적인 태도를 보였으며, 치료팀과도 협력적이지 않았다. 간호사에게는 회피적이고 무뚝뚝하게 대응했고, 중독 상담사를 폄하했으며, 집단치료가 무의미하다는 말을 자주 내뱉었다. 가족치료 회기에서는 마치 완전히 무너지는 듯 보였는데, 사회복지사와 부모에게 욕설을 하고 심한 분노 폭발을 일으키는 소리가 들릴 정도였다. 치료팀은 루스가 치료와 관련된 모든 것, 그리고 모든 사람을 불신, 적대, 의심, 무시한다는 인상을 받았다. 루스 자신도, '치료를 마치지 않으면 대학 학비를 지원하지 않겠다'는 부모의 조건 때문에 어쩔 수 없이 참여하고 있음을 인정했다. 즉, 그녀의 치료 동기는 상당 부분 외부 요인에서 비롯되었다는 것이다.

다른 치료 영역에서 별다른 진전을 보이지 않고 루스가 미술에 관심을 보이자, 그녀는 컴퍼스 프로그램 2주 차에 정신화 기반 집단미술치료에 의뢰되었다. 미술치료에 대해서는 비교적 호의적인 태도를 보였지만, 6~8주간의 치료 과정을 거치는 동안 맺은 관계라 해도 기껏해야 잠정적일 수밖에 없어 보였다. 루스는 자살 시도 후 병원에 입원했음에도, 치료 전반에서 자살 위험성의 심각성을 깊이 다루지 못했다. 가끔 자살 시도를 언급해도 대수롭지 않게 축소되었을 뿐이다. 그녀는 미술치료에서 직접적으로 자살에 관한 이야기를 꺼내지 않았지만, 자기 자신과 타인의 관계를 돌아보는 과정에서 깊은 부적절감과 버림받을 것에 대한 두려움을 드러냈다. 이는 결국 그녀의 자살 위험성을 지탱하는 주된 정서적 기반이었다.

[그림 9-4]는 루스가 첫 미술치료 회기에서 만든 작품으로, 치료팀과 맺은 관계를 시각화한 것이다. 여러 개의 얼굴이 자신을 판단하고 비판하듯 바라보며, 루스를 상징하는 작은 인물은 머리카락을 잡아당기고 중지를 치켜세우고 있다. 집단미술치료에서 루스의 동료들은, "이 그림 속 중심 인물이라면 어떤 느낌일까요?"

라는 질문을 받았다. 그들은 스스로 작고, 두렵고, 불안하고, 갇힌 듯하며, 화가 나 있을 것 같다고 상상했다. 시각적 은유를 통해 환자의 방어기제를 다루는 과정에서, 동료들은 작은 인물이 더 크고 강력한 여러 얼굴에게 둘러싸여 수적 열세에 처해 있으니 자기 자신이라도 방어적으로 반응할 것이라고 인정했다. 루스는 “이것이 바로 내가 치료팀을 대하면서 느끼는 경험”이라며 동의했고, 집단을 통해 “이해받고 있다.”는 느낌이 들었다고 보고했다.

그림 9-4 루스가 그린 치료팀과의 관계

루스가 이미지를 설명함으로써, 집단 구성원은 루스의 관점에서 세상을 바라보고 그녀가 치료팀과 맺는 관계가 어떤 느낌인지 이해하기 시작했다. 이후 이 경험이 루스의 다른 관계에도 그대로 적용된다는 점이 더욱 분명해졌다. 루스는 그림 속 주변 인물들을 비판적이고 판단적이며 지지하지 않는 존재로 묘사했다. 또 중앙에 있는 인물은 작고 무력하며 고통받는 상황이므로, 스스로를 방어하고 보호해야 한다고 말했다. 루스는 이 이미지를 통해 불안, 외로움, 공포 등의 감정을 자각했다고 밝혔다.

미술치료사는 이 그림을 팀 회의에 가져가 치료팀에 제시했다. 루스에게 공감하기란 여전히 쉽지 않았지만, 많은 팀원은 그림 속 작고 갇힌 인물에 대해서는 비교적 쉽게 공감할 수 있었다고 말했다. 팀원들은 이 이미지가 루스에 대한 이해의 폭을 넓혀 주었다고 평가했다. 한 팀원은 "이 그림이 강렬한 인상을 주어서, 루스와 상호작용할 때마다 그녀가 우리 팀을 이렇게 보고 있을지 모른다는 생각을 떨칠 수 없었어요."라고 털어놓았다. 이제 루스의 분노 폭발은, 이전처럼 차갑고 위축되고 치료에 저항적인 '다루기 까다로운 환자'가 아니라, 주변의 판단과 비판 속에서 자신을 방어하려는 작고 무력한 인물로 새롭게 해석되기 시작했다.

루스의 어려움이 심각하고 고착화된 점을 고려해, 팀은 그녀의 짧은 입원 기간 동안 달성 가능한 현실적인 목표를 설정했다. 미술치료 과정에서 확인된 변화 중 하나는 루스가 자신의 '절대적 확신'을 인식하고, 여기에 도전해 볼 수 있는 능력이 점차 높아졌다는 것이다. 그녀는 여전히 자신이나 타인에 대한 호기심을 갖는 데 어려워했지만, 타인이 자신에게 호기심을 보이는 것은 이전보다 조금 더 수용하는 모습이었다. 집단미술치료 후기에, 루스는 자신의 말을 스스로 고쳐 '이렇게 되어 있다'에서 '이렇게 느껴진다'라고 표현을 바꾸었다. 이는 작지만 의미 있는 승리였다. 그녀는 점차 경직된 사고를 알아차리고 재구성할 수 있게 되었고, 이는 곧 루스가 유연성을 향해 내딛은 작지만 소중한 걸음이었다.

치료팀의 정신화하기 실패

최고의 치료팀이라 해도, 성격장애 환자를 다룰 때는 분열, 의사소통 붕괴, 정신화하기 실패에 쉽게 노출될 수 있다. 이는 환자가 자신과 타인 내부에 존재하는 서로 다른 인식과 감정을 이해하지 못해 선과 악, 흑과 백, 전부 아니면 전무 같은 극단적 분열을 일으키기 때문일 수 있다. 따라서 성격장애 환자를 치료하기 위해서는 상당한 정서적 에너지가 요구된다. Bales와 Bateman(2012)은 느린 변화 과정, 이 집단이 유발하는 가변적 위기로 인한 안전 위협, 그로 인해 증가하는 불안, 부담 등 여러 어려움을 지적한다. 한 임상가는 어떤 성격장애 환자가 "어디를 찌르고, 언제, 얼마나 깊이 찌르며, 또 언제 어떻게 비틀어야 하는지를 너무나 잘 안다."라고 표현하기도 했다.

치료자들은 이러한 환자가 유발하는 상충된 감정을 인식하고 있으며, 이는 종종 팀 회의에서 표면화된다. 예컨대, 가족의 불만을 직접 듣는 사회복지사는 환자에게 분노를 느끼는 가족의 감정을 공감할 수 있고, 환자의 안전을 평가하고 보호적 대화를 나누며 약물을 투여하는 야간 간호사는 환자에 대한 보호 본능을 느낄 수 있다. 한편, 환자가 타인을 무시하고 집단 과정을 방해하거나, 동료 간 갈등을 조장하는 모습을 지켜본 집단치료사는 환자에게 경계심을 가질 수 있다. 이렇게 좋은 대상과 나쁜 대상이 나타나면, 일부 임상가는 환자로부터 인정받지 못하고 평가절하되는 반면, 다른 임상가는 이상화와 칭찬의 대상이 된다. 분열이 생겨나는 가운데, 정신화하는 입장을 견지해야 하는 임상가들은 팀 내부 문제가 환자 치료에 방해가 될 수 있음을 인식해야 한다.

팀 구성원들은 각자 고유한 관점을 지닌 채 회의에 참석한다. 환자에게 상이한 관점을 마음에 담도록 독려하는 것처럼, 정신화하는 팀 역시 같은 작업을 수행해야 한다. 임상의들은 "통합된 마음"(Bateman & Fonagy, 2016, p. 171)을 지닌 개인으로서, 서로 다른 시각을 이해하기 위해 노력해야 한다. 의견 충돌이 발생할 때는, 그러한 갈등이 왜 생겼는지 파악하는 것이 핵심이다. Bales와 Bateman(2012)은 팀 내 분열의 가능한 원인으로 "환자의 내적 과정, 팀 내 의사소통 부족으로 인한 분열, 팀 구성원의 미해결 전이, 직원이 겪는 어려움"(pp. 222-223) 등을 제시한다.

분열의 원인에 따라 개입 방법도 달라진다. 만약 의견 충돌이 환자 자체와 크게 관련되지 않았다면, 팀 내부에서 더 많은 논의와 중재가 필요하다. 때로는 외부 팀이나 다른 부서의 자문을 구해 새로운 관점을 도입하고, 환자에 대한 **통합된**

마음을 정리하기도 한다. 직접 개입하지 않은 다른 임상가의 참여는 성찰을 촉진하고, 핵심 쟁점을 부각시키며, 통합된 전략을 마련하는 데 도움이 된다. 반면, 분열이 환자의 투사에서 비롯되었다면, 환자와의 직접적 논의가 유용하다(Bales & Bateman, 2012; Bateman & Fonagy, 2016).

환자가 스스로를 정신화하는 데 미술이 도움이 되듯, 치료팀 역시 문제가 생겼을 때 미술을 통해 정신화하기를 회복하고 다시 중심을 잡을 수 있다. 실제로 팀 내 불화와 혼란을 초래한 수많은 환자가 떠오르지만, 그중에서도 스테이시의 사례는 미술 작품이 팀 통합에 어떻게 기여하는지를 잘 보여 준다.

스테이시는 치료 환경에서 상당히 파괴적이었다. 이를 부정하는 직원은 없었다. 그녀는 종종 집단 시간에 폭발적으로 뛰쳐나가며 문을 쾅 닫고, 동료와 직원들에게 욕설을 퍼붓곤 했다. 이 문제를 두고 치료팀은 의견이 갈렸다. 일부는 이러한 환경이 스테이시에게 동료들과 새로운 상호작용 방식을 배우는 기회를 제공한다고 보았다. 복잡한 외상 이력이 있는 그녀에게 더 많은 허용을 했고, 실제로 스테이시는 대인관계 스트레스 상황에서 아동기적 행동으로 퇴행하곤 했다. 반면, 다른 쪽은 스테이시의 행동이 환경에 해롭고 다른 환자에게도 고통을 주며 고립시키고 있다고 판단했다. 특히 스테이시가 일으키는 정서적 폭풍 때문에 괴로움을 호소하는 환자가 많았다. 그녀의 동료들은 아마도 그녀의 반응에 대한 두려움 때문에 그녀에게 맞서거나 이의를 제기하지 못했다. 그들 중 일부는 그녀가 특정 직원들을 폄하할 때 동조하기도 했으며, 나머지는 그녀가 사랑과 미움의 이분법을 투사할 때 침묵을 지켰다.

스테이시는 계속해서 치료에 어려움을 겪었고, 직원 중 절반은 그녀가 치료를 계속 받아야 하는지에 대해 이견을 보였다. 그러던 중, 스테이시가 정신화 기반 집단미술치료에 의뢰되었다는 소식을 듣고, 우리 역시 부담을 느꼈다. 이는 주로 집단이 병동이 아닌 병원 내 다른 건물에서 진행되어, 위기 시 즉각적인 간호 지원을 받을 수 없었기 때문이다. 미술치료사 두 명이 함께하더라도, 스테이시가 이탈하거나 정서적으로 심하게 흔들릴 경우 간호 인력이 와서 그녀를 데려가야 했다.

이러한 점들을 모두 스테이시에게 설명했고, 그녀는 집단 규칙을 준수하고, 만약 떠나야 할 상황이면 치료사에게 알린 뒤 간호 인력이 와서 병동으로 데려갈 때까지 기다리겠다고 약속했다. 치료팀은 그녀가 안전하게 참여할 수 있다는 결론을 내리고 참석을 허락했다.

첫 번째 집단미술치료에서, 다행히 스테이시는 적절히 참여했다. 그리고 자신이 겪는 내적 분열과 이를 반영하는 팀의 반응을 생생히 보여 주는 이미지를 만들었다. 그녀는 불을 뿜는 용들에게 공격당해 부상당한 인물을 그렸으며, 그 인물은 피투성이 검을 휘둘러 스스로를 방어하고 있었다. 팀의 일부는 용에게 공격받는 인물을 보호하고 싶어 했지만, 다른 일부는 폭력적인 검에만 초점을 맞추어 그것이 다른 사람들을 해칠 수 있음을 우려했다. 이처럼 분열이 야기되면서 치료팀 내부에서는 '위험에 처한 부상자를 우리가 내보낼 수 있을까요?'라는 의문과 '다른 사람을 해칠 위험이 있는 용 사냥꾼을 어떻게 계속 수용할 수 있겠어요?'라는 상반된 질문이 제기되었다. 이는 스테이시가 자신의 사회적 환경을 어떻게 협상하는지를 드러내 주었다. 팀 입장에서도 한쪽 시각만으로는 전체 그림을 제대로 파악하기 어려웠지만, 스테이시의 내적 갈등을 시각화한 이미지를 통해 양측 관점을 통합하고 분열을 완화하여 문제 해결을 향해 한 걸음 나아갈 수 있었다.

우리 말만 듣지 말고, 우리보다 덜 편향된 전문가들의 의견을 들어 보라

우리는 치료에서 미술 작품이 주는 이점에 대한 우리의 견해가 완전히 객관적이지 않다는 점을 솔직히 인정한다. 사실, 우리는 이 주장에 전문 경력을 온전히 걸었다고 해도 과언이 아니다. 그 결과, 팀원들이 미술 작품을 어떻게 바라보는지에 대한 관심과 호기심이 커졌고, 다음과 같은 질문을 던지게 되었다. "팀 상호작용에서 미술 작품을 볼 때, 그것이 여러분에게 어떤 영향을 미치나요?" 다음은 이에 대한 여러 전문가의 답변을 요약한 것이다.

미술 작품은 제게 달리 각인됩니다. 환자에 대한 이해가 더욱 확고해지며, 여러 사례에서 작품을 보는 순간 이해가 한층 깊어지는 것을 느껴요. 미술은 영향력이 상당하다고 할 수 있죠. 이는 저에게 환자를 바라보는 방식을 바꾸고, 동시에 환자가 세상을 어떻게 인식하는지 파악할 수 있도록 도와줍니다. 무엇보다, 그 이미지가 환자와의 상호작용 과정에서 오랫동안 제 마음속에 남아 있어요. (팀 심리학자의 말)

미술은 유용합니다. 환자의 경험을 시각화한다는 점이 매력적이죠. 그렇지 않다면 언어적 설명에만 의존하게 될 텐데, 저는 시각적 표현을 선호하기에, 미술이 더 강력한 영향을 발휘한다고 느껴요. 이는 환자의 관점을 더 잘 이해하게 해 주고, 그림을 떠올릴 때 이해의 폭이 넓어지는 것을 스스로 체감합니다. 저에게는 이게 마치 음악과 비슷하게 느껴져요. 음악이 변연계를 자극하듯이요. 말로 설명하는 과정을 건너뛰고, 바로 눈으로 보고 느끼는 경험으로 곧장 들어가는 것 같아요. (팀 정신과 전문의의 말)

환자가 미술 작품을 개인치료에 가져오면 늘 기대가 됩니다. 저는 검사에서 투사적 자극을 자주 사용하며, 미술이 표현하기 어려운 감정을 담을 수 있는 매개체라는 점도 알고 있어요. 사실, 처음에는 회기에서 미술 작품을 어떻게 다루어야 할지 확신이 없었고, 아직도 투사 검사를 활용할 때보다 환자의 작품을 탐색할 때 약간 어려움을 느끼기도 해요. 그렇지만 환자에게 주도권을 주고, 호기심을 갖고 접근하면서, 미술 작품이 회기에 등장하면 탐색이 훨씬 깊어진다는 걸 알게 됐습니다. 함께 작품을 살피다 보면, 물리적 이미지가 그 탐색의 촉매가 되니까요. (개인 치료사/심리학자의 말)

미술은 진단 과정을 크게 향상시킨다고 생각해요. 검사를 통해 언어로만 논의되던 부분이 시각적으로 직접 표현되면서, 환자를 이해하는 데 더 깊은 통찰을 얻을 수 있거든요. 환자의 미술 작품을 보는 것은 제게 환자를 바라보는 시야를 넓혀 주고, 환자가 실제로 느끼는 경험을 추가적으로 이해할 수 있도록 해 줍니다. 저는 이 방식이 매우 소중하다고 생각하며, 치료 초기부터 적극적으로 활용하고 개인치료나 가족치료에도 더 많이 통합되면 좋겠어요. (사회복지사의 말)

미술은 정말 많은 도움이 됩니다. 이를 통해 환자의 근본적인 문제, 사고방식, 관점을 더 명확히 파악할 수 있죠. 그러다 보면 환자가 삶을 어떻게 바라보는지도 훨씬 잘 이해하게 되거든요. (중독 전문 상담사의 말)

집단 과정의 생명력

지금까지 우리는 치료의 다양한 영역에서 이미지가 지니는 생명력을 살펴보았다. 환자의 미술 작품과 치료팀의 상호작용을 통해, 관찰 가능한 자료가 제공됨으로써 공감과 이해가 증진되고 환자에 대한 팀의 사고가 더욱 명확히 조직되는 경향이 있음을 확인했다. 그러나 구체적인 미술 작품뿐 아니라, 집단미술치료 과정에서 일어나는 일 또한 매우 중요하다. 미술 작품에 대한 집단 내 대화 과정을 통해, 환자는 집단을 떠난 후에도 계속 활용할 수 있는 정신화하는 방식을 익힌다. 호기심을 드러내고, 적극적 관심을 기울이며, 의미를 명확히 하고, 투명성을 유지하는 태도는 환자가 다른 대인관계 상황에서도 적용할 수 있는 실용적인 정신화하기 기법을 체득하도록 돕는다. 또한 작품을 통해 자신을 드러내고 인정받는 경험은 교정적이고 힘을 부여하는 효과가 있을 수 있다. 이 사실은 미술치료실 밖에서조차 집단 과정을 이어 간 환자, 지미의 사례에서 잘 드러난다.

컴퍼스 프로그램 병동의 중앙 휴게실에서 지미를 지켜보는 것은 거의 고통스러울 정도였다. 그는 주로 혼자 책이나 그림을 들고 앉아, 방 안을 두리번거리면서 동료들의 상호작용을 멀리서 지켜볼 뿐, 정작 자신이 먼저 다가가려는 노력은 거의 하지 않았다. 상황이 부담스러워지면 곧바로 자기 방으로 돌아가곤 했다. 지미의 사회적 상호작용은 주로 하루에도 여러 번 이루어지는 어머니와의 전화 통화에 국한되었는데, 이는 양쪽에서 번갈아 연락할 정도로 빈도가 잦았다. 치료팀 구성원들은 그에게 동료들과 더 많이 교류하고 고립되지 않도록 여러 차례 격려했다.

그러나 지미는 이러한 권유를 거절하며, 스스로를 '망가진 물건' '실패자'로 칭했고, '자살조차 실패했다'고 표현했다. 동시에 그는 자신이 얼마나 외롭고 투명인간처럼 느껴지는지 고백했다. 지미는 병동 내에서 이른바 '멋진 아이들'을 구별해 두었지만, 그들이 결코 자신에게 관심을 주지 않을 것이라 여겼다. '원치 않는 곳에 굳이 나서고 싶지 않다'는 태도였고, 사회적 노력을 해 보라는 제안에 응하면서도 자주 눈물을 흘렸다. 때로는 흐느끼며 스스로를 '한심한 패배자'라고 표현했고, 이런 문제에 신경 쓰는 것조차 더 한심하다고 덧붙였다. 지미는 과거에 어머니가 자신의 사회불안을 직접 해결해 주려 했던 기억을 떠올렸다. 어머니가 초등학교에 미리 가서 다른 아이들에게 '지미를 받아 주라'고 지시했다는 것이다. 이렇게 어머니 주도로 형성된 관계들은 또래들이 자연스럽고 자율적인 관계를 구축하면서 결국 사라졌다. 결과적으로 지미는 성인기에 이르기 전부터, 자신의 고통을 버거워하던 어머니를 제외하고는 의미 있는 사회적 연결에서 소외된 상태로 지냈다.

치료 환경에서도 비슷한 패턴이 관찰됐다. 지미는 직원들과는 잘 연결되는 듯했지만, 동료들과 함께 있을 때면 작아지는 느낌을 받았고, 자신을 '지루하고 재미없는 사람'으로 인식하며 강한 괴로움을 토로했다. 간단한 대화를 넘어서면서부터는 더 이상 소통을 이어 가기 힘들어 보였다. 지미는 사회기술 치료사와 개별 작업을 하면서 자신의 상호작용 방식을 탐색했고, 동료들이 자신을 어떻게 보고 느끼는지도 이해해 보려 했다. 그는 일상적인 대화를 연습하는 과제를 받았고, 이를 통해 언젠가 의미 있는 교류로 이어질 수 있을 거라는 안내를 받았다. 하지만 지미는 곧 이 과정에 좌절을 느끼며, 스스로가 즉각적인 깊은 우정을 바라는 동시에 그 기대가 충족되지 않으면 절망감으로 치닫는다고 인정했다.

상대적으로 다른 치료 집단이나 치료 환경에서 동료들과 소통하기 어렵던 지미는, 정신화 기반 집단미술치료에서는 매우 적극적으로 참여했다. [그림 9-5]는 지미가 '**자기와의 관계**'를 주제로 그린 그림으로, 화려한 배경 속에 블랙홀이 묘사되어 있다. 지미는 자신을 '빛이 머물 수 없는 블랙홀'처럼 느끼며, 타인의 시간과 에너지를 소모시키는 존재라 말했다. 수채화로 표현한 '밝고 화려한' 배경은, 지미가 단절되어 있다고 느끼는 다른 사람들을 상징한다.

그림 9-5 **지미의 블랙홀 그림**

[그림 9-6]은 지미가 겪는 사회불안을 묘사한 그림이다. 목 주위로 손이 뻗어 있는 인물이 그려져 있으며, 가슴과 목 부위는 밝은 빨간색으로 채워져 있다. 이 부분이 그가 긴장과 불안을 느끼는 지점이라고 했다. 동료에게 말을 걸고 싶어도 목이 막혀 아무 말도 못 하게 된다고 설명했으며, 그 손은 사실 자기 손으로, 자신이 스스로를 가로막고 있음을 표현했다. 길게 늘어진 목과 자기 자신을 향한 공격적 제스처는, 지미의 신체 이미지 문제와 자기 혐오를 암시하기도 한다.

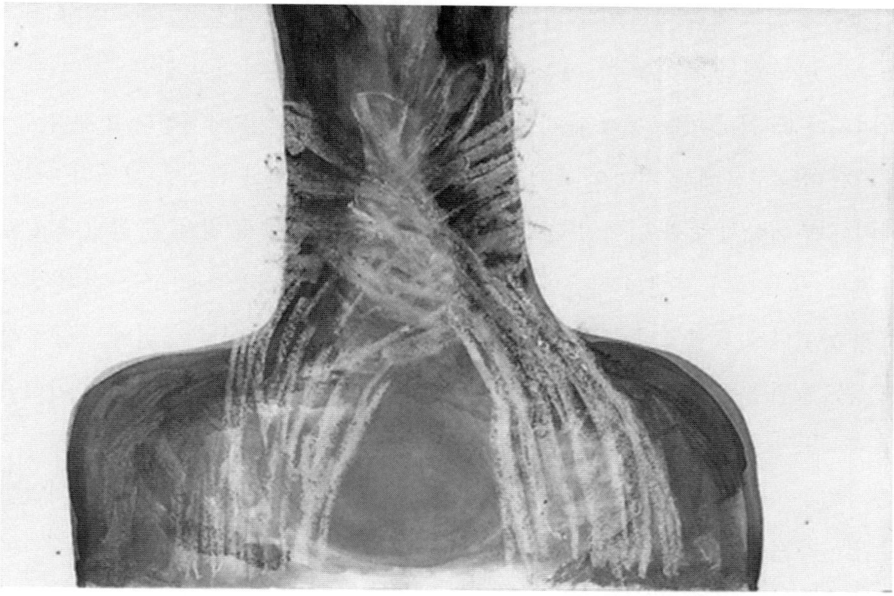

그림 9-6 지미의 손과 목

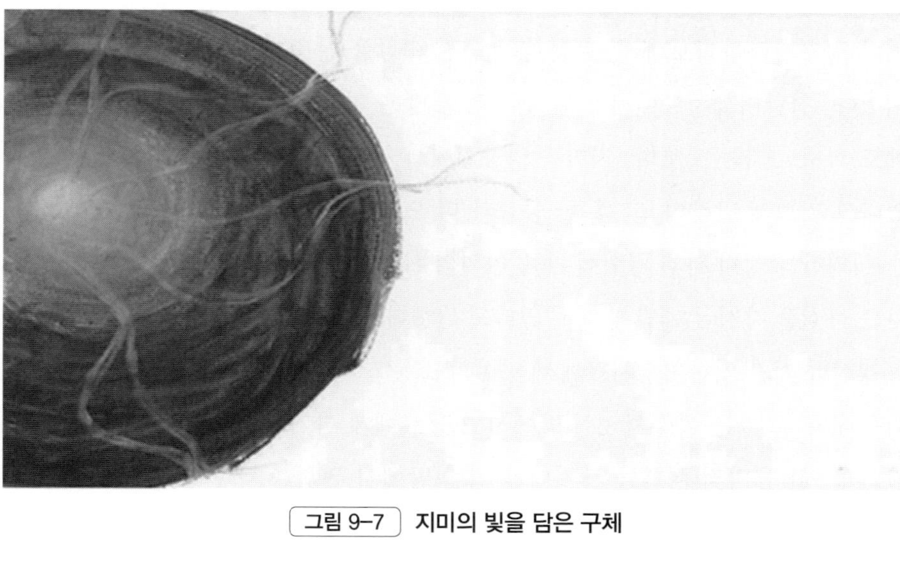

그림 9-7 지미의 빛을 담은 구체

[그림 9-7]은 치료 막바지에 지미가 그린 그림으로, 안쪽에 빛이 들어 있고 작은 촉수가 바깥으로 뻗어 나가 연결을 찾는 검은 구체가 표현되어 있다. 지미는 이 이미지가 곧 의미 있는 동료 관계를 갈망하는 자신의 마음을 상징한다고 했다.

집단미술치료에서 지미의 동료들은 그의 작품에 진지한 관심을 보였다. 이는 지미에게 예상치 못한 일이었다. 그는 이렇게 많은 피드백을 받을 줄 몰랐다고 말하면서, 동료들이 자신의 작품에서 흥미로운 무언가를 찾을 거라고는 전혀 생각하지 못했다고 덧붙였다. 하지만 이 집단은, 지미가 강렬한 사회불안에도 불구하고 동료들과 연결될 수 있는 기회를 제공한 듯 보였다. 이는 그가 자신의 어려움을 솔직하게 표현할 수 있는 공간을 마련해 주었고, 지미가 만들어 내는 정서적으로 강렬한 이미지는 동료들의 집중된 호기심을 자극해, 그가 '지루하고 재미없는 사람'이라는 스스로의 믿음을 어느 정도 깨뜨렸다. 동료의 질문과 피드백은 지미가 일상에서 자주 느끼던 '보이지 않는 존재'라는 감각을 줄여 주었을 가능성이 크다. 이러한 인정받는 경험을 통해 지미는 집단 밖에서도 동료와 상호작용할 수 있다는 자신감을 키워 나갔다. 점차 동료와 사회적 상호작용을 시도하고 이어 갈 수 있게 되었고, 이러한 사회적 유능감의 순간들을 치료팀의 여러 구성원에게 보고했으며, 그들은 확실히 변화를 감지했다. 이제 지미는 자신의 시도를 쉽게 무시하거나 평가절하하기보다, 동료들과의 연결 순간을 한층 더 인식하고 받아들이게 되었다. 집단미술치료에서 보인 정서적 개방은 치료적 환경의 다른 사회적 상황에도 퍼져 나가는 듯했다. 지미는 영양실에서 자신이 던진 농담에 동료가 웃어 주었다고 기쁘게 말하며, 그 후 한 동료와 더 오래 대화를 나누었다고 보고했다. 그는 이러한 긍정적 사회 경험이 가족 이외의 사람들과 의미 있는 관계를 맺을 수 있다는 사실을 다시금 깨닫게 해 주었다고 말했다.

정신화 기반 집단미술치료에서 지미의 소통 노력이 호기심, 관심, 공감으로 받아들여지자, 그는 미술치료실 밖에서도 동료에게 다가가려는 시도를 하게 되었다. 이러한 긍정적 경험들은 지미가 집단 밖에서 위험을 감수할 수 있는 발판이 되었다. 동시에 미술치료는 다른 치료 요소들과 완전히 분리된 진공 상태에서 이뤄지는 것이 아니었다. 오히려 입원 중 제공된 정신치료적 치료의 여러 구성요소 속에서 지미가 경험한 집단적 경험 전체가 그의 회복에 기여했다. 병원 환경은 지미에게 안전한 공간을 제공하고, 자신과 타인에 대한 관계 패턴을 반복, 탐색, 확장, 수정할 기회를 줌으로써, 그가 정신화 과정을 내면화하고 정서 조절 능력을 향상시키는 데 도움을 주었다. 결과적으로, 지미는 자신에 대한 신뢰가 높아지고, 문제 해결 및 선택지를 인식하는 능력이 향상되며, 다시금 희망을 갖게 된 것으로 보였다.

결론

이 책은 심각한 정신병리와 동반이환, 특히 성격장애를 동반하는 경우가 잦은 초기 성인 대상 단기 치료에서, 정신화 기반 미술 개입이 지니는 가치를 보여 준다. 정신화하기는 대인관계와 내적 기능 모두와 직결된 발달 과제를 지닌 초기 성인들에게 효과적인 모델을 제시한다. 여기에는 정체성 탐색, 가치관과 세계관의 명확화, 사회 내에서의 의미 있는 역할 찾기, 자율성과 독립성 획득, 그리고 불안정하고 중요한 이 시기에 고립을 방지하기 위한 의미 있는 관계 형성 등이 포함된다. 컴퍼스 프로그램의 초기 성인들에게 정신화하는 능력을 연습하고 강화하는 일은 치료의 핵심 목표이기도 하다.

미술 기반 개입은 초기 성인들이 흥미롭게 참여하게끔 돕는다. 미술치료는 공감 능력을 높이고 호기심을 자극하며, 인식론적 신뢰를 다시 열어 주는 통로가 된다. 미술 작품은 환자가 정신화하는 능력을 기르는 데 도움을 줄 뿐 아니라, 치료진이 환자의 경험을 보다 깊이 이해하도록 해 주는 역할도 한다. 이 책에서 우리는 초기 성인 환자와 함께 사용했던 집단에서의 다양한 미술 작업 지침, 즉 자기와 타인 정신화하기, 애착 관계 정신화하기, 마음을 정신화하기, 다른 관점 이해하기, 핵심 문제 파악하기, 희망 키우기를 소개했다. 또한 정신화 기반 집단미술치료에서 이루어지는 정신화하기가 다른 치료 영역에 어떻게 적용되는지 살펴보았다. 우리의 바람은 환자가 집단미술치료에서의 경험을 잘 활용하여, 치료 범위를 넘어선 관계들도 향상시키는 것이다.

『정신건강 실천에서의 정신화하기 핸드북(Handbook of Mentalizing Health Practice)』에는 "걱정하지 말고, 모름을 인정하라"(Bateman & Fonagy, 2012c, p. 68)는 제목의 장이 있다. 이 작업을 시작할 때만 해도 우리는 '알아야 한다'는 절박함을 느꼈지만, 곧 '모름'이 갖는 가치를 깨닫게 되었다. 그것이 바로 정신화의 핵심이자 생명력이다. 우리는 모른다. 그리고 우리는 그것에 대해 걱정하지 않는다. 대신, 자신의 마음과 환자의 마음에 더 세심히 주의를 기울이면서, 그런 호기심을 이끌어 내는 데 있어 미술이 가진 힘을 활용하게 되었다. 정신화 기반 미술치료의 주요 목표는 정신화하기를 유지하고, 환자가 잃어버린 정신화하는 능력을 다시 회복하도록 돕는 것이다. 창의적 개입에 능숙한 미술치료사는 이 전문성을 바탕으로, 임상 현장에서 정신화하기를 일으키는 독창적 방법들을 찾을 수 있다. 정신화하기의 이론적 틀 안에서 일하는 미술치료사는, 타 전문직이 하기 어려운 방식으로 정신화하기를 촉진할 수 있는 독자적 지위를 지닌다. 우리는 그들이 이 이점을 적극적으로 활용하기를 진심으로 권한다.

참고문헌

Adams, R.E., Boscarino, J.A. and Figley, C.R. (2006) 'Compassion fatigue and psychological distress among social workers: A validation study.' *American Journal of Orthopsychiatry 76,* 1, 103-108.

Ainsworth, M.S. (1989) 'Attachments beyond infancy.' *American Psychology 44,* 4, 709-716.

Allen, J.G. (2003) 'Mentalizing.' *Bulletin of The Menninger Clinic 67,* 91-112.

Allen, J.G. (2013) *Restoring Mentalizing in Attachment Relationships: Treating Trauma. with Plain Old Therapy.* Arlington, VA: American Psychiatric Publishing.

Allen, J.G. and Fonagy, P. (2006) *The Handbook of Mentalization-based Treatment.* Hoboken, NJ: John Wiley & Sons, Inc.

Allen, J.G., Bleiberg, E. and Haslam-Hopwood, T. (2003) 'Understanding mentalizing: Mentalizing as a compass for treatment.' The Menninger Clinic. Available at www.menningerclinic.com/education/clinical-resources/mentalizing

Allen, J.G., Fonagy, P. and Bateman, A.W. (2008) *Mentalizing in Clinical Practice.* Arlington, VA: American Psychiatric Publishing.

Allen, J.G., O'Malley, F., Freeman, C. and Bateman, A.W. (2012) 'Brief Treatment.' In A.W. Bateman and P. Fonagy (eds) *Handbook of Mentalizing in Mental Health Practice* (Chapter 7). Arlington, VA: American Psychiatric Publishing.

Antonovsky, A. (1979) *Health, Stress and Coping.* San Francisco, CA: Jossey-Bass. Antonovsky, A. (1996) 'The salutogenic model as a theory to guide health promotion.' *Health Promotion International 11,* 1, 11-18.

APA (American Psychiatric Association) (2000) *Diagnostic and Statistical Manual of*

Mental Disorders (4th edn). Washington, DC: Author.

APA (American Psychiatric Association) (2013) *Diagnostic and Statistical Manual of Mental Disorders* (5th edn). Washington, DC: Author.

Ardito, R. and Rabellino, D. (2011) 'Therapeutic alliance and outcome of psychotherapy: Historical excursus, measurements, and prospects for research.' *Frontiers in Psychology 2*, 270, 1-11.

Arnett, J.J. (2000a) 'Emerging adulthood: A theory of development from the late teens through the twenties.' *American Psychologist 55*, 5, 469-480.

Arnett, J.J. (2000b) 'High hopes in a grim world: Emerging adults' views of their futures and of "Generation X."' *Youth & Society 31*, 267-286.

Arnett, J.J. (2004) *Emerging Adulthood: The Winding Road from the Late Teens through the Twenties.* New York: Oxford University Press.

Arnett, J.J. (2006) 'Emerging Adulthood: Understanding the New Way of Coming of Age.' In J.J. Arnett and J.L. Tanner (eds) *Emerging Adults in America: Coming of Age in the 21st Century* (Chapter 1). Washington, DC: American Psychological Association.

Arnett, J.J. (2007) 'Emerging adulthood: What is it good for?' *Child Development Perspectives 1*, 2, 68-73.

Arnett, J.J., Zukauskiene, R. and Sugimura, K. (2014) 'The new life stage of emerging adulthood at ages 18-29 years: Implications for mental health.' *Lancet Psychiatry 1*, 569-576.

Arnett, J.J., Kloep, M., Hendry, L.B. and Tanner, J.L. (eds) (2011) *Debating Emerging Adulthood: Stage or Process?* New York: Oxford University Press.

Asen, E. and Fonagy, P. (2012) 'Mentalization-based Family Therapy.' In A.W. Bateman and P. Fonagy (eds) *Handbook of Mentalizing in Mental Health Practice* (Chapter 5). Arlington, VA: American Psychiatric Publishing.

Bachrach, L. (1984) 'The young adult chronic patient in an era of deinstitutionalization.' *American Journal of Public Health 74*, 4, 382-384.

Bales, D. and Bateman, A. (2012) 'Partial Hospitalization Settings.' In A.W. Bateman and P. Fonagy (eds) *Handbook of Mentalizing in Mental Health Practice* (Chapter

8). Arlington, VA: American Psychiatric Publishing.

Baron-Cohen, S. (1995) *Mindblindness: An Essay on Autism and Theory of Mind.* Cambridge, MA: The MIT Press.

Bartholomew, K. and Horowitz, L. (1991) 'Attachment styles among young adults: A test of a four-category model.' *Journal of Personality and Social Psychology 61*, 2, 226-244.

Bateman, A.W. and Fonagy, P. (2010) 'Mentalization-based treatment for borderline personality disorder.' *World Psychiatry 9*, 1, 11-15.

Bateman, A.W. and Fonagy, P. (eds) (2012a) *Handbook of Mentalizing in Mental Health Practice.* Arlington, VA: American Psychiatric Publishing.

Bateman A.W. and Fonagy, P. (2012b) 'Borderline Personality Disorder.' In A.W. Bateman and P. Fonagy (eds) *Handbook of Mentalizing in Mental Health Practice* (Chapter 11). Arlington, VA: American Psychiatric Publishing.

Bateman, A.W. and Fonagy, P. (2012c) 'Individual Techniques of the Basic Model.' In A.W. Bateman and P. Fonagy (eds) *Handbook of Mentalizing in Mental Health Practice* (pp.67-80). Arlington, VA: American Psychiatric Publishing.

Bateman, A.W. and Fonagy, P. (2016) *A Mentalization-based Treatment for Personality Disorders: A Practical Guide.* Oxford, UK: Oxford University Press.

Bateman, A.W. and Krawitz, R. (2013) *Borderline Personality Disorder: An Evidence-based Guide for Generalist Mental Health Professionals.* Oxford, UK: Oxford University Press.

Bateman, A.W., Campbell, C., Luyten, P. and Fonagy, P. (2018) 'A mentalization-based approach to common factors in the treatment of borderline personality disorder.' *Current Opinion in Psychology 21*, 44-49.

Bowlby, J. (1978) 'Attachment Theory and its Therapeutic Implications.' In S.C. Feinstein and P. Giovacchini (eds) *Adolescent Psychiatry: Developmental and Clinical Studies Volume VI* (pp.5-33). Chicago, IL: University of Chicago Press.

Bowlby, J. (1982) *Attachment and Loss Volume I: Attachment.* New York: Basic Books (original work published in 1969).

Brown, K.W., Ryan, R.M. and Creswell, J.D. (2007) 'Mindfulness: Theoretical foundations and evidence for its salutary effects.' *Psychological Inquiry 18*, 4, 211-237.

Caspi, A., Houts, R.M., Belsky, D.W., Goldman-Mellor, S.J., Harrington, H., Israel, S. et al., (2014) 'The p factor: One general psychopathology factor in the structure of psychiatric disorders?' *Clinical Psychological Science: A Journal of the Association for Psychological Science 2*, 2, 119-137.

Center for Behavioral Health Statistics and Quality (2015) *Results from the 2014 National Survey on Drug Use and Health: Detailed Tables*, Tables 1.22A and 1.22B. Rockville, MD: Substance Abuse and Mental Health Services Administration. Available at www.samhsa.gov/data/sites/default/files/NSDUH-DetTabs2014/NSDUH-DetTabs2014.pdf

Csibra, G. and Gergely, G. (2011) 'Natural pedagogy as evolutionary adaptation.' *Philosophical Transactions of the Royal Society B: Biological Sciences 366*, 1567, 1149-1157.

Dayton, T. (1994) *The Drama Within: Psychodrama and Experiential Therapy*. Deerfield Beach, FL: Health Communications, Inc.

Dayton, T. (2005) *The Living Stage: A Step-by-step Guide to Psychodrama, Sociometry and Experiential Group Therapy*. Deerfield Beach, FL: Health Communications, Inc.

Eriksson, M. and Lindstrom, B. (2005) 'Validity of Antonovsky's sense of coherence scale: A systematic review.' *Journal of Epidemiology & Community Health 59*, 6, 460-466.

Figley, C.R. (1995) 'Compassion Fatigue as Secondary Traumatic Stress Disorder: An Overview.' In C.R. Figley (ed.) *Compassion Fatigue: Coping with Secondary Traumatic Stress Disorder in Those Who Treat the Traumatized* (pp.1-20). New York and London, UK: Routledge.

First, M.B. and Spitzer, R.L. (eds) (1997) *Structured Clinical Interview for DSM-IV Axis I Disorders (Clinician Version) SCID-I Administration Booklet*. Washington, DC: American Psychiatric Press.

Fish, B.J. (2008) 'Formative evaluation research of art-based supervision in art therapy training.' *Art Therapy: Journal of the American Art Therapy Association 25,* 2, 70–77.

Fonagy, P., Bateman, A.W. and Luyten, P. (2012) 'Introduction and Overview.' In A. Bateman and P. Fonagy (eds) *Handbook of Mentalizing in Mental Health Practice* (Chapter 1). Arlington, VA: American Psychiatric Publishing.

Fonagy, P., Luyten, P. and Allison, E. (2015) 'Epistemic petrification and the restoration of epistemic trust: A new conceptualization of borderline personality disorder and its psychosocial treatment.' *Journal of Personality Disorders 29,* 5, 575–609.

Fonagy, P., Gergely, G., Jurist, E. and Target, M. (2002) *Affect Regulation, Mentalization, and the Development of Self.* New York: Other Press.

Fonagy, P., Luyten, P., Allison, E. and Campbell, C. (2017) 'What we have changed our minds about: Part 2. Borderline personality disorder, epistemic trust and the developmental significance of social communication.' *Borderline Personality Disorder and Emotion Dysregulation 4,* 9.

Franklin, M. (2010) 'Affect regulation, mirror neurons, and the third hand: Formulating mindful empathic art interventions.' *Art Therapy: Journal of the American Art Therapy Association 27,* 2, 160–167.

Franks, M. and Whittaker, R. (2007) 'The image, mentalization and group art psychotherapy.' *International Journal of Art Therapy 12,* 1, 3–16.

Fry, R. (2017) 'It's Becoming More Common for Young Adults to Live at Home–and for Longer Stretches.' Fact Tank, May 5. Washington, DC: Pew Research Center. Available at www.pewresearch.org/fact-tank/2017/05/05/its-becoming-more-common-for-young-adults-to-live-at-home-and-for-longer-stretches/

Gehr, J. (2017) 'Why the Affordable Care Act Is Critical for Young Adults: Low Income Young Adults Would Benefit from Medicaid Expansion.' April. Washington, DC: CLASP. Available at www.clasp.org/sites/default/files/publications/2017/08/Why-the-ACA-Is-Critical-for-Young-Adults.pdf

Greenwood, H. (2012) 'What aspects of an art therapy group aid recovery for people diagnosed with psychosis?' *ATOL: Art Therapy OnLine 3,* 1, 1–32. Available at http://ojs.gold.ac.uk/index.php/atol/ article/view/297

Groat, M. and Allen, J.G. (2013) 'Fostering secure attachments and mindfulness of mind: Syllabus for the adult division educational group.' [Handout]. Houston, TX: The Menninger Clinic.

Hass-Cohen, N. and Findlay, J.C. (2016) 'CREATE: Art Therapy Relational Neuroscience.' In J.A. Rubin (ed.) *Approaches to Art Therapy: Theory and Technique* (3rd edn) (pp.371-394). New York: Routledge.

Havsteen-Franklin, D. (2016) 'Mentalization-based Art Therapy.' In J. Rubin (ed.) *Approaches to Art Therapy: Theory and Technique* (3rd edn) (pp.144-164). New York: Routledge.

Hayes, S.C., Follette, V.M. and Linehan, M.M. (eds) (2004) *Mindfulness and Acceptance: Expanding the Cognitive-behavioral Tradition.* New York: Guilford Press.

Hendry, L.B. and Kloep, M. (2007) 'Conceptualizing emerging adulthood: Inspecting the emperor's new clothes?' *Child Development Perspectives 1*, 2, 74-79.

Holmes, J. (2006) 'Mentalizing from a Psychoanalytic Perspective: What's New?' In J.G. Allen and P. Fonagy (eds) *The Handbook of Mentalization-based Treatment* (Chapter 2). Hoboken, NJ: John Wiley & Sons, Inc.

Horvath, A.O. and Symonds, B.D. (1991) 'Relation between working alliance and outcome in psychotherapy: A meta-analysis.' *Journal of Counseling Psychology 38*, 139-149.

Josselson, R. (1988) 'The Embedded Self: I and Thou Revisited.' In D.K. Lapsley and F.C. Power (eds) *Self, Ego, Identity: Integrative Approaches* (pp.91-106). New York: Springer.

Junge, M. with P. Asawa (1994) *A History of Art Therapy in the United States.* Mundelein, IL: American Art Therapy Association.

Karterud, S. and Bateman, A.W. (2012) 'Group Therapy Techniques.' In A.W. Bateman and P. Fonagy (eds) *Handbook of Mentalizing in Mental Health Practice* (Chapter 4). Arlington, VA: American Psychiatric Publishing.

Karterud, S. and Pederson, G. (2004) 'Short-term day hospital treatment for personality disorder: Benefits of the therapeutic components.' *Therapeutic Communities 25,*

1, 43-54.

Kenny, M. and Sirin, S. (2006) 'Parental attachment, self-worth, and depressive symptoms among emerging adults.' *Journal of Counseling & Development 84,* 1, 61-71.

King, P.M. and Kitchener, K.S. (2015) 'Cognitive Development in the Emerging Adult: The Emergence of Complex Cognitive Skills.' In J.J. Arnett (ed.) *The Oxford Handbook of Emerging Adulthood* (pp.105-125). Oxford, UK and New York: Oxford University Press.

Konrath, S.H., Chopik, W.J., Hsing, C.K. and O'Brien, E. (2014) 'Changes in adult attachment styles in American college students over time: A meta-analysis.' *Personal and Social Psychology Review 18,* 4, 1-23.

Labouvie-Vief, G. (2006) 'Emerging Structures of Adult Thought.' In J.J. Arnett and J.L. Tanner (eds) *Emerging Adults in America: Coming of Age in the 21st Century* (Chapter 3). Washington, DC: American Psychological Association.

Lachman-Chapin, M. (2001) 'Self Psychology and Art Therapy.' In J.A. Rubin (ed.) *Approaches to Art Therapy: Theory and Technique* (2nd edn) (pp.66-78). New York and Abingdon, UK: Routledge.

Lambert, M. and Barley, D. (2001) 'Research summary on the therapeutic relationship and psychotherapy outcome.' *Psychotherapy: Theory Research & Practice 38,* 4, 357-361.

Langeland, E. and Vinje, H.F. (2017) 'The Application of Salutogenesis in Mental Healthcare Settings.' In M.B. Mittelmark, S. Sagy, M. Eriksson, G. Bauer, J.M. Pelikan, B. Lindström and G.A. Espnes (eds) *The Handbook of Salutogenesis* (Chapter 28) [online]. Cham, Switzerland: Springer. Available at www.ncbi.nlm.nih.gov/books/NBK435815

Lapsley, D. and Edgerton, J.D. (2002) 'Separation-individuation, adult attachment style, and college adjustment.' *Journal of Counseling and Development 80,* 4, 484-492.

Lapsley, D. and Woodbury, R. (2016) 'Social Cognitive Development in Emerging Adulthood.' In J.J. Arnett (ed.) *The Oxford Handbook of Emerging Adulthood* (pp.142-162). Oxford, UK and New York: Oxford University Press.

Liebmann, M. (1986) *Art Therapy for Groups: A Handbook of Themes, Games and Exercises*. Cambridge and Brookline, MA: Brookline Books.

Linehan, M. (1993) *Skills Training Manual for Treating Borderline Personality Disorder*. New York: Guilford Press.

Malchiodi, C. (2007) The Art Therapy Sourcebook. New York: McGraw-Hill. Masten, A.S., Obradovic, J. and Burt, K.B. (2006) 'Resilience in Emerging Adulthood: Developmental Perspectives on Continuity and Transformation.' In J.J. Arnett and J.L. Tanner (eds) *Emerging Adults in America: Coming of Age in the 21st Century* (Chapter 7). Washington, DC: American Psychological Association.

Michaelides, D. (2014) 'An understanding of negative reflective functioning, the image and the art psychotherapeutic group.' *International Journal of Art Therapy 17*, 2, 45-53.

Monaghan, M. (2013) 'The Affordable Care Act and implications for young adult health.' *Translational Behavioral Medicine 4*, 2, 170-174.

Moon, B.L. (1999) 'The tears make me paint: The role of responsive artmaking in adolescent art therapy.' *Art Therapy: Journal of the American Art Therapy Association 16*, 3, 78-82.

Moreno, J.L. and Moreno, Z.T. (1969) *Psychodrama: Volume Three*. Beacon, NY: Beacon House.

Napier, A. and Chesner, A. (2014) 'Psychodrama and Mentalization: Loosening the Illusion of a Fixed Reality.' In P. Holmes, M. Farrall and K. Kirk (eds) *Empowering Therapeutic Practice: Integrating Psychodrama into other Therapies* (pp.35-60). London, UK: Jessica Kingsley Publishers.

Neff, K. and Germer, C. (2018) *The Mindful Self-compassion Workbook*. New York: Guilford Press.

O'Malley, F. (2018) 'Intensive psychiatric treatment with emerging adults: Addressing the problem of establishing collaboration.' *Bulletin of The Menninger Clinic 82*, 3, 173-201.

Patalay, P., Fonagy, P., Deighton, J., Belsky, J., Vostanis, P. and Wolpert, M. (2015) 'A general psychopathology factor in early adolescence.' *The British Journal of*

Psychiatry 207, 15–22.

Patient Protection and Affordable Care Act (2010) 42 U.S.C. § 18001.

Paul, M., Street, C., Wheeler, N. and Singh, S.P. (2015) 'Transition to adult services for young people with mental health needs: A systematic review.' *Clinical Child Psychology and Psychiatry 20*, 3, 436–457.

Pepper, B., Kirshner, M. and Ryglewicz, H. (1981) 'The young adult chronic patient: Overview of a population.' *Hospital & Community Psychiatry 32*, 7, 463–469.

Pettit, J.W., Roberts, R.E., Lewinsohn, P.M., Seeley, J.R. and Yaroslavsky, I. (2011) 'Developmental relations between perceived social support and depressive symptoms through emerging adulthood: Blood is thicker than water.' *Journal of Family Psychology 25*, 1, 127–136.

Poa, E. (2006) 'Trapped in transition: The complex young adult patient.' *Bulletin of The Menninger Clinic 70*, 1, 29–52.

Polek, E., Jones, P.B., Fearon, P., Brodbeck, J., Moutoussis, M., NSPN Consortium et al., (2018) 'Personality dimensions emerging during adolescence and young adulthood are underpinned by a single latent trait indexing impairment in social functioning.' *BMC Psychiatry 18*, 1, 23. Available at https://doi.org/10.1186/s12888-018-1595-0

Pratt, C.W., Gill, K.J., Barrett, N.M. and Roberts, M.M. (2014) *Psychiatric Rehabilitation* (3rd edn). San Diego, CA: Academic Press (original work published in 2002).

Rappaport, L. (ed.) (2013) *Mindfulness and the Arts Therapies: Theory and Practice.* London, UK: Jessica Kingsley Publishers.

Rubin, J. (2011) *The Art of Art Therapy: What Every Art Therapist Needs to Know.* New York: Routledge (original work published in 1984).

Saloner, B. and Benjamin, L. (2014) 'An ACA provision increased treatment for young adults with possible mental illnesses relative to comparison group.' *Health Affairs 33*, 8, 1425–1434.

Schaverien, J. (1999) *The Revealing Image: Analytical Art Psychotherapy in Theory and Practice.* London, UK: Jessica Kingsley Publishers.

Schulenberg, J.E. and Zarrett, N.R. (2006) 'Mental Health During Emerging Adulthood:

Continuity and Discontinuity in Courses, Causes, and Functions.' In J.J. Arnett and J.L. Tanner (eds) *Emerging Adults in America: Coming of Age in the 21st Century* (Chapter 6). Washington, DC: American Psychological Association.

Schulenberg, J.E., Sameroff, A.J. and Cicchetti, D. (2004) 'The transition to adulthood as a critical juncture in the course of psychopathology and mental health.' *Development and Psychopathology 16,* 799-806.

Sheets, E., Duncan, L., Bjornsson, A., Craighead, L. and Craighead, W. (2014) 'Personality pathology factors predict recurrent major depressive disorder in emerging adults.' *Journal of Clinical Psychology 70,* 6, 536-545.

Shore, A. (2013) *The Practitioner's Guide to Child Art Therapy: Fostering Creativity and Relational Growth.* New York: Routledge.

Springham, N. and Camic, P.M. (2017) 'Observing mentalizing art therapy groups for people diagnosed with borderline personality disorder.' *International Journal of Art Therapy 22,* 3, 138-152.

Springham, N. and Huet, V. (2018) 'Art as relational encounter: An ostensive communication theory of art therapy.' *Art Therapy: Journal of the American Art Therapy Association 35,* 1, 4-10.

Springham, N., Findlay, D., Woods, A. and Harris, J. (2012) 'How can art therapy contribute to mentalization in borderline personality disorder?' *International Journal of Art Therapy 17,* 3, 1-15.

Tanner, J.L. (2006) 'Recentering During Emerging Adulthood: A Critical Turning Point in Life Span Human Development.' In J.J. Arnett and J.L. Tanner (eds) *Emerging Adults in America: Coming of Age in the 21st Century* (Chapter 2). Washington, DC: American Psychological Association.

Taylor-Buck, E. and Havsteen-Franklin, D. (2013) 'Connecting with the image: How art psychotherapy can help to re-establish a sense of epistemic trust.' *ATOL: Art Therapy OnLine 4,* 1, 1-24. Available at http://ojs.gold.ac.uk/index.php/atol

The Menninger Clinic (2014) 'Compass Program for Young Adults.' Available at www.menningerclinic.com/patient-care/inpatient-treatment/compass- program-for-young-adults

Tobias, G., Haslam-Hopwood, G., Allen, J.G., Stein, A. and Bleiberg, E. (2006) 'Enhancing Mentalizing through Psycho-education.' In J.G. Allen and P. Fonagy (eds) *The Handbook of Mentalization-based Treatment* (Chapter 13). Hoboken, NJ: John Wiley & Sons, Inc.

Verfaille, M. (2016) *Mentalizing in Arts Therapies.* London, UK: Karnac Books.

Vespa, J. (2017) *The Changing Economics and Demographics of Young Adulthood: 1975-2016.* Current Population Reports, April. Washington, DC: US Department of Commerce, United States Census Bureau. Available at www. census.gov/content/dam/Census/library/publications/2017/demo/p20-579.pdf

Wadeson, H. (2010) *Art Psychotherapy* (2nd edn). Hoboken, NJ: John Wiley & Sons, Inc. (original work published in 1980).

Wix, L. (2000) 'Looking for what's lost: The artistic roots of art therapy: Mary Huntoon.' *Art Therapy: Journal of the American Art Therapy Association 17,* 3, 168-176.

Wix, L. (2017) 'Studios as locations of possibility: Remembering a history.' *Art Therapy: Journal of the American Art Therapy Association 27,* 4, 178-183.

추천 도서

Acosta, I. (2001) 'Rediscovering the dynamic properties inherent in art.' *American Journal of Art Therapy 39*, 3, 93–97.

Arnheim, R. (1966) *Toward a Psychology of Art.* Berkeley and Los Angeles, CA: University of California Press.

Ball, B. (2002) 'Moments of change in the art therapy process.' *The Arts in Psychotherapy 29*, 2, 79–92.

Baron-Cohen, S., Tager-Flusberg, H. and Cohen, D.J. (eds) (1993) *Understanding Other Minds: Perspectives from Autism.* Oxford, UK and New York: Oxford University Press.

Bat Or, M. (2010) 'Clay sculpting of mother and child figures encourages mentalization.' *The Arts in Psychotherapy 37*, 4, 319–327.

Case, C. (1990) 'The triangular relationship (3): The image as a mediator.' *Inscape 13*, 3, 20–26.

Côté, J.E. (2000) *Arrested Adulthood: The Changing Nature of Maturity and Identity.* New York: New York University Press.

Eastwood, C. (2012) 'Art therapy with women with borderline personality disorder: A feminist perspective.' *Inscape 17*, 3, 98–114.

Fonagy, P. and Luyten, P. (2016) 'A Multilevel Perspective on the Development of Borderline Personality Disorder.' In D. Cicchetti (ed.) *Developmental Psychopathology. Vol. 3: Risk, Disorder, and Adaptation* (pp.726–792). New York: Wiley.

Fonagy, P. (1998) 'An attachment theory approach to treatment of the difficult patient.'

Bulletin of The Menninger Clinic 62, 147–169.

Fonagy, P. and Bateman, A.W. (2008) 'The development of borderline personality disorder: A mentalizing model.' *Journal of Personality Disorders 22,* 1, 4–21.

Gross, J.J. (2011) Handbook of Emotion Regulation. New York: Guilford Press.

Gunderson, J.G. (1996) 'The borderline patient's intolerance of aloneness: Insecure attachments and therapist availability.' *American Journal of Psychiatry 153,* 6, 752–758.

Gunderson, J.G. and Lyons-Ruth, K. (2008) 'BPD's interpersonal hypersensitivity phenotype: A gene-environment-developmental model.' *Journal of Personality Disorders 22,* 1, 22–41.

Hass-Cohen, N. and Findlay. J.C. (2015) *Art Therapy and the Neuroscience of Relationships, Creativity, and Resiliency.* New York: W.W. Norton & Company.

Havsteen-Franklin, D. and Altamirano, J.C. (2015) 'Containing the uncontainable: Responsive art making in art therapy as a method to facilitate mentalization.' *International Journal of Art Therapy 20,* 2, 54–65.

Leclerc, J. (2006) 'The unconscious as paradox: Impact on the epistemological stance of the art psychotherapist.' *The Arts in Psychotherapy 33,* 2, 130–134.

Levick, M.F. (1984) 'Imagery as a style of thinking.' *Art Therapy 1,* 3, 119–124.

MacMillan, R. (2007) 'Constructing adulthood: Agency and subjectivity in adolescence and adulthood.' *Advances in Life Course Research 11,* 3–29. McNeilly, G. (2006) Group Analytic Art Therapy. London, UK: Jessica Kingsley Publishers.

O'Brien, F. (2004) 'The making of mess in art therapy: Attachment, trauma and the brain.' *International Journal of Art Therapy 9,* 1, 2–13.

Rogers, C.R. (1961) *On Becoming a Person: A Therapist's View of Psychotherapy.* London, UK: Constable.

Roland, P.E. and Gulyas, B. (1994) 'Visual imagery and visual representation.' *Trends in Neurosciences 17,* 7, 281–287.

Schaverien, J. (1990) 'The triangular relationship (2): Desire alchemy and the picture.' *Inscape 1,* Winter, 14–19.

Schwartz, S.J., Beyers, W., Luyckx, K., Soenens, B., Zamboanga, B.L., Forthun, L.F.

et al., (2011) 'Examining the light and dark sides of emerging adults' identity: A study of identity status differences in positive and negative psychosocial functioning.' *Journal of Youth and Adolescence 40,* 839-859.

Schwartz, S.J., Donnellan, M.B., Ravert, R.D., Luyckx, K. and Zamboanga, B.L. (2012) 'Identity Development, Personality, and Well-being in Adolescence and Emerging Adulthood: Theory, Research, and Recent Advances.' In R.M. Lerner, A. Easterbrooks, J. Mistry and I.B. Weiner (eds) *Handbook of Psychology: Vol. 6. Developmental Psychology* (Chapter 14). Hoboken, NJ: John Wiley & Sons, Inc.

Sharp, C., Wright, A.G., Fowler, J.C., Frueh, B.C., Allen, J.G., Oldham, J. and Clark, L.A. (2015) 'The structure of personality pathology: Both general ("g") and specific ("s") factors?' *Journal of Abnormal Psychology 124,* 387-398.

Silverman, D. (1991) 'Art Psychotherapy: An Approach to Borderline Adults.' In H. Langarten and D. Lubbers (eds) *Adult Art Psychotherapy: Issues and Implications.* New York: Brunner-Routledge.

Skaife, S. and Huet, V. (eds) (1998) *Art Psychotherapy Groups: Between Pictures and Words.* London, UK: Routledge.

Skodol, A.E., Clark, L.A., Bender, D.S., Krueger, R.F., Morey, L.C., Verheul, R. et al., (2011) 'Proposed changes in personality and personality disorder assessment and diagnosis for DSM-5 Part I: Description and rationale.' *Personality Disorders: Theory Research and Treatment 2,* 1, 4-22.

Springham, N. and Whitaker, R. (2015) 'How do art therapists structure their approach to borderline personality disorder?' *The Arts in Psychotherapy 43,* 31-39.

Syed, M. and Mitchell, L.L. (2013) 'Race, ethnicity, and emerging adulthood: Retrospect and prospects.' *Emerging Adulthood 1,* 2, 83-95.

Talwar, S. (2007) 'Accessing traumatic memory through art making: An art therapy trauma protocol (ATTP).' *The Arts in Psychotherapy 34,* 1, 22-35.

Yudofsky, S.C. (2005) *Fatal Flaws: Navigating Destructive Relationships with People with Disorders of Personality and Character.* Washington, DC: American Psychological Association.

찾아보기

인명

내용

ㅊ

저자 소개

쿨라 무어(Kula Moore, ATR-BC, LPC, CPRP)

미국 텍사스주 휴스턴에서 활동하는 공인 미술치료사이자 수련감독 자격을 보유한 전문 상담사이다. 현재 휴스턴 메서디스트 병원(Houston Methodist Hospital)에서 수석 전문 상담사로 재직 중이며, 집필 당시 메닝거 클리닉(The Menninger Clinic)의 선임 정신재활 전문가로도 활동하였다. 또한 미술치료 기관 아트 테라피 휴스턴(Art Therapy Houston)을 설립하여, 신진 미술치료사와 상담사를 대상으로 강의와 슈퍼비전을 제공하는 등 교육 분야에 헌신하고 있다.

케이트 마더(Kate Marder, ATR-BC, LPC, CPRP)

공인 미술치료사이자 수련감독 자격을 보유한 전문상담사이다. 입원 치료, 외래 치료, 커뮤니티 기반 서비스 등 다양한 임상 환경에서 쌓은 풍부한 경험을 바탕으로, 현재 미국 텍사스주 휴스턴에 위치한 휴스턴 메서디스트 병원과 아트 테라피 휴스턴에서 미술치료 및 상담을 수행하고 있다. 또한 후배 미술치료사들의 역량 강화를 위해 슈퍼비전을 제공하며, 교육 활동에도 적극 기여하고 있다.

역자 소개

최선남(Choi, Sun Nam)

영남대학교 대학원 미술치료학과 석·박사 주임교수이자 휴먼서비스학과 교수로 재직 중이며, 한국미술치료학회장을 역임한 바 있다. 한국미술치료학회 수련감독미술치료전문가(SATR) 자격과 한국상담학회 1급 전문상담사 자격을 갖추고 있다. 미술치료 이론을 정립하고 미술치료사의 성장을 돕는 데 관심이 많으며, 이에 관련된 미술치료 기반 연구를 꾸준히 진행 중이다. 특히 이론과 실제가 균형을 이루는 통합적 접근에 주력하여, 임상 현장과 학문적 발전 양면에서 공익적 가치를 실현하고자 한다.

김은희(Kim, Eun Hui)

영남대학교 대학원 미술치료학과에서 박사학위를 취득했으며, 현재 고등학교 전문상담교사로 재직 중이다. 한국상담학회 1급 전문상담사, 임상심리사, 청소년상담사 자격을 보유하고 있다. 수련 과정에서 정신화에 관심을 두게 되었고, 박사과정 중 최선남 교수의 '집단미술치료'를 통해 치료자의 '자비심(慈悲心)'을 직접 체험하면서, 집단미술치료가 가져다주는 치유와 성장의 가치를 깊이 깨닫게 되었다. 현재 학교 현장에서 미술치료적 접근을 활용하여 학생들의 심리·정서 지원에 힘쓰고 있다.

정신화 기반 집단미술치료
초기 성인 대상 중재

Mentalizing in Group Art Therapy:
Interventions for Emerging Adults

2025년 8월 20일 1판 1쇄 인쇄
2025년 8월 30일 1판 1쇄 발행

지은이 • Kula Moore · Kate Marder
옮긴이 • 최선남 · 김은희
펴낸이 • 김진환
펴낸곳 • ㈜학지사
04031 서울특별시 마포구 양화로 15길 20 마인드월드빌딩
대표전화 • 02-330-5114 팩스 • 02-324-2345
등록번호 • 제313-2006-000265호

홈페이지 • http://www.hakjisa.co.kr
인스타그램 • https://www.instagram.com/hakjisabook

ISBN 978-89-997-3481-6 93180

정가 19,000원

역자와의 협약으로 인지는 생략합니다.
파본은 구입처에서 교환해 드립니다.